2025
여성세무사들의
세금이야기

여성세무사들이 전해드리는 세금의 지혜

한국여성세무사회

머리말

6판 발간에 즈음하여

아름답고 활기찬 봄날의 기운이 느껴지는 4월입니다.
한국여성세무사회에서는 그동안 여성세무사로서의 현장 경험을 살려 사업자와 일반인들에게 필요한 '여성세무사들의 세금이야기'를 출판해 왔으며 어느덧 6판을 발간하게 되었습니다.

세법은 시대의 흐름을 반영하여 국가 정책에 맞춰 매년 개정되고 내용도 방대하여 접근하기 어려운 점이 있지만 가장 알고 싶어 하는 분야이기도 합니다. 이에 한국여성세무사회에서는 납세자들이 궁금해하고 실무에 필요한 내용들만 엄선하여 가능한 쉽게 볼 수 있도록 집필하였습니다.

인터넷이 발달되어 있더라도 쉽게 이해하기 어려운 부분에 대해서는 책에서 찾아 볼 수 있음이 유익하다 할 것입니다. 이에 부응하여 '여성세무사들의 세금이야기'에는 사업자등록절차와 세금문제, 직원관리에 따른 인건비, 재산의 취득·보유 및 처분, 상속·증여에 관련된 세금문제 등 많은 분들이 궁금해 하는 사항들이 수록되어 있으니 여러분 옆에 가까이 두고 세무업무 향상과 절세의 동반자로 함께 하시길 바랍니다.

여성세무사들의 세금이야기

이 책의 발간을 위해 편집위원장인 채지원 외 10인의 임원과 감수를 맡은 고은경 (전)한국여성세무사회회장, 전회원 공지를 통해 새로 참여한 회원들과 전·현직임원 등이 함께 집필진으로 애써 주었습니다. 3월의 법인세 신고 대리업무 등 여러 가지 바쁜 상황에서도 납세자에게 실질적으로 도움이 되는 수준 높은 책을 선보이고자 시간을 쪼개서 함께 연구하고, 수정하는 등 수많은 노력 끝에 책을 완성하였습니다.

한국여성세무사회는 1986년에 창립하여 어느덧 40여년이 흘러 회원 2,200여명의 시대를 맞이하였습니다. 탁월한 지식과 성실함, 부드러움으로 세무사의 역할을 충실히 해낼 뿐만 아니라 납세자의 어려움을 함께하고 국가의 세정발전은 물론 국민권익을 위해서도 다방면에서 활동해오고 있습니다. 이 책의 수익금도 도움이 필요한 곳에 성금으로 사용할 것입니다.

한국여성세무사회의 여성세무사들은 각자 맡겨진 곳에서 최선을 다함으로서 여러분께 실질적인 도움이 되도록 정성을 다하겠습니다. 많은 성원 부탁드립니다. 감사합니다.

2025년 4월에
한국여성세무사회장 **황 영 순**

여성세무사들의 세금이야기
CONTENTS

1. 사업자편

사업자등록

1. 사업자등록은 가까운 세무서에서나 홈텍스에서 할 수 있다. ·· 5
2. 홈텍스 가입 등에 대해 알아보자. ······················· 7
3. 사업개시전이라도 사업자등록을 할 수 있다. ············ 9
4. 사업자등록 명의대여는 형사처벌을 받을 수도 있다. ······ 10
5. 창업할 때 개인과 법인의 차이를 확인하고 결정하자. ······ 12
6. 사업자등록시 부가가치세 과세사업자인지 면세사업자인지 알아보자. ··· 14
7. 간이과세자보다 일반과세자가 유리할 수 있다. ··········· 16
8. 사업자등록시 현금영수증 가맹과 사업용계좌신고에 유의하자. ··· 18
9. 사업장이 두 개 이상이어도 사업자등록번호를 하나로 사용할 수 있다. ··································· 19
10. 사업자가 납부해야 하는 세금의 종류에 대해 알아보자. ······ 20
11. 상법상 법인설립 자본금에 대한 제한 규정은 없다. ········· 22
12. 법인 설립시 과점주주는 간주취득세 부담에서 벗어날 수 있다. ··································· 23
13. 개인사업자가 법인으로 전환할 때 전환시기가 중요하다. ···· 24
14. 법인전환 방법과 관련 세금에 대해 알아보자. ············ 26
15. 법인전환시 영업권의 양도에 대해 알아보자. ············ 29
16. 개인이 공동사업을 할 경우 사업자등록 및 폐업신고 절차를 알아보자. ··· 31

CONTENTS
여성세무사들의 세금이야기

인건비

1. 직원 고용시 반드시 근로계약서를 작성하고 교부해야 한다. ·· 35
2. 직원 고용시 반드시 4대보험을 가입해야 한다. ·················· 37
3. 내일채움공제 등을 활용하여 직원의 장기근속을
   유도할 수 있다. ··· 39
4. 최저임금에 비과세 복리후생수당도 포함된다. ················· 42
5. 직원 고용을 늘리고 직원의 소득을 증가시키면
   각종 세금 혜택이 있다. ·· 45
6. 급여 지급시 간이세액표에 따른 원천징수와 연말정산을
   해야 한다. ··· 47
7. 외국인 근로자도 근로기준법상 근로자에 해당한다. ·········· 50
8. 인적용역비 등의 지급시에는 소득세 원천징수 및
   지급명세서 등을 제출해야 한다. ···································· 52
9. 프리랜서와 근로자를 구분하자. ····································· 54
10. 퇴직연금에 가입하면 비용으로 인정된다. ······················ 55
11. 직원 퇴사시 퇴직금을 지급해야 한다. ··························· 58
12. 직원에게 연차휴가를 부여해야 한다. ···························· 61

부가가치세

1. 부가가치세 납세의무자에 대해 알아보자. ······················· 65
2. 사업자등록 전 초기투자 비용에 대해서도 세금계산서를
   받아야 한다. ·· 67
3. 부가가치세는 신고기한 내에 신고·납부하여야 한다. ········· 68
4. 세금계산서는 제때 발급하고 발급받아야 한다. ················ 70
5. 수정세금계산서를 발급하는 경우도 있다. ······················· 73

6. 세금계산서를 발행해야 하는 간이과세자도 있다. ················ 75
7. 거짓매입세금계산서는 회사를 위태롭게 만들 수 있다. ········ 77
8. 세금계산서가 아니더라도 매입세액을 공제받을 수 있다. ····· 79
9. 부가가치세를 돌려받는 경우도 있다. ······························· 81
10. 음식점 등 운영시 농·축·수·임산물에 대해서도 매입세액을
    공제받을 수 있다. ·· 83
11. 외상대금을 회수하지 못한 경우에 납부한 부가가치세를
    공제받을 수 있다. ·· 85
12. 신용카드나 현금영수증을 발행할 경우 세금혜택이 있다. ···· 87
13. 승용차 관련 매입세액은 공제되지 않는다. ······················· 89
14. 기업업무추진비(접대비) 등의 매입세액은 공제되지 않는다. ·92
15. 오피스텔을 주거용으로 사용시 공제받은 부가가치세를
    추징당할 수 있다. ·· 94
16. 수출 등 외화 획득사업은 영세율을 적용한다. ··················· 95
17. 사업장이 2개 이상이면 주사업장 총괄납부와 사업자단위과세
    제도를 활용하자. ·· 97
18. 포괄양수도방법으로 사업을 양도할 경우에도 세금계산서를
    발급할 수 있다. ·· 99
19. 사업상 증여 등에 대해서도 부가가치세를 납부하여야 한다. ·· 101
20. 매입자가 부가가치세를 대신 납부하는 경우도 있다. ········ 104
21. 매출자가 세금계산서를 발급하지 않은 경우 매입자가
    발행할 수도 있다. ·· 106
22. 온라인 판매에 따른 매출누락에 유의해야 한다. ··············· 108
23. 휴·폐업을 할 경우에도 부가가치세를 신고·납부하여야 한다. ·· 109

CONTENTS
여성세무사들의 세금이야기

법인세

1. 법인세는 손익계산서상 당기순손익에서 기업회계와 세무회계의 차이를 조정하여 계산한다. ···················· 113
2. 기업업무추진비(접대비) 등의 비용은 세법상 비용으로 인정되지 않는 경우도 있다. ···················· 115
3. 업무용 승용차의 비용인정은 업무사용비율에 따라 결정된다. ·· 118
4. 임원에 대한 급여, 상여금 및 퇴직금은 세법상 비용으로 인정되는 한도액이 있다. ···················· 121
5. 법인의 가지급금은 엄격하게 관리하여야 한다. ···················· 123
6. 매출누락은 법인세와 대표자의 근로소득으로 각각 과세된다. ·· 125
7. 건물이나 기계 등의 고정자산 구입금액은 감가상각을 통해서 비용으로 처리된다. ···················· 127
8. 미처분이익잉여금 등은 배당 등의 적절한 관리를 하여야 한다. ···················· 129
9. 거래처로부터 회수하지 못한 매출채권에 대해서는 일정 요건 충족시 비용으로 처리할 수 있다. ···················· 130
10. 법정신고기한 내 신고하였더라도 잘못된 경우 수정신고 등을 할 수 있다. ···················· 132
11. 법인도 기부하면 비용으로 인정받는다. ···················· 134
12. 창업시 세금혜택에 대해 알아보자. ···················· 137
13. 중소기업은 중소기업특별세액감면을 받을 수 있다. ···················· 139
14. 연구개발을 하는 기업은 세액공제 혜택이 있다. ···················· 141
15. 사업용고정자산 취득 시 세액공제 혜택이 있다. ···················· 143
16. 법인도 성실신고 확인 대상이 될 수 있다. ···················· 146
17. 해외현지법인이 있는 경우 추가제출 서류가 있다. ···················· 148

18. 비영리법인이 수익사업을 영위하는 경우에는 법인세를
    납부하여야 한다. ·· 151
19. 법인의 폐업, 해산, 청산시 유의할 사항을 알아보자. ········ 153
20. 세금에 관한 억울한 일이 생기면 불복청구를 할 수 있다. ·· 155

소득세

1. 종합소득이 있는 경우 종합소득세를 신고·납부하여야 한다. ···· 161
2. 일정규모 이상의 사업자는 반드시 사업용계좌를 개설하여
   사용하여야 한다. ··· 163
3. 사업을 하는 경우 장부를 작성하여 신고하면 세금이 줄어든다. ·· 166
4. 비용을 지출하였더라도 세법상 인정받지 못하는 경우가 있다. ·· 170
5. 지출한 비용에 대해서는 관련 증빙서류를 잘 갖추어야 한다. ·· 172
6. 주택임대사업자는 종합소득세 신고·납부의무가 있다. ········ 174
7. 주택임대사업자는 일정요건을 갖추면 소득세 감면을
   받을 수 있다. ·· 177
8. 금융소득이 2,000만원을 초과하면 다른 소득과 합산하여
   종합소득세 확정신고를 하여야 한다. ························ 179
9. 연금소득이 있는 경우 종합소득세 확정 신고를 해야 하는지
   확인하여야 한다. ··· 181
10. 위약금이나 사례금 등을 받아도 세금을 내야한다. ··········· 183
11. 미술품, 골동품 등의 판매도 과세 될 수 있다. ··············· 185
12. 종교인도 소득세 신고를 하여야 한다. ······················ 187

CONTENTS
여성세무사들의 세금이야기

13. 병의원, 학원, 주택임대사업자 등의 부가가치세 면세사업자는 사업장현황 신고를 하여야 한다. ·· 190
14. 일부 업종은 현금을 받은 경우 현금영수증을 발급하여야 한다. ·· 192
15. 업종별로 수입금액이 일정 금액 이상이면 성실신고확인서를 제출하여야 한다. ··· 195
16. 저소득 가구는 연간 최대 330만원의 근로장려금을 받을 수 있다. ··· 197
17. 부양자녀가 있는 경우는 1인당 최대 100만원(최소50만원)의 자녀장려금을 받을 수 있다. ······································· 199
18. 거주자와 비거주자는 세부담이 다르다. ······························· 201
19. 해외에 금융재산이 있을 경우 해외금융계좌 신고를 해야 한다. ··· 205
20. 해외에 법인 지분 및 부동산 취득시 제출해야 하는 서류가 있다. ··· 208

지방세

1. 부동산 등을 취득할 때 취득세를 신고·납부하여야 한다. ·· 213
2. 과밀억제권역 내의 법인등기나 부동산 취득 등에 대해 중과세가 있다. ··· 216
3. 법인 및 다주택자의 주택 취득시 취득세가 중과될 수 있다. ·· 218
4. 부담부 증여 시 실제 유상·무상 취득을 고려해야 한다. ··· 220
5. 부동산 등의 보유시 재산세와 종합부동산세를 납부하여야 한다. ··· 221
6. 주식이동시 간주취득세를 고려해야 한다. ··························· 224

7. 개인과 법인은 지방자치단체에 지방소득세를 신고·납부하여야 한다. ·· 226
8. 취득세, 재산세 등에 대한 감면이 있다. ························· 228
9. 주민세 종업원분을 신고·납부해야 한다. ······················· 230
10. 주민세 사업소분에 대해 신고·납부해야 한다. ················ 232

CONTENTS
여성세무사들의 세금이야기

2. 양도·상속·증여편

양도소득세

1. 자산이 유상으로 이전되면 거래 형식을 불문하고 양도소득세가 과세된다. ·· 239
2. 양도소득세는 부동산·주식 등 법에 열거된 자산을 양도하는 경우에만 과세된다. ·· 241
3. 양도소득세는 양도가액에서 취득가액 등 관련 비용을 차감한 양도차익에 대하여 과세한다. ······························· 244
4. 양도소득세의 세율은 보유기간, 자산의 종류 등에 따라 각각 다른 세율이 적용된다. ··· 246
5. 공부상 주택이 아닌 건물도 소득세법상 주택에 해당될 수 있다. ·· 248
6. 1세대란 같은 주소에서 생계를 같이 하는 자와 함께 구성하는 가족단위를 말한다. ··· 251
7. 1세대 1주택을 2년 이상 보유하였다고 해서 반드시 비과세 혜택을 받는 것은 아니다. ·· 253
8. 1세대 1주택 비과세 판정시 보유기간 및 거주기간의 제한을 받지 않는 경우가 있다. ··· 255
9. 일시적으로 1세대 2주택이 되는 경우 비과세하는 경우가 있다. ·· 264
10. 고가주택인 경우에도 1세대 1주택인 경우 세제혜택을 받는다. · 266
11. 1세대 1주택 양도의 경우 2년이상 거주해야 최대 80% 장기보유특별공제를 적용받을 수 있다. ······················· 267
12. 오피스텔은 주택일 수도 있고 주택이 아닐 수도 있다. ····· 268
13. 주택임대사업자의 거주주택에 대한 비과세 조건을 알면 양도소득세 안 낼 수도 있다. ··· 271

여성세무사들의 세금이야기

14. 장기일반민간임대주택의 경우 양도소득세 세제혜택을
   받을 수 있다. ··· 273
15. 특수관계인과의 거래시 거래가액에 유의하자. ················ 275
16. 배우자 및 직계존비속으로부터 토지 등을 증여받은 경우
   10년 후에 양도하자. ··· 277
17. 8년 이상 재촌 자경한 농지를 양도하는 경우 양도소득세를
   감면한다. ·· 279
18. 토지 등이 수용되는 경우 양도소득세를 감면한다. ·········· 282
19. 비사업용토지를 양도하는 경우 누진세율에 10%를 가산한
   세율로 과세한다. ··· 285
20. 다주택자 양도소득세는 한시적으로 중과되지 않는다. ······ 288
21. 아파트 분양권을 전매하는 경우 양도세 중과세율이 적용된다. ·· 293
22. 해외주식 양도시 양도소득세 신고·납부 의무가 있다. ······ 294
23. 양도소득세는 예정신고·납부하지 않으면 가산세가 있다. ·· 297
24. 5년 이상 국내에 거주하지 않은 자는 국외자산의 양도에
   대해 세금을 납부하지 않아도 된다. ····························· 299
25. 국내 거주자가 이민 등으로 국외로 전출시 보유하고 있는
   국내주식 등에 대해 양도소득세 신고·납부 의무가 있다. ·· 301

상속·증여세

1. 상속인 등은 물려받은 유산에 대하여 상속세 납부의무가 있다. ·· 307
2. 상속이 개시된 경우 상속세 및 취득세 신고 등
   후속조치사항이 있다. ··· 308
3. 상속을 받는 것이 무조건 유리한 것만은 아니다. ············ 310

Contents · xi

CONTENTS
여성세무사들의 세금이야기

4. 피상속인의 유언이 없는 경우 법정지분상속·협의분할에 의한
   상속을 할 수 있다. ·· 313
5. 상속인에게는 상속·증여재산 중 최소한 상속받을 수 있는
   몫(유류분)이 있다. ·· 315
6. 상속개시전에 재산을 처분하거나 채무를 부담한 경우로서
   사용처 불분명시 상속세가 과세된다. ······························ 317
7. 피상속인이 10년(5년)이내 증여한 재산에 대하여
   다시 상속세가 과세될 수 있다. ····································· 319
8. 재산을 상속받은 경우에도 상속세를 내지 않는
   면세점이 있다. ··· 321
9. 피상속인이 기업을 경영하다 사망한 경우에는 가업상속공제를
   받을 수 있다. ··· 323
10. 상속인으로 배우자가 있는 경우 최고 30억원까지 배우자
    상속공제를 적용받을 수 있다. ···································· 326
11. 부모님을 동거봉양한 자녀가 주택을 상속받은 경우
    동거주택 상속공제를 받을 수 있다. ····························· 328
12. 후순위 상속인이 상속받은 재산이 있는 경우 상속공제
    종합한도액을 계산하여야 한다. ·································· 330
13. 한 세대를 건너뛴 상속·증여에 대하여는 상속·증여세를
    30%(40%) 더 부담해야 한다. ···································· 331
14. 영리법인과의 거래를 통해 그 법인에게 이익을 주는 경우
    그 법인의 주주에게 증여세가 과세될 수 있다. ················ 333
15. 명의신탁주식은 증여세가 부과될 수 있다. ····················· 335
16. 자녀가 부모로부터 창업자금을 지원받은 경우 낮은 세율로
    세금을 낼 수 있는 혜택이 있다. ·································· 337

17. 가업을 생전에 증여받아도 낮은 세율로 증여세를 내는
　　혜택이 있다. ··· 339
18. 타인의 부동산을 무상으로 사용하는 경우
　　증여세와 소득세·부가가치세가 과세될 수 있다. ················ 342
19. 신고된 소득에 비해 재산증가액과 소비지출액이 과도한 경우
　　세무조사를 받을 수 있다. ·· 344
20. 동일인으로부터 10년 이내에 증여받은 재산은 모두 합해서
　　증여세를 계산한다. ·· 346
21. 증여자와 수증자와의 관계에 따라 증여재산공제를
　　적용받을 수 있다. ·· 347
22. 부담부증여를 받은 경우 증여세와 양도소득세가 모두
　　과세될 수 있다. ·· 350
23. 고가 꼬마빌딩 상속·증여시 감정가액으로 과세될 수 있음에
　　유의하자. ·· 352
24. 비상장주식의 매매 등 주식 변동시 세법에 따라 주식을
　　평가해야 한다. ·· 354
25. 상속세율과 증여세율은 동일하며, 신고기한 이내 신고하면
　　세액공제가 가능하다. ·· 358
26. 거주자가 비거주자에게 국외자산을 증여하는 경우에도
　　증여세가 과세될 수 있다. ·· 360
27. 증여세 신고기한 이내에 반환하는 경우에는 증여세가
　　과세되지 않는다. ·· 361

1. 사업자편

- 사업자등록
- 인건비
- 부가가치세
- 법인세
- 소득세
- 지방세

여 성 세 무 사 들 의   세 금 이 야 기

사업자등록

여성세무사들의 세금이야기

Part 1. 사업자편 - **사업자등록**

1. 사업자등록은 가까운 세무서에서나 홈텍스에서 할 수 있다.

🌱 의의

사업자등록이란 납세의무 있는 사업자의 현황을 파악하고 조세채권을 확보함에 있어서 상호·성명·주소·주민등록번호 및 사업장 소재지와 사업의 종류 등의 인적사항과 사업의 개시일 기타 과세자료를 입수하는데 적절한 사실내용을 세무관서의 대장에 등재하는 것을 말한다.

🌱 사업자등록방법

사업자는 사업장마다 사업개시일로부터 20일 이내에 관할 세무서장에게 사업자등록을 신청해야 한다. 사업장관할이 아닌 가까운 세무서에 가서 신청하여도 된다. 단, 신규로 사업을 시작하려는 자는 사업개시일 전이라도 사업자등록을 신청할 수 있다.

동일 사업장 내에서 부동산임대업, 제조업, 도·소매업 등 여러 사업을 영위하는 경우, 하나의 사업장으로 보고 사업자등록을 한다. 2개 이상의 사업장이 있는 경우 사업자 단위 과세사업자로 변경하려면 사업자 단위 과세사업자로 적용받으려는 과세기간개시 20일 전까지 본점 또는 주사무소 관할 세무서장에게 변경등록을 신청하여야 한다.

홈택스를 이용하면 회원가입 또는 로그인을 한 후 '사업자등록 신청' 메뉴에서 필요한 정보를 입력하고 전자신고서를 제출하여 등록 절차를 간편하게 진행한다. 신청 완료 후에는 확인증을 출력할 수 있다.

🌿 사업자등록 전에 인·허가 업종인지 확인하여야 한다.

일반음식점이나 개인택시 운송사업, 노래연습장업, 체육시설(당구, 탁구, 무도장), 담배소매판매업, 공인중개사, 목욕탕, 숙박업, 세탁업, 위생관리용역, 이·미용업(일반, 피부, 종합네일아트), 놀이방(어린이집, 보육시설), 폐기물재활용, 폐기물관리, 주유소 등의 업종을 영위하고자 하는 자는 식품위생법이나 건강기능식품에 관한 법률, 화물자동차운송사업법, 영유아보육법, 담배사업법, 체육시설 설치 이용법률. 공중위생관리법률 등에 근거하여 신고·허가·등록 업종인지 사업자등록 전에 반드시 확인하여야 한다.

🌿 사업자등록시 필요한 서류

1) 개인 사업자등록
① 사업자등록 신청서
② 사업장을 임차한 경우 임대차계약서 사본
 ※ 전대차계약인 경우는 "전대차계약서 사본"(계약서 사본에 건물주의 동의 또는 승낙 표시)
③ 관허사업은 사업허가·등록·신고필증 사본
 허가(등록·신고)전인 경우 허가(등록)신청서 또는 사업계획서
④ 동업계약서(2인 이상이 공동으로 사업을 하는 경우)
 - 동업자들 인감증명서, 신분증 사본 첨부
⑤ 재외국민, 외국인 입증서류 사본

2) 법인 사업자등록
① 법인설립신고 및 사업자등록신청서
② 법인등기부등본
③ 임대차계약서 사본(임차시)
④ 사업·인허가증 사본
 ※ 허가(등록·신고)전인 경우 허가(등록)신청서 사본 또는 사업계획서
⑤ 현물출자명세서(현물출자법인의 경우)
⑥ 주주 또는 출자명세서, 대표자 신분증 사본

Part 1. 사업자편 - **사업자등록**

2. 홈택스 가입 등에 대해 알아보자.

 홈택스

1) 홈택스란

세무서 방문없이 언제 어디서나 인터넷을 통해 세금 신고 납부, 민원증명 발급, 현금영수증 조회, 전자세금계산서 조회·발급 등을 편리하게 이용할 수 있는 종합 국세서비스이다.

2) 홈택스 가입방법

회원유형	개인, 개인사업자, 법인사업자, 세무대리인
본인인증방법	① 개인 : 주민등록번호로 발급한 공동인증서*, 본인명의 휴대전화 또는 신용카드 번호 등 ② 개인·법인 사업자, 세무대리인 : 사업자등록번호로 발급한 공인인증서, 전자세금계산서 발급용 보안카드 등
회원정보	아이디, 비밀번호, 휴대폰번호, 이메일주소 등

* 공동인증서 : 금융인증서를 포함한 (구)공인인증서와 동일한 의미

3) 홈택스 이용방법

홈택스는 회원가입 후 공동·금융인증서 또는 간편인증(민간인증서) 또는 아이디·비밀번호 로 로그인하여야 이용 가능하다. 공동·금융인증서로 로그인한 경우 홈택스에서 제공하는 대부분의 국세정보 및 메뉴 이용이 가능하다.
간변인승서로 로그인한 경우 국세 납부, 전자세금계산서 발급 등 일부서비스를 제외한 대부분의 메뉴 이용이 가능하다. 아이디·비밀번호 로그인한 경우는 개인정보보호를 위해 일부 서비스 사용이 제한된다. 다만, 연말정산 소득·세액공제자료 조회, 근로/자녀장려금 신청·조회, 민원증명 일부 발급, 양도세/증여세 모의

계산 등 개인이 이용하는 일부 서비스의 경우 회원가입을 하지 않아도(비회원) 공동인증서로 로그인하면 이용할 수 있다.

🌱 모바일 홈택스

1) 모바일 홈택스란

모바일에서도 홈택스를 이용할 수 있는 앱(App) 서비스이다. 스토어에서 [손택스 또는 홈택스]를 검색하여 설치할 수 있다.

2) 모바일홈택스 이용방법

홈택스 회원 가입자는 별도 가입 필요 없이, 홈택스와 동일한 방법으로 로그인 가능하다. 추가로 지문 등 생체인증으로 로그인 가능하다.
제공 메뉴는 민원증명 발급 및 팩스 발송, 국세 납부, 전자세금계산서 발급·조회, 사업자등록신청(개인), 세무서 민원실 대기인원 조회 등 지속적으로 확대되고 있다.

🌱 여신금융협회

1) 여신금융협회란

가맹점 매출거래정보 통합시스템이라고도 하며, 여신금융협회에 회원가입을 하면 9개 카드사의 카드거래 승인내역부터 전표매입, 대금지급, 카드사 수수료내역까지 관련 정보 일체를 볼 수 있다.

2) 가입방법

다음의 순서에 따른다.

> ① 여신금융협회(www.cardsales.or.kr)로 접속 후 오른쪽 상단에 있는 회원가입 버튼을 누름
> ② 개인정보 보호정책과 가입약관에 동의를 체크하고 다음단계 클릭
> ③ 회원가입에 필요한 정보를 입력하고 본인인증 버튼을 클릭
> ④ 본인인증 창이 뜨면, 사용하고 있는 통신사 클릭 후 절차 진행
> ⑤ 인증 완료되면 다음단계 클릭
> ⑥ 사업자번호와 가맹점명, 대표자명, 대표자 생년월일, 카드사와 결제은행 정보 등 입력 후 다음단계 클릭

Part 1. 사업자편 - **사업자등록**

3. 사업개시전이라도 사업자등록을 할 수 있다.

신규로 사업을 시작하려는 자는 사업 개시일 이전이라도 사업자등록을 신청할 수 있다. 이는 개업 준비기간 중에 발생하는 부가가치세 매입세액을 공제·환급받을 수 있도록 하기 위함이다.

사업자가 매입세액 공제를 받으려면 사업자등록을 하고 사업자등록번호가 적힌 세금계산서를 발급받아야 공제를 받을 수 있다. 그러나 사업자등록 전 매입이라도 공급시기가 속하는 과세기간이 끝난 후 20일 이내에 사업자등록을 신청한 경우 해당 과세기간의 매입세액을 공제받을 수 있다.

예를 들면 사업자개시일 전인 1.1.에 매입세금계산서를 수취한 후 7.20.에 사업자등록 신청을 했다면 1.1부터 6.30. 까지의 매입세액은 공제가 가능하다.

특히 부동산 및 고정자산 등에 대한 초기 투자가 많은 업종은 사업개시전 사업자등록을 하여 매입세액공제 및 환급을 받도록 하여야 한다.

여성세무사들의 세금이야기

Part 1. 사업자편 - **사업자등록**

4. 사업자등록 명의대여는 형사처벌을 받을 수도 있다.

다른 사람이 사업을 하는데 명의를 빌려주면 다음과 같이 여러 가지 불이익을 겪을 수 있다. 아무리 가까운 사이라도 명의를 빌려주는 행위는 절대로 하지 않아야 한다.

명의대여자도 무거운 처벌을 받을 수 있다.

명의대여란 실제 사업자가 아닌 자가 타인으로 하여금 자기명의로 사업자등록을 할 수 있도록 허락하고 필요한 서류를 갖추어 주는 것을 말한다. 조세범처벌법에 의해 조세의 회피 또는 강제집행의 면탈을 목적으로 타인의 성명을 사용하여 사업자등록을 하거나 타인 명의의 사업자등록을 이용하여 사업을 영위한 자는 2년 이하의 징역 또는 2,000만원 이하의 벌금이 부과된다. 또한 조세의 회피 또는 강제집행의 면탈을 목적으로 자신의 성명을 사용하여 타인에게 사업자등록을 할 것을 허락하거나 본인 명의의 사업자등록을 타인이 이용하여 사업을 영위하도록 허락한 자는 1년 이하의 징역 또는 1,000만원 이하의 벌금이라는 무거운 형량에 처하도록 하고 있다.

세금을 대신 부담할 수도 있다.

명의를 빌려주면 명의대여자 명의로 모든 거래가 이루어지게 된다. 따라서 명의를 빌려간 사람이 세금을 신고하지 않거나 납부하지 않으면 사업자등록증 상의 대표인 명의를 빌려준 사람에게 세금이 고지된다. 더구나 명의를 빌려준 사람이 근로소득이나 다른 소득이 있으면 모든 소득이 합산되어 누진세율이 적용되기 때문에 세금부담이 크게 늘어난다.

🌱 소유재산이 압류될 수도 있다.

명의를 빌려간 사람이 세금을 내지 않고, 명의대여자가 실질사업자를 밝히지 못한다면 세무서는 체납된 세금을 징수하기 위해 명의대여자의 소유재산을 압류하며, 그래도 세금을 내지 않으면 압류한 재산을 공매 처분하여 세금에 충당하게 된다. 또한 체납사실이 금융기관에 통보되어 은행대출금의 변제요구 및 신용카드 사용이 정지되는 등 금융거래상의 각종 불이익을 받고 출국이 규제되는 등의 피해를 입을 수 있다. 이뿐만 아니라 명의대여 사실이 국세청 전산망에 기록·관리되어 본인이 실제 사업을 하려고 할 때 불이익을 받을 수 있다.

🌱 국민연금 및 건강보험료의 부담도 커진다.

지역가입자의 경우 소득과 재산을 기준으로 보험료를 부과한다. 그런데 명의를 빌려주면 실제로는 소득이 없는데도 소득이 있는 것으로 자료가 발생하므로 국민연금 및 건강보험료 부담이 늘어날 수 있다.

🌱 공동사업에 대해 합산과세하는 경우

공동사업자의 경우 그 사업장에서 발생한 소득금액을 각자의 손익분배비율대로 나누어서 소득세를 내기 때문에 단독 사업자에 비해 세금의 부담이 적어지게 된다. 다만, 공동사업자 중에 특수관계자(배우자와 직계비속, 직계비속의 배우자 및 형제자매와 그 배우자)가 포함되어 있는 경우 원칙적으로 손익분배비율 등에 따라 개별과세하는 것이 원칙이나, 조세회피목적으로 공동사업을 운영 시에는 주된 공동사업자의 소득으로 보아 합산과세하게 된다.

Part 1. 사업자편 - **사업자등록**

5. 창업할 때 개인과 법인의 차이를 확인하고 결정하자.

사업을 시작할 때 가장 기본적인 문제는 사업형태를 개인으로 할 것인가 법인으로 할 것인가 결정하는 것이다. 개인과 법인의 차이점을 표로 알아보자.

구분	개인기업	법인기업	비고
창업절차와 설립 비용	설립절차가 쉽고, 비용이 거의 들지 않음	법원에 설립등기를 해야 하는 등 절차가 다소 까다롭고, 자본금과 등록세 등 설립비용이 발생	
자금조달과 이익 분배	사업주 개인이 자금 조달을 하고, 이익의 분배 또는 인출이 자유로움	주주를 통해서 자금을 조달하므로 대규모 자본형성이 가능하나, 이익분배 또는 자금인출에 있어서 배당이나 가지급금 등 법적제한이 있음	1인 주주 법인이라 할지라도 법인의 이익을 가져갈 때는 배당의 형식 등을 해야 하며, 이에 따라 배당소득세 등 납부하여야 함
사업의 책임과 신인도	사업관련 모든 문제에 대해 사업주가 책임져야 함. 만약 사업에 실패해서 은행 부채와 세금 등을 다 해결하지 못한 경우 차후 취업 또는 다른 사업 개시시 그에 따른 소득을 압류당할 수 있음	주주는 출자한 지분의 한도 내에서만 책임을 짐. 대외신인도 면에서 일반적인 사회 인식이 개인기업보다 규모가 큰 것으로 보는 경우가 많아 개인기업으로 사업을 할 때 보다 다소 유리한 점이 있음	중소기업의 경우 대출 등 은행권과의 거래에서 법인자체보다는 대표자의 개인신용과 재력에 따라 평가받는 경우가 있음
사업의 영속성	사업주가 바뀌는 경우 폐업 후 신규로 사업자등록을 해야함	주식양도에 의해 사업양도가 가능하며, 대표이사가 바뀌어도 법인이 유지됨	

구분	개인기업	법인기업	비고
세율	6% ~ 45% 초과누진세율	9% ~ 24% 초과누진세율	
과세체계	사업주 개인에게 종합소득세가 과세되고, 사업주에 대한 급여는 비용으로 인정되지 않으며, 유가증권처분이익 등에 대하여는 과세되지 않음(양도소득세 대상인 경우 양도소득세가 과세)	법인의 모든 소득에 대해 법인세 과세, 법인 대표이사 등의 급여에 대해서 근로소득세 과세, 주주가 배당을 받는 경우 배당소득세 과세	법인의 경우 주주 또는 대표이사가 임의로 자금을 인출할 경우, 급여 또는 배당으로 처리하지 않으면 가지급금으로 처리되며, 가지급금은 법인세와 소득세 중과됨
장부작성의 의무	수입금액에 따라 기장의무 달라짐	모든 법인은 복식기장의무 대상	
과세기간	1월1일 ~ 12월31일	정관에서 정한 회계연도	
장점	- 사업자등록이 간편 - 경영의사결정이 빠름 - 회사 자금의 사용이 자유로움	- 대외적인 공신력이 있음 - 낮은세율 - 소유와 경영 분리 가능	
단점	- 사업주 개인의 능력에 따라 회사가 좌우됨(사업 실패시 모든 책임 짐) - 높은 세율	- 세무처리능력 필요 - 경영의사결정 느림	

여성세무사들의 세금이야기

Part 1. 사업자편 - **사업자등록**

6. 사업자등록시 부가가치세 과세사업자인지 면세사업자인지 알아보자.

사업자등록을 하기 전에 자신의 업종이 과세대상인지 면세대상인지 정확히 파악해야 한다. 이는 사업자의 선택이 아닌 판매하고 있는 재화나 용역이 부가세 과세대상인지 또는 면세대상인지에 따라 사업의 형태가 나뉜다고 보면 된다.

과세사업자란

과세사업자는 부가가치세와 소득세를 모두 납부하는 사업자이며 제조업, 도소매업, 음식점업, 서비스업 등 대부분의 업종이 이에 해당된다.

면세사업자란

부가가치세가 면제되는 재화 또는 용역을 공급하는 사업자를 말하며 아래와 같이 법에 정해진 일부 업종이 이에 해당된다.

① 기초 생활 필수 재화·용역 : 곡물·과실·채소·육류 등 가공되지 않은 식료품, 연탄·무연탄, 수돗물, 여성 생리 위생용품(생리대 등)
② 국민 후생 관련 재화·용역 : 병·의원, 치과, 한의원 등 의료보건 용역, 혈액, 여객운송 용역(고속버스, 항공기, 고속전철 등은 제외), 장의 용역
③ 교육·문화 관련 재화·용역 : 학원·강습소·훈련원·교습소(인허가 받은 경우), 신문·도서·잡지·방송(광고 제외), 예술창작품·예술행사·문화행사·비직업 운동경기, 도서관·박물관·동물원·식물원의 입장료
④ 부가가치 생산요소에 대한 재화·용역 : 토지 공급, 인적 용역, 금융 및 보험 영역
⑤ 주택과 그 부속토지 임대용역

⑥ 국가 등이 공급하는 재화·용역
⑦ 국민주택(전용면적 85㎡)과 국민주택 건설용역
⑧ 기타 목적의 공급 : 우표·인지·중지·복권·공중전화, 종교·자선단체 등 공익단체의 공급

면세업종이지만 특정 조건이나 상황에 따라 면세가 되지 않을 수도 있다. 예를 들면 의료업이지만 성형목적의 의료시술인 경우, 교육서비스이지만 성인 취미반처럼 교과과정과 무관한 경우, 문화예술창작활동이지만 상업목적의 제작활동 등은 과세업종이 된다.

면세사업자는 부가가치세를 면제받을 수 있지만, 소득세나 법인세까지 면제되는 것은 아니니 주의해야 한다. 그리고 부가가치세 신고 대신 매년 2월 10일까지 면세사업자 사업장현7 신고서를 관할 세무서에 제출해야 한다.

과·면세 겸영사업자

과세와 면세를 동시에 영위하는 사업자는 과세사업자로 사업자등록증을 발급받는다.

여성세무사들의 세금이야기

Part 1. 사업자편 - **사업자등록**

7. 간이과세자보다 일반과세자가 유리할 수 있다.

개인사업자로 사업을 개시하는 경우 간이과세자와 일반과세자를 선택할 수 있다. 다만, 간이과세자를 적용하기 위해서는 세법에서 정한 요건을 충족한 경우 선택적으로 적용할 수 있다.

🌿 간이과세자 적용요건

1년간 매출액이 1억 4백만원 미만인 개인사업자

다만, 아래의 해당하는 사업자는 간이과세자를 적용할 수 없다.

> ▶ 간이과세 배제기준 : 법인사업자, 광업, 제조업(과자점, 제분업, 양복점 등 일부업종은 가능), 도매업, 부동산 매매업, 과세유흥장소, 전문직사업자 등이 있으며 이외에 일반과세를 적용받는 다른 사업장이 있거나 일반과세자로부터 사업을 포괄 양수받은 경우

🌿 간이과세자와 일반과세자의 차이점

구분	일반과세자	간이과세자
적용대상	1년간 매출액이 1억4백만원 이상 또는 간이과세배제업종·지역인 경우	다음 ①, ② 모두 충족 시 ① 1년간 매출액이 1억4백만원 미만 ② 간이과세배제업종·지역이 아닌 경우
매출세액	공급가액×10%	공급대가×업종별 부가가치율×10%
세금계산서 발급	발급의무 있음	발급할 수 없음 (단, 매출액 4,800만원 이상인 간이과세자는 발급의무 있음)
매입세액공제	전액 공제	발급받은 세금계산서공급대가×0.5%
의제매입세액공제	모든 업종에 적용	2021년 7월 1일부터 미적용
납부의무면제	없음	납부의무 면제 있음 (해당 과세기간에 대한 공급대가의 합계액이 4,800만원 미만인 경우)

간이과세 포기제도

일반과세자 또는 간이과세자로 등록했더라도 그 유형은 변경 될 수 있다. 간이과세자로 등록을 했지만 1년간 매출액이 1억4백만원 이상이면 일반과세자로, 일반과세자의 경우 1년간 매출액이 1억4백만원 미만이 되면 간이과세자로 변경된다. 하지만 세금계산서를 발행해야 하는 사업자의 경우 간이과세자로 전환되는 것이 곤란한 경우도 있다. 이때는 간이과세 포기신고를 하면 계속 일반과세자를 유지할 수 있다. 다만 간이과세를 포기한 후에는 3년 동안 간이과세를 적용받을 수 없다는 점에 유의해야 한다.

간이과세자보다 일반과세자가 유리한 경우

간이과세자는 세금계산서 발급을 할 수 없는 경우도 있으므로 거래상대방이 거래를 꺼려할 수 있고, 부가가치세를 환급받을 수 없는 경우도 있기 때문에 초기 투자가 많은 사업자나 영세율을 적용받는 수출업자 등의 경우에는 일반과세자로 사업자등록을 하는 것이 유리하다.

Part 1. 사업자편 - **사업자등록**

8. 사업자등록시 현금영수증 가맹과 사업용계좌신고에 유의하자.

소비자 상대 업종을 영위하는 사업자의 경우 직전 과세기간의 수입금액 합계액이 2,400만원 이상인 사업자는 다음연도 3월31일까지 현금영수증가맹을 하여야 한다. 대부분 카드단말기 설치할 때 가입이 되지만 그렇지 않은 사업장의 경우 현금영수증 미가맹시 중소기업특별세액감면, 창업감면등이 배제되고 현금영수증 미가맹 및 미발급가산세가 부과될 수 있음에 유의하여야 한다.

현금영수증 가맹점 가입방법

신용카드 단말기 구매시 해당 밴(VAN)사로 현금영수증 가입을 요청하거나 홈택스 등에서 가입할 수 있다.

사업용 계좌 신고대상자 및 방법

복식부기 의무가 있는 개인사업자는 금융기관에서 계좌를 개설하고, 이를 국세청에 사업용계좌로 신고하여야 하며, 사업 관련 거래에 사용하여야 한다. 계좌를 개설 하였더라도 신고하지 않거나 사용하지 않으면 가산세가 부과된다. 법인사업자는 법인 명의로 사업용 계좌를 개설하면 자동으로 국세청에 등록되어 별도의 신고 절차가 필요없다.

과세기간 개시일부터 6개월 이내에 신고, 세무서 직접 방문 또는 홈택스 전자신고가 가능하다.

> Part 1. 사업자편 - **사업자등록**
>
> **9. 사업장이 두 개 이상이어도 사업자등록번호를 하나로 사용할 수 있다.**

사업자가 여러 개의 사업장을 운영할 때, 각 사업장마다 별도의 사업자등록번호를 부여받지 않고, 하나의 사업자등록번호로 모든 사업장을 통합 관리하는 제도를 '사업자단위과세제도'라고 한다. 이를 통해 세무 신고 및 납부 절차를 간소화하고, 사업자의 편의를 도모할 수 있다.

사업자단위과세제도

사업장이 여러 개인 경우, 각 사업장마다 별도의 사업자등록번호를 부여받는 것이 원칙이다. 이는 사업장별로 매출, 매입, 세금 등을 개별적으로 관리 및 신고하기 위함이다. 그러나 사업자단위과세제도를 이용하면 하나의 사업자등록번호로 세금계산서(계산서) 발급이 가능하고 모든 세무신고를 하나의 사업자등록번호로 할 수 있다.

사업자단위과세제도는 관할 세무서에 신청하여 승인받아야 한다. 사업자단위과세제도를 이용하면 세무 신고 및 납부 절차가 간소화되고, 관리 효율성이 증대된다. 그러나 개별 사업장의 성과를 정확히 파악하기 어려울 수 있으며, 세무서의 관리 감독이 강화될 수 있으므로 이러한 점을 충분히 고려하여 신청하는 것이 중요하다.

여성세무사들의 세금이야기

Part 1. 사업자편 - **사업자등록**

10. 사업자가 납부해야 하는 세금의 종류에 대해 알아보자.

구분	신고·납부의무자		신고·납부기한	신고·납부할 내용
부가가치세	법인사업자	1기예정	4.1. ~ 4.25.	1.1. ~ 3.31.의 사업실적
		1기확정	7.1. ~ 7.25.	4.1. ~ 6.30.의 사업실적
		2기예정	10.1. ~ 10.25.	7.1. ~ 9.30.의 사업실적
		2기확정	다음해 1.1. ~ 1.25.	10.1. ~ 12.31.의 사업실적
		소규모 법인사업자(직전 과세기간의 공급가액이 1억 5천만원 미만)예정신고 의무없음. 직전 과세기간 납부세액의 50%를 예정고지납부		
	개인사업자 (일반과세자)	1기확정	7.1. ~ 7.25.	1.1. ~ 6.30.의 사업실적
		2기확정	다음해 1.1. ~ 1.25.	7.1. ~ 12.31.의 사업실적
		예정신고 : 사업부진으로 사업실적이 직전기의 1/3에 미달하는 경우와 조기환급 발생자는 신고 가능		
	간이과세자		다음해 1.1. ~ 1.25.	1.1 ~ 12.31.의 사업실적
법인세	법인사업자	확정신고	사업연도 종료일로 부터 3개월 이내	과세기간의 각 사업연도 소득금액
		중간예납	반기의 2개월 이내	반기의 각 사업연도 소득금액
종합소득세	개인사업자	확정신고	다음해 5.1. ~ 5.31. (성실신고대상자 6.30.까지)	1.1 ~ 12.31.의 연간소득금액
		중간예납 11.15.고지	11.1. ~ 11.30.	중간예납기준액의 1/2

구분	신고·납부의무자	신고·납부기한		신고·납부할 내용
개별소비세	과세유흥장소	다음달 25일까지		1개월의 유흥음식요금
	과세장소	분기의 다음달 25일까지 (석유류, 담배는 다음달 말일까지)		3개월의 입장인원
	가구제조업등			3개월의 제조장 반출가격 (기준가격 초과분)
원천징수이 행상황신고	원천징수를 한 사업자 (개인, 법인)	일반사업자	다음달 10일	매월 원천징수한 세액
		반기납부자	7.10./1.10.	
사업장현황 신고	부가가치세가 면제되는 개인사업자	다음해 1.1. ~ 2.10.		1.1. ~ 12.31.(폐업일)의 면세수입금액
지방소득세	법인사업자 및 개인사업자	법인세분	사업연도종료일의 4개월 이내	0.9% ~ 2.4% 초과누진세율 적용
		개인 소득세분	다음해 5월말 (성실신고대상자 6.30.까지)	0.6% ~ 4.5% 초과누진세율 적용
주민세	지방자치단체에 주소를 둔 개인 및 사업소를 둔 법인	종업원분	급여를 지급한 달의 다음달 10일까지	최근 1년간 종업원 급여총액의 월평균액이 1억8천만원 초과시 총급여액의 0.5%
		사업소분	8.1. ~ 8.31.	기본세액+사업장면적이 330㎡ 초과하는 경우 사업장 연면적 1㎡당 250원

사업자와 관련된 세금은 부가가치세, 소득세, 법인세 및 인건비 지급시 원천징수 의무에 따른 원천세가 있으며 연간 납부해야 하는 세금의 종류와 신고·납부기한 을 아래 표를 통해 알아보자.

Part 1. 사업자편 - **사업자등록**

11. 상법상 법인설립 자본금에 대한 제한 규정은 없다.

자본금은 주식회사 등의 기업을 설립할 때 투자자, 즉 주주들이 출자하는 금액을 기준으로 하여 실제 발행된 주식수에 액면가액을 곱하여 계산한 금액을 말한다.

🌱 법인설립을 위한 최소 자본금과 실무상 적정한 자본금의 규모

① 법인설립을 위한 최소 자본금 규모

2009년 상법 개정으로 5,000만원 이상 자본금 한도 규정은 없어졌으며, 이론상으로는 100원 이상이면 법인 설립이 가능하다고 해석된다. 또한 현금 이외의 재산 즉, 동산·부동산·유가증권·특허권 등으로 출자할 수 있다.

② 실무상 적정한 법인 자본금 규모

법인 설립 시 사업개시와 관련하여 기본적으로 갖추어야 할 사업용 자산 금액과 임차보증금 등을 고려하여 정하면 적정하다고 할 수 있다. 다만, 관련 법령에 의하여 인·허가, 면허 등을 받아야 하는 등 법령에 의하여 최소자본금 규정이 있는 경우(건설업, 전기 및 정보통신공사업, 의약품도매업, 문화재수리업, 감리업 등)에는 동 법령에 따른 자본금 규모를 충족해야 한다. 또한, 법인의 자본금은 대외적으로 신용도를 판단하는 기준이 될 수 있으므로 설립 이후 증자를 통하여 자본금을 확충할 수 있다.

Part 1. 사업자편 - **사업자등록**

12. 법인 설립시 과점주주는 간주취득세 부담에서 벗어날 수 있다.

과점주주라 함은 주주 또는 유한책임사원 1인과 그의 특수관계인이 소유하는 주식 또는 출자액의 합계액이 해당 법인의 발행주식총수 또는 출자총액의 50%를 초과하면서 그에 관한 권리를 실질적으로 행사하는 자를 말한다.

과점주주에 해당하게 되는 경우 당해 법인의 자산에 대한 관리·처분권을 취득하게 되므로 실질적으로 당해 법인의 자산을 취득한 것이나 다름없게 되어 과점주주에게 취득세를 부과한다.

과점주주의 간주취득세 과세대상

비상장법인의 주식을 취득함으로써 법인의 과점주주가 되거나 이미 과점주주가 된 자가 주식을 추가로 취득하여 지분비율이 증가하는 경우 법인이 보유하고 있는 취득세 과세대상 자산(부동산, 차량, 기계장비, 항공기, 선박, 입목, 광업권, 어업권, 골프회원권, 승마회원권, 콘도미니엄 회원권, 체육시설 이용회원권 등)에 과점주주의 지분비율(이미 과점주주가 된 자가 추가로 취득한 경우에는 지분비율 증가분) 만큼 취득한 것으로 보아 간주취득세가 부과된다.

다만, 법인 설립 시 발행하는 주식 또는 지분을 취득함으로써 과점주주가 된 경우에는 간주취득세를 과세하지 아니한다.

여성세무사들의 세금이야기

Part 1. 사업자편 - **사업자등록**

13. 개인사업자가 법인으로 전환할 때 전환시기가 중요하다.

법인전환이란 개인사업자가 경영하던 기업을 사업의 동일성을 유지하면서 조직의 형태를 법인으로 바꾸는 것을 말한다.

법인전환 시기

법인전환의 적절한 시기를 결정하기 위해서는 실무상의 편의와 동시에 조세부담을 최소화 시킬 수 있는 방향을 충분히 고려해야 한다.

개인소득세의 세율은 최저세율 6%에서 최고세율 45%로 8단계의 누진세율로 구성되어 있으며, 법인세의 세율은 최저세율 9%에서 최고세율 24%까지 4단계 누진세율로 구성되어 있다. 이러한 세율 구조상의 차이로 인해 소득세와 법인세의 세율만을 고려할 때 법인의 세 부담이 개인사업자보다 작다.

그러나 개인사업자의 경우, 자금을 인출할 때 소득세 이외의 다른 세금부담이 없지만, 법인의 경우 개인이 법인 자금을 인출하면 소득세를 부담하여야 하므로 반드시 법인이 유리한 것은 아니다.

절세 측면에서 법인전환 시기를 판단하기 위해서는 소득세율과 법인세율만을 단순 비교할 것이 아니라, 법인의 자금을 개인이 얼마나 인출하여 사용할 것인지를 함께 고려하여 종합적으로 판단하여야 한다. 다만, 법인으로 전환하기로 결정했다면 전환시기를 연도 중으로 하게 되면 전환 이전 기간은 소득세율이 적용되며 전환 이후의 기간은 법인세율이 적용되므로 연도 말에 하는 경우보다 세부담을 감소시킬 수 있다.

🌿 소득세법상 이월결손금

개인기업의 이월결손금은 발생연도 이후 15년간 (2019.12.31. 이전 발생분 10년, 2008.12.31. 이전 발생분 5년) 그 후 사업연도의 소득에서 공제할 수 있으나, 법인으로 전환하는 경우에는 당해 결손금이 법인에 승계되지 아니하고 전액 소멸된다. 그러므로 법인전환에 따른 이점과 소멸되는 이월결손금에 대한 세부담의 정도를 비교하여 법인전환일을 결정해야 한다.

🌿 부가가치세 신고시기와 법인전환 시점

법인전환 시기를 부가가치세 과세기간 종료일에 맞추어 법인전환 기준일을 일치시키는 것이 기중에 법인전환하여 폐업분에 대한 부가가치세 신고를 추가로 해야 하는 번거로움을 줄일 수 있다.

🌿 회사의 거래관계 및 자금 상황 고려

개인기업의 거래상대방과의 계약관계 및 금융기관의 대출승계여부, 자금상황 등을 고려하여 적절한 시기를 정하는 것이 좋다.

Part 1. 사업자편 - **사업자등록**

14. 법인전환 방법과 관련 세금에 대해 알아보자.

개인사업자가 운영하던 기업을 법인으로 전환하는 방법에는 현물출자방법과 사업양수도방법 등이 있다. 또한 조세특례제한법에서 정하고 있는 일정한 요건을 충족하는 법인전환인 경우에는 양도소득세 이월과세 등 혜택을 받을 수 있다.

법인전환 방법

① 현물출자 방법

현물출자란 법인의 자본금을 현금이 아닌 재산 즉 현물로 출자하는 것을 말한다. 현물출자에 의한 법인전환은 개인기업에 사용하던 사업용자산을 현물출자로 법인을 설립하여 법인전환 하는 방법으로, 조세특례제한법상 요건 충족 시 조세지원을 받을 수 있다.

② 사업양수도 방법

사업양수도란 기업의 각종 권리와 의무 즉 사업용자산 및 부채를 다른 기업에 양도하는 것을 말한다. 개인사업자가 법인을 설립한 후 동 법인이 개인사업자의 자산·부채를 양수함으로써 법인전환 하는 방법으로, 조세특례제한법상 요건 충족 시 조세지원을 받을 수 있다.

③ 중소기업 간 통합 방법

중소기업 간 통합에 의한 법인전환이란 중소기업인 개인기업 간 또는 개인기업과 법인기업 간의 통합을 통하여 법인전환 하는 방법으로, 조세특례제한법상 요건 충족 시 조세지원을 받을 수 있다.

법인전환 관련 세금

① 부가가치세

사업에 관한 모든 권리와 의무를 포괄적으로 양도하는 경우 부가가치세가 과세되지 않는다. 사업양수도 뿐 아니라 현물출자에 의한 법인전환의 경우에도 부가가치세법상 사업양도의 요건을 갖추면 된다.

② 양도소득세

조세특례제한법상 요건을 충족하면서 거주자가 사업용 고정자산(토지나 건물 등)을 현물출자나 사업양수도 방법으로 법인전환 하는 경우 그 사업용 고정자산에 대해서 양도소득세 이월과세를 적용받을 수 있다.

이월과세란 개인이 해당 사업에 사용되는 사업용 고정자산을 법인에 양도하는 경우 양도하는 개인에게는 양도소득세를 과세하지 않고, 이를 양수한 법인이 그 사업용 고정자산을 양도할 때 개인의 양도소득 산출세액 상당액을 법인세로 납부하는 것을 말한다.

③ 취득세

조세특례제한법상 요건을 충족하는 경우 법인전환으로 인해 신설법인이 2027.12.31.까지 취득하는 사업용고정자산에 대하여는 취득세의 50%가 경감된다(부동산 임대업 제외). 다만 취득세 감면액의 20%는 농어촌특별세로 납부해야 한다.

법인전환에 대한 조세지원과 사후관리

1) 양도소득세 이월과세

① 적용요건
- 거주자가 소비성서비스업 외의 사업을 경영하는 법인으로 전환하여야 한다.
- 현물출자나 사업양수도 방법에 따라 법인으로 전환하여야 한다.
- 신설법인의 자본금이 법인으로 전환하는 사업장의 순자산가액(시가평가액) 이상이어야 한다.

- 사업양수도 방법인 경우에는 개인사업주가 발기인이 되어 법인을 설립하고, 법인 설립일로부터 3개월 이내에 해당 법인에게 사업을 포괄양도 하여야 한다.

② 사후관리
법인 설립등기일부터 5년 이내에 법인이 이월과세가 적용된 거주자로부터 승계받은 사업을 폐업하거나 거주자가 주식의 50% 이상을 처분하는 경우(가업 승계 목적 주식증여 제외)에는 거주자가 이월과세액을 양도소득세로 납부해야 한다.

2) 취득세 면제의 사후관리

현물출자 또는 사업양수도에 따라 취득하는 사업용고정자산에 대해서 취득일부터 5년 이내에 정당한 사유 없이 해당 사업을 폐업하거나 해당 재산을 처분(임대 포함) 또는 주식을 처분(가업 승계 목적 주식증여 제외)하는 경우에는 경감받은 취득세를 추징한다.

Part 1. 사업자편 - **사업자등록**

15. 법인전환시 영업권의 양도에 대해 알아보자.

영업권이란 일반적으로 기업이 가지고 있는 사업에 관한 인·허가 등 법률상의 지위, 지리적 요건, 영업상의 비법, 신용·명성·거래처 등으로 인해 동종 업계의 다른 기업보다 초과수익을 창출할 수 있는 무형의 자산적 가치를 의미한다.

법인전환시 영업권을 양도해야 하는지

영업권은 그 가치를 시가(특수관계인이 아닌 제3자간의 일반적인 거래로 이루어지는 가격)로 평가하여 양도해야 한다. 그렇지 않으면 부당한 무상양도로 인정되어 소득세를 추징당할 가능성이 있다. 다만 개인사업주가 단독으로 현물출자 하는 법인전환인 경우는 영업권을 계상하지 않아도 된다는 예규가 있다.

영업권 관련 세금

영업권 양도는 일반적으로 기타소득으로 분류된다. 다만, 사업용고정자산(부동산 등)과 함께 양도하는 영업권은 자산으로 보기 때문에 영업권 전액이 양도소득세 과세대상이 된다.

① 기타소득인 경우

양수인은 영업권대가 지급 시 기타소득금액의 22%(영업권가액의 8.8%)를 원천징수하여야 한다. 그리고 양도인은 기타소득금액(영업권가액의 40%)이 300만원 이상인 경우 다음해 5월에 종합소득세 신고를 하여야 한다. 양도인은 별도의 증빙 없이도 영업권가액의 60%를 필요경비로 인정받을 수 있다.

② 양도소득인 경우
영업권 양도가액에서 취득가액과 기타필요경비를 차감한 후 양도차익을 계산하여 양도소득세를 계산한다.

법인이 유상 취득한 영업권의 상각

법인이 유상으로 취득한 영업권은 법인의 재무상태표에 무형자산상각을 통해 비용화 할 수 있다.

Part 1. 사업자편 - **사업자등록**

16. 개인이 공동사업을 할 경우 사업자등록 및 폐업신고 절차를 알아보자.

개인사업자 등록을 할 때 공동으로 사업을 영위하는 경우에는 공동사업자등록을 하여야 하는데 이에 대한 절차를 알아보자.

공동사업자의 사업자등록

공동사업자등록은 2인 이상의 사업자가 공동으로 사업을 하고자 하는 경우 이들 공동사업자 중 1인을 대표자로 하여 대표자 명의로 공동사업 개시일 이전 또는 개시일로부터 20일 이내에 사업장 관할 세무서장에게 공동사업자등록을 신청하여야 한다. 이때 일반적인 사업자등록 신청시 필요한 서류 이외에 공동사업자의 지분 또는 손익분배비율 등이 기재된 동업계약서를 첨부하여야 하며, 또한 부표 서식으로 공동사업자 명세를 작성하여 제출하여야 한다.

공동사업자 중 일부의 변경 및 탈퇴, 새로운 공동사업자가 추가될 경우와 출자지분이 변경되는 경우에는 지체없이 사업자등록을 정정하여야 한다.

공동사업 합산과세하는 경우

배우자, 직계존비속 등의 특수관계인과 공동사업하는 경우 손익분배비율을 거짓으로 정하는 등 일정사유가 있는 경우에는 그 특수관계인의 소득금액은 그 손익분배비율이 큰 공동사업자의 소득금액으로 보아 합산과세한다.
이는 높은 누진세율의 적용을 피하기 위하여 단독사업을 특수관계인간 공동사업으로 위장하는 경우 특수관계인의 소득을 주된 소득자의 소득으로 의제하여 소득세를 과세하도록 하고 있는 것이다.

공동사업자의 폐업신고

공동사업자등록을 한 사업자가 폐업을 하는 경우에는 지체없이 사업자의 인적사항, 폐업연월일과 사유 및 그 밖의 참고사항을 적은 폐업신고서를 작성하여 사업자등록증 원본, 공동사업자 각각의 신분증·인감증명서, 동업 해지 계약서를 첨부하여 세무서장에게 제출하여야 한다.

여 성 세 무 사 들 의   세 금 이 야 기

인건비

여성세무사들의 세금이야기

Part 1. 사업자편 - **인건비**

1. 직원 고용시 반드시 근로계약서를 작성하고 교부해야 한다.

근로기준법에서는 사용자에게 근로계약의 체결·변경시에 임금, 소정근로시간 등의 근로조건을 명시할 의무를 부과하고 있다. 즉 근로계약서를 작성하여 교부하여야 한다.

근로조건의 명시의무

1) 서면명시 사항

① 임금의 구성항목·계산방법·지급방법
② 소정근로시간
③ 유급주휴일
④ 「관공서의 공휴일에 관한 규정」에 따른 공휴일(5인 미만 제외)
⑤ 연차유급휴가(5인 미만 제외)
⑥ 취업의 장소와 종사하여야 할 업무에 관한 사항
⑦ 근로기준법 제93조 제1호부터 제12호까지의 규정에서 정한 사항
  (취업규칙의 필요적 기재사항)
⑧ 사업장의 부속 기숙사에 근로자를 기숙하게 하는 경우에는 기숙사 규칙에서 정한 사항

2) 서면 교부의무

위의 ①부터 ⑤까지의 사항이 명시된 서면을 근로자에게 교부하여야 한다. 이는 근로자의 요구가 없는 경우에도 사용자는 의무적으로 서면 교부하여야 한다. 다만, 법령, 단체협약 또는 취업규칙 변경 등의 사유로 변경되는 경우에는 근로자의 요구가 있으면 그 근로자에게 교부하여야 한다.

▶ 18세 미만인 연소근로자와 근로계약을 체결하는 경우에는 근로기준법 제17조에 따른 근로조건을 서면으로 명시하여 교부하여야 한다.

🌱 유의사항

위의 명시의무를 위반한 경우 500만원 이하의 벌금(기간제, 단시간근로자는 과태료)가 적용되며, 의무를 위반하더라도 체결한 근로계약 자체는 유효하다.

여성세무사들의
세금이야기

여성세무사들의 세금이야기

Part 1. 사업자편 - **인건비**

2. 직원 고용시 반드시 4대보험을 가입해야 한다.

4대보험은 국민연금·건강보험(장기요양보험 포함)·고용보험·산재보험 4가지를 말하며 사용자가 1인 이상의 근로자를 채용할 경우 4대보험의 가입은 의무사항이다. 근로자를 채용하여 4대보험을 가입하게 되면 사용자 중 개인사업자는 지역가입자가 아닌 직장(또는 사업장)가입자가 되어 건강보험과 국민연금을 직장(또는 사업장)가입으로 부담하게 된다.

4대보험은 국민연금 납부, 건강보험 혜택, 산재 사고 시 보상, 해고 시 실업급여 지급 등과 연관되기 때문에 가입하지 아니한 사업장에서 문제가 발생하는 경우 미신고에 대한 추징금을 사용자가 전액 부담한다.

구분	국민연금	건강보험	고용보험	산재보험
적용 대상	1인 이상의 근로자를 사용하는 사업장에 근무하는 사용자와 근로자(외국인 포함)	상시 1인 이상의 근로자를 사용하는 사업장에 고용된 근로자와 그 사용자	1인 이상의 근로자를 고용하는 모든 사업장	
요율 (2025년 현재)	사용자(4.5%) 근로자(4.5%)	사용자(3.545%) 근로자(3.545%) 장기요양보험요율 : (건강보험료의 12.95%)	• 실업급여 : 1.8% (근로자, 사업자 0.9%) • 고용안정·직업능력 개발사업 : 0.25% ~ 0.85%	• 매년 사업의 종류별로 고용노동부 장관이 고시 • 출퇴근재해요율 : 0.06%
취득 신고일	해당 사실이 발생한 날이 속하는 달의 다음 달 15일까지	자격취득일로부터 14일 이내	해당 사실이 발생한 날이 속하는 달의 다음 달 15일까지	

구분	국민연금	건강보험	고용보험	산재보험
적용 제외자	• 만18세 미만이거나 만60세 이상인 사용자 및 근로자 • 1개월 미만의 일용근로자 • 1개월 미만의 기한을 정하여 사용되는 근로자 (사업장에 고용된 날로부터 1개월 이상 근로하고, 1개월간 근로일수가 8일 이상 또는 근로시간이 월 60시간 이상인 일용근로자는 사업장에 고용된 날부터 사업장가입자로 적용) • 월 근로시간이 60시간(주당평균 15시간) 미만인 단시간근로자* • 공무원연금 등 타 공적연금가입자	• 1개월 미만의 일용근로자 • 비상근근로자 • 월 소정 근로시간이 60시간 미만인 단시간근로자	• 월 소정 근로시간이 60시간 미만인 자 (1주 15시간 미만인자 포함)** • 외국인근로자 (다만, 거주(F-2), 영주(F-5), 결혼이민((F-6)자격의 경우는 당연적용) • 만65세 이상인 자 (고용안정·직업능력개발사업은 적용) (단, 만65세 이전부터 고용보험 가입된 자는 연령 관계없이 적용)	없음

* 1개월 소득이 220만원 이상인 사람은 제외
** 단, 3월 이상 계속 근로제공자는 적용, 일용근로자는 1일을 근무해도 적용

Part 1. 사업자편 - **인건비**

3. 내일채움공제 등을 활용하여 직원의 장기근속을 유도할 수 있다.

🌱 내일채움공제

① 개념

중소(중견)기업 사업주와 근로자가 공동으로 적립한 공제금을 가입기간에 따라 장기 재직한 근로자에게 성과보상금 형태로 지급하는 공제를 말한다. 핵심인력은 기업 대표자가 장기재직이 필요하다고 지정한 근로자를 말한다. 공제금을 불입한 후 5년(2025. 1. 1. 이후 가입자는 3년) 이내에 퇴사하는 경우에는 회사에서 적립한 금액은 근로자에게 지급되지 않기 때문에 장기근속을 유도할 수 있다.

② 가입자 혜택

구 분	혜 택
중소(중견)기업	• 기업 납입금에 대하여 비용 인정 • 일반연구·인력개발비 세액공제 적용(중소기업) → 당기 발생액의 25% or 증가발생액(당기 발생액−전기 발생액)의 50% 선택 적용
근로자*	• 만기 시, 기업 납입금에 대한 근로소득세의 50%(중견기업 30%) 상당 세액감면

* 해당 기업의 최대주주 등 일정한 사람은 제외

③ 공제부금 납부방법

중소(중견)기업 사업주와 핵심인력이 5년(또는 3년)간 최소 2,000만원 이상 (매월 34만원 이상) 1만원 단위로 공동 납입하여야 한다. 이 때 [근로자 : 사업주 = 1 : 2 이상]의 비율로 납부하여야 한다.

예를 들어 근로자가 매월 10만원, 중소기업 사업주가 매월 24만원을 불입하면 된다.

내일채움공제 연계 가입

① 개념

「중소기업 인력지원 특별법」에 따라 중소(중견)기업 핵심인력의 추가 장기재직과 인력양성을 위하여 중소(중견)기업과 핵심인력이 공동으로 적립한 공제금을 가입기간(최소 3년)에 따라 핵심인력에게 성과보상금 형태로 지급하는 공제를 말한다.

이는 정부지원 제도는 없고, 세제혜택은 받을 수 있다.

② 연계 가입 종류

구 분	청년연계형 내일채움공제	내일채움공제 연계가입
근로자 조건	동일 사업장 연계 가입 & 2년형, 3년형 청년내일채움공제 만기자	동일 사업장 연계 가입 & 2년형, 3년형 청년내일채움공제만기자, 5년형 재직자 내일채움공제 만기자
가입기간	3년(고정)	3 ~ 10년 중 선택
적립구조	청년1 : 기업1	청년1 : 기업2
우대혜택	-	각 공제의 가입기간 합계가 7년이상일 경우, 만기시점에 장기재직격려금(400만원)지급
세제혜택	중소(중견)기업: • 기업 납입금에 대하여 비용 인정 • 일반연구·인력개발비 세액공제 적용(중소기업)	
	핵심인력*: 기업납입분에 대한 근로소득세 청년은 90%, 그 외 50% 감면.(중견기업은 청년은 50%, 그 외 30%)	

* 핵심인력 세제혜택은 청년내일채움공제 만기공제금 수령하지 않고 청년연계형 내일채움공제 가입하여 5년 이상 납입시 가능

🌱 중소기업 재직자 우대 저축공제

① 개요

중소기업 재직자가 가입기간(5년 또는 3년)동안 월 최대 50만원을 적립하고, 중소기업은 재직자 납부금의 20%를 지원하여 만기 시 재직자에게 전액 지급하는 상품이다. 중소기업 근로자의 장기재직 유도와 자산형성을 지원하여 중소기업의 인력난을 해소하기 위하여 신설되었다.

② 지원대상

중소기업 재직자(중견기업, 대기업 재직자는 지원 제외)

③ 가입금액

재직자 : 월 10만원 ~ 50만원(가입 단위 1만원)

기업 : 월 2만원 ~ 10만원(가입 단위 1천원, 재직자 납부금의 20%)

〈만기공제금 수령 예시〉

재직자 납입금	기업지원금 (재직자의 20%)	5년 만기 예상 수령액
10만원	2만원	806만원(재직자 납입금 600만원)
30만원	6만원	2,418만원(재직자 납입금 1,800만원)
50만원	10만원	4,029만원(재직자 납입금 3,000만원)

④ 가입자 혜택

구 분	혜 택
중소기업	• 기업 납입금에 대하여 비용 인정 • 일반연구·인력개발비 세액공제 적용 → 당기 발생액의 25% or 증가발생액(당기 발생액-전기 발생액)의 50% 선택 적용
근로자	• 만기 시, 기업지원금에 대한 근로소득세의 50%(청년근로자 90%) 상당 세액 감면 • 협약은행의 금리 우대 혜택(최대 2%) 제공

여성세무사들의 세금이야기

Part 1. 사업자편 - **인건비**

4. 최저임금에 비과세 복리후생수당도 포함된다.

2024년부터는 복리후생적 성질의 수당인 식대, 육아수당 등이 최저임금 범위에 산입되었음으로 이와 관련하여 최저임금 산정방법에 대해 알아보자.

최저임금제도

1) 최저임금의 적용대상

근로자를 사용하는 모든 사업 또는 사업장에 적용된다. 다만, 동거의 친족만을 사용하는 사업과 가사사용인, 선원법의 적용을 받는 선원 및 선원을 사용하는 선박소유자에 대하여는 이를 적용하지 않는다.

2) 최저임금의 감액

수습 사용 중에 있는 자로서 수습 사용한 날부터 3개월 이내인 자(단, 1년 미만의 기간을 정하여 근로계약을 체결한 근로자는 제외)는 최저임금액의 10%를 감액할 수 있지만, 단순노무종사자는 안 된다.

최저임금에 산입하는 임금과 산입하지 않는 임금의 범위

최저임금에는 매월 1회 이상 정기적으로 지급하는 임금을 산입한다. 다만, 다음의 금액은 최저임금에 산입하지 아니한다.

1) 근로기준법에 따른 소정근로시간 또는 소정의 근로일에 대하여 지급하는 임금 외의 임금으로서 다음에 정하는 임금

> ① 연장근로 또는 휴일근로에 대한 임금 및 연장·야간 또는 휴일 근로에 대한 가산임금
> ② 근로기준법 제60조에 따른 연차유급휴가의 미사용수당
> ③ 유급으로 처리되는 휴일(유급주휴일은 제외)에 대한 임금
> ④ 그 밖에 명칭에 관계없이 제1호부터 제3호까지의 규정에 준하는 것으로 인정되는 임금

2) 상여금, 그 밖에 이에 준하는 것으로서 다음에 정하는 임금의 월 지급액 중 해당연도 시간급 최저임금액을 기준으로 산정된 월 환산액의 0%(2024년 이후)에 해당하는 부분

> ① 1개월을 초과하는 기간에 걸친 해당 사유에 따라 산정하는 상여금, 장려가급, 능률수당 또는 근속수당
> ② 1개월을 초과하는 기간의 출근성적에 따라 지급하는 정근수당

3) 식비, 숙박비, 교통비 등 근로자의 생활 보조 또는 복리후생을 위한 성질의 임금으로서 다음에 해당하는 것

> ① 통화 이외의 것으로 지급하는 임금
> ② 통화로 지급하는 임금의 월 지급액 중 해당 연도 시간급 최저임금액을 기준으로 산정된 월 환산액의 0%(2024년 이후)에 해당하는 부분

최저임금 관련 벌칙

사용자는 최저임금액 이상의 임금을 지급하여야 하며, 이를 위반하여 최저임금액보다 적은 임금을 지급하거나 최저임금을 이유로 종전의 임금을 낮춘 자는 3년 이하의 징역 또는 2,000만원 이하의 벌금에 처한다. 이 경우 징역과 벌금은 병과할 수 있다.

비과세 복리후생 수당과 최저임금

2025년 최저시급은 10,030원으로 월 최저임금은 2,096,270원(월 소정근로시간 209시간 기준)이므로 월급여를 2,096,270원 이상 지급하여야 한다. 이 때, 비과세 식대(20만원)와 육아수당(20만원)이 적용되는 근로자는 기본급이 1,696,270원 이상이면 최저임금 위반에 해당되지 않는다.

기본급	식대(비과세)	육아수당(비과세)	월급여 합계
1,696,270원	200,000원	200,000원	2,096,270원

Part 1. 사업자편 - **인건비**

5. 직원 고용을 늘리고 직원의 소득을 증가시키면 각종 세금 혜택이 있다.

세법에서는 사업자의 근로자 고용증대를 장려하고 근로자의 소득증대를 위해 각종 세금 혜택을 해주고 있다. 그 내용을 간략하게 정리해 보면 다음과 같다.

구 분	내 용
통합고용세액공제	- 부동산임대업과 소비성 서비스업을 제외한 모든 기업 ① 해당 과세연도의 청년 정규직 근로자 및 장애인등 근로자 수가 직전연도보다 증가한 경우 증가한 인원수×세액공제금액 ② 청년 등외 근로자 수가 직전연도보다 증가한 경우 증가한 인원수×세액공제금액 - 세액공제금액 (단위: 만원) | 구분	공제액 |||| |	중소(3년지원) || 중견(3년지원)	대기업(2년지원)
	수도권	지방		
① 청년 정규직, 장애인, 60세 이상, 경력단절 여성, 북한이탈주민	1,450	1,550	800	400
② '①'외의 상시근로자	850	950	450	- | - 상시 인원이 감소하지 않은 경우 총 3년간 ①과 ②에 해당하는 금액 세액공제 - 2년 이내 근로자 수 감소시 추징 발생
중소기업 취업자에 대한 소득세 감면	청년, 60세이상 노인, 장애인, 경력단절여성의 특정 중소기업 취업에 대하여 3년간 70%(청년은 5년간 90%)의 근로소득세를 감면(과세 기간별 200만원 한도)
고용유지중소기업 등에 대한 과세특례	중소기업이 2026.12.31.까지 1인당 시간당 임금이 감소하지 않고 고용을 유지하면서 전체 근로자의 임금삭감을 하는 경우에 삭감액의 50%와 시간당 임금 증가액의 일정금액을 1,000만원까지 소득공제

구 분	내 용
근로소득을 증대시킨 기업에 대한 세액공제	중소기업 또는 중견기업이 - 상시근로자의 평균임금 증가율이 직전 3개연도 평균임금 증가율보다 크고 해당연도 상시근로자 수가 직전연도보다 크거나 같을 경우 2025.12.31.까지 직전 3개연도 평균임금 증가분의 20%(중견기업 10%) 세액공제 - 정규직 전환 근로자가 있고 상시근로자수가 직전연도보다 크거나 같을 경우 2025.12.31.까지 정규직 전환 근로자에 대한 임금증가분 합계액의 20%(중견기업 10%) 세액공제

Part 1. 사업자편 - **인건비**

6. 급여 지급시 간이세액표에 따른 원천징수와 연말정산을 해야 한다.

근로자에게 급여를 지급할 때는 세법에 따라 원천징수를 하고 이에 대한 지급명세서를 제출하여야 한다.

원천징수, 원천징수이행상황 신고·납부

원천징수란 급여 등을 지급하는 자(원천징수의무자)가 그 대가를 지급할 때 상대방(원천납세의무자)이 내야 할 세금을 국가를 대신하여 징수하고 납부하는 것이다. 원천징수의무자는 소득세와 지방소득세(소득세의 10%)를 원천징수하여 그 지급일이 속하는 날의 다음달 10일까지 관할세무서 등에 납부하여야 한다.

직전연도의 평균 상시고용인원수가 20인 이하인 경우, 매월 신고하는 대신 반기 신고·납부를 신청하여 승인을 얻으면 6개월에 한번씩 신고·납부가 가능하다.

근로자 원천징수

상용 근로자는 간이세액표에 따라 원천징수를 하며 일용근로자는 아래와 같이 원천징수한다.

> ▶ 일용근로소득 − 근로소득공제(일 15만원) = 일용근로소득금액
> ▶ 일용근로소득금액 × 세율(6%) = 산출세액
> ▶ 산출세액 − 근로소득세액공제(산출세액의 55%) = 납부세액(원천징수세액)

일용근로자란 근로를 제공한 날이나 시간에 따라 근로 대가를 계산하거나 근로를 제공한 날 또는 시간의 근로성과에 따라 급여를 받는 근로자이다. 근로계약에

따라 동일 고용주에게 3월(건설공사 종사자는 1년) 이상 계속하여 고용되어 있지 아니한 경우에는 일용근로자로 본다.

🌱 연말정산의 의의

연말정산이란 근로소득을 지급하는 자(원천징수의무자)가 다음연도 2월분의 급여를 지급하는 때에 1년간(1.1.부터 12.31.까지)의 총급여액에 대한 근로소득세액을 세법에 따라 정확하게 계산한 후, 매월 급여 지급시 간이세액표에 의하여 이미 원천징수 납부한 세액과 비교하여 많이 징수한 경우에는 돌려주고 부족하게 징수한 경우에는 추가 징수하여 납부하는 절차를 말한다.

일용근로자의 경우에는 원천징수·납부로써 납세절차가 완료되므로 종합소득과세표준의 계산에 있어서 합산하지 아니하고 분리과세로 종결된다. 단, 일반 업종의 일용근로자가 3월(건설공사 종사자는 1년) 이상 계속하여 동일 고용주에게 고용되어 있는 경우는 3월(1년)이 되는 날이 속하는 월부터 상용근로자로 보아 원천징수하고, 당해연도의 1.1.부터 12.31.까지 지급받은 급여를 합산하여 연말정산을 해야 한다.

🌱 지급명세서 제출

① 상용근로자

원천징수의무자는 소득 귀속자의 인적사항 및 연간지급액을 정리한 지급명세서를 다음해 3.10.까지 세무서에 제출해야 한다.

② 일용근로자

근로소득 지급일이 속하는 달의 다음 달 말일까지 제출한다.

▶ 일용근로자는 일용근로내용확인신고서를 근로 월의 다음달 15일까지 근로복지공단에 제출하여야 한다.

③ 지급명세서를 제출하지 아니할 경우 미제출한 금액의 1%(일용근로소득, 간이지급명세서 0.25%)의 가산세가 있다.

🌱 간이지급명세서 제출

2019년 1월 이후 발생하는 근로소득에 대해서는 지급일이 속하는 반기 마지막 달의 다음달 말일(2026년부터는 지급일의 다음달 말일)까지 간이지급명세서를 제출하여야 한다.

지급시기	제출시기
1월 ~ 6월 지급분	7월 말일까지
7월 ~ 12월 지급분	다음해 1월 말일까지

제출시기까지 제출하지 않은 경우에는 미제출 또는 불분명·허위제출금액의 0.25%(3개월 이내 제출시 0.125%)에 해당하는 가산세가 있다.

Part 1. 사업자편 - **인건비**

7. 외국인 근로자도 근로기준법상 근로자에 해당한다.

외국인 근로자도 근로기준법상 근로자에 해당하므로, 내국인 근로자에게 적용되는 노동법상의 권리가 그대로 인정된다. 외국인 근로자 고용시 유의해야 할 사항들이 있으므로 이에 대해 살펴보고자 한다.

외국인 등록증 및 체류자격 확인

외국인이 대한민국에서 취업하려면 취업활동을 할 수 있는 체류자격(비자)을 받아야 하며, 취업활동을 할 수 있는 체류자격을 가지지 아니한 사람을 고용한 사람은 3년 이하의 징역 또는 3천만원 이하의 벌금에 처한다.

따라서 외국인의 비자를 확인해서 고용해야 하며, 외국인 근로자는 지정된 근무장소에서만 근무해야 하고, 근무 장소를 변경하고자 하는 경우 사전에 또는 일정한 기간 내에 출입국관리사무소의 허가를 받거나 신고를 해야 하는 절차가 필요하다.

고용허가제에 따른 절차 준수

(1) 고용허가제

고용허가제란 외국인 고용법에 따라 단순기능업무에 내국인 근로자를 고용할 수 없는 사업주에게 외국인 근로자를 고용할 수 있도록 허가해 주는 제도를 말한다.

이는 비전문취업사증(E-9)을 발급받은 "일반 외국인 고용"과 해외동포의 방문취업사증(H-2)을 발급받은 "재외동포 특례외국인 고용"이 해당된다.

고용허가제를 통한 외국인 근로자는 다음과 같이 고용절차를 준수하여 고용하여야 한다.

E-9 비자 외국인	H-2 비자 외국인
- 내국인 구인 노력 - 외국인 고용허가서 신청 및 발급(고용노동부) - 근로계약 체결 - 사증, 인증서 발급(법무부) - 외국인 근로자 입국 및 취업교육 - 사업장 배치	- 내국인 구인 노력 - 특례고용가능 확인서 신청 및 발급 - 근로계약 체결 - 근로개시 신고

(2) 출국만기보험 등 가입

　　E-9, H-2 비자의 외국인을 고용하면 출국만기보험과 임금체불보증보험에 가입하여야 한다.

외국인 근로자의 4대보험

국민연금	건강보험	고용보험	산재보험
국가간 상호주의 원칙에 의해 국적, 비자에 따라 다름	의무 가입 (D-3, E-9, H-2는 장기요양보험 가입 제외 신청)	- 원칙 : 가입 제외 - 예외(의무가입) 　: F2, F5, F6(E-9, H-2는 고용안정·직업능력개발은 의무 가입)	의무 가입

Part 1. 사업자편 - **인건비**

8. 인적용역비 등의 지급시에는 소득세 원천징수 및 지급명세서 등을 제출해야 한다.

사업을 하다 보면 사업자등록 없이 인적용역을 제공하는 사람에게 용역비를 지급하는 경우가 있다. 이러한 인적용역비를 지급할 때는 소득세를 원천징수하고 지급명세서를 제출해야 한다.

인적용역사업자

인적용역사업자는 학원강사, 보험모집인, 기타외판원, 기타자영업, 기타모집수당자, 학습지교사, 프리랜서, 방문판매원 등 계속하여 독립된 자격으로 인적용역을 제공하는 자들이다. 이는 고용관계에 있는 근로소득자와는 다르며 일시적으로 용역이 제공되는 기타소득자와도 차이가 있다.

원천징수

인적용역사업자와 기타소득자에게 소득을 지급할 때는 소득을 지급하는 자가 원천징수하여 그 지급일이 속하는 날의 다음달 10일까지 원천징수세액을 관할세무서 등에 납부하여야 한다. 원천징수 세율은 아래와 같다.

지급받는자	소득세	지방소득세	합계
인적용역 사업소득자	지급액의 3%	0.3%	3.3%
기타소득자	기타소득금액(지급액-필요경비)의 20%	2%	22%

기타소득자는 총 금액에서 필요경비를 공제한 금액에 원천징수 세율을 적용한다. 차감 후 소득금액이 5만원 이하인 경우에는 과세최저한이 적용되어 원천징수하지 않고 지급한다.

종합소득세 신고

소득을 지급받는 자는 다음해 5월 중에 주소지 관할 세무서에 종합소득세 확정신고를 해야 한다. 이 때 종합소득세를 산출하여 기납부한 세금(원천징수세액)을 공제한 나머지를 납부하고, 원천징수세액이 결정세액보다 많으면 그 차액은 환급을 받는다.

기타소득자는 필요경비를 제외한 기타소득금액이 300만원 미만인 경우 원천징수로서 납세의무를 종결할 수 있다.

인적용역 사업소득자는 종합소득세 확정신고를 하지 않은 경우 각종 가산세를 포함한 세금이 부과될 수 있으므로 종합소득세 확정신고를 잊지 말아야 한다.

간이지급명세서 제출(매월)

사업소득과 기타소득(일시적 인적용역소득)에 대해서는 지급일의 다음 달 말일까지 간이지급명세서를 제출하여야 한다.

제출시기까지 제출하지 않은 경우에는 미제출 또는 불분명·허위제출금액의 0.25%(1개월 이내 제출시 0.125%)에 해당하는 가산세가 있다.

지급명세서 제출(연1회)

소득 귀속자의 인적사항 및 지급액을 정리한 지급명세서를 기타소득은 지급연도 다음해 2월 말일까지, 사업소득은 지급연도 다음해 3.10.까지 세무서에 제출해야 한다.

지급명세서를 제출하지 아니할 경우 미제출한 금액의 1%(3개월 이내 제출시 0.5%)의 가산세가 있다. 단, 간이지급명세서를 매월 모두 제출한 경우에는 지급명세서 제출을 생략할 수 있다.

여 성 세 무 사 들 의   세 금 이 야 기

Part 1. 사업자편 - **인건비**

9. 프리랜서와 근로자를 구분하자.

요즘 사업장에서 4대보험의 부담을 느껴 실제로 근로기준법상 근로자에 해당함에도 불구하고, 프리랜서로 신고하는 경우들이 많다.
이로 인해 4대보험 신고가 누락이 되어 각 공단에서 소명 요구가 많은 편이다. 따라서, 프리랜서와 근로자를 구분해서 실질대로 반영하는 게 궁극적인 절세에 도움이 된다.

프리랜서와 근로자의 구분

구 분	프리랜서	근로자
지휘·감독 관계	사용자의 지휘·감독을 받지 않고 독립적으로 일을 함	사용자의 지휘·감독을 받음
근무 장소 및 시간	자율적으로 근무 가능	정해진 시간, 정해진 장소에서 근무해야 함
근로 제공 방식	본인의 재량으로 일을 수행	회사가 정한 방식에 따라 업무 수행
일의 장비·도구 제공	본인이 준비하여 사용	회사가 제공한 장비와 도구를 사용
보수지급	용역대가(프로젝트별, 기간별 등)로 받음	급여 형식으로 매월 정기적으로 받음
국민연금·건강보험	지역 가입대상	직장(또는 사업장) 가입 대상
퇴직금	지급의무 없음	1년이상 근속시 지급의무 있음
세금처리	사업소득(지급액의 3.3%)으로 원천징수 후 종합소득세 신고 의무 발생	근로소득으로 원천징수 후 회사에서 연말정말 진행

4대보험 등의 부담을 회피하고자 사업소득 등의 프리랜서 계약을 하는 경우에도 그 실질이 근로기준법상 근로자에 해당하는 경우에는 근로자로서의 모든 이슈(퇴직금, 연차수당, 연장근로수당 등)들이 문제될 수 있으므로 실질에 맞게끔 신고를 하는 것이 절세에 도움이 된다.

여 성 세 무 사 들 의 세 금 이 야 기

Part 1. 사업자편 - **인건비**

10. 퇴직연금에 가입하면 비용으로 인정된다.

현행 세법상 퇴직금이 사업자의 비용으로 인정받으려면 근로자가 퇴직을 하거나 중간정산 사유에 해당하여야 한다. 다만, 위의 두 가지 경우에 해당하지 않더라고 기업 외부에 적립한 퇴직연금은 비용으로 인정해 주고 있다.

퇴직연금이란

기업이 근로자의 노후소득보장과 생활안정을 위해 근로자 재직기간 중 사용자가 퇴직금 지급재원을 외부의 금융기관에 적립하고, 이를 사용자 또는 근로자의 지시에 따라 운용하여 근로자 퇴직 시 연금 또는 일시금으로 지급하도록 하는 제도이다. 퇴직연금 취급기관은 보험회사, 은행, 근로복지공단 등이다.

퇴직연금에 가입하면 좋은 점

① 퇴직금의 재원 마련
   근로자의 퇴사 시점에 퇴직금을 일시에 지급하는 것은 회사의 재정에 큰 부담이 된다. 그러나 퇴직연금에 가입하면 퇴직연금을 매년 또는 매월 납부하기 때문에 일시에 목돈을 마련해야 하는 부담이 없어진다.

② 회사의 비용처리
   퇴직연금으로 지출하는 금액은 세법이 인정하는 한도 내에서 비용으로 처리되므로 해당 사업연도의 세금 부담을 낮출 수 있다.

③ 근로자의 퇴직금 수급권 보장

근로자는 기업의 도산 등에 대한 염려 없이 미래의 퇴직금이 보장되므로 더욱 안정적으로 근무할 수 있다.

🌱 근로자의 세제 혜택

① IRP계좌를 통한 퇴직연금 추가불입액에 대한 근로자 세액공제

근로자는 자신의 IRP계좌를 개설하여 연간 1,800만원 한도 내에서 추가 불입이 가능하며, 근로자가 자기 부담금으로 납입한 금액은 연금저축 납입액과 합산하여 다음과 같이 세액공제 적용한다.

종합소득금액 (근로소득만 있는 경우 총급여액)	납입한도액	공제율
4천5백만원(5천5백만원) 이하	• 연금저축계좌 : 600만원 • 연금저축계좌와 퇴직연금계좌 합한 금액 : 900만원	15%
4천5백만원(5천5백만원) 초과		12%

② 과세의 연기 및 낮은 연금소득으로의 과세 가능

근로자가 퇴직금을 IRP계좌로 이전하면 퇴직소득세에 대한 과세가 연기되고 이를 연금으로 수령하면 연금소득으로 과세된다.

🌱 퇴직연금의 유형

① 확정급여형 퇴직연금제도(DB : Defined Benefit)

근로자가 퇴직시에 수령할 퇴직급여가 근무기간과 평균임금에 의해 회사의 규정에 따라 확정되어 있는 제도다. 사용자(기업)가 적립금을 직접 운용하므로 운용결과에 따라 사용자가 납입해야 할 부담금 수준이 변동될 수 있다. 또한, 임금인상률·퇴직률·운용수익률 등 연금액 산정의 기초가 되는 가정에 변화가 있는 경우에도 사용자가 그 위험을 부담한다.

② 확정기여형 퇴직연금제도(DC : Defined Contribution)
사용자가 매년 근로자 연간 임금총액의 1/12 이상을 부담금으로 납부하고, 근로자가 적립금의 운용방법을 결정하는 제도다. 근로자의 적립금 운영성과에 따라 퇴직 후의 연금 수령액이 증가 또는 감소하게 되며, 결과적으로 적립금 운용과 관련한 위험을 근로자가 부담하게 된다.

③ 중소기업퇴직연금기금제도(일명 '푸른씨앗제도')
근로복지공단에서 운영하는 퇴직연금으로 30명 이하의 중소기업이 가입 대상이다. 사용자가 임금총액의 1/12에 해당하는 금액을 부담금으로 근로복지공단에 납부하고, 공단이 부담금을 적립하여 운용하는 제도이다.
이는 월평균보수가 최저임금의 130%(2024년 월평균보수 273만원)미만인 근로자의 경우 사용자부담금의 10%를 사용자와 근로자 모두에게 각각 지원하고 있으며, 수수료도 3년간 면제된다.

④ 개인형 퇴직연금 (IRP·Individual Retirement Pension)
개인형 퇴직연금(IRP)은 퇴직연금 제도의 한 종류로, 근로자가 직장을 옮기거나 퇴직하면서 받은 퇴직급여를 자신 명의의 계좌에 적립하여 활용할 수 있도록 한 것이다.
또한 상시근로자 10인 미만 사업장에 대해서는 사업장 규모의 영세성을 감안하여 퇴직연금규약 신고 절차를 생략한 기업형 IRP제도를 활용하여 퇴직연금에 가입할 수 있다.

Part 1. 사업자편 - **인건비**

11. 직원 퇴사시 퇴직금을 지급해야 한다.

사용자는 근로자가 퇴직시 근로자퇴직급여 보장법에 따라 근로자에게 계속 근로기간 1년에 대해 30일분 이상의 평균임금을 퇴직금으로 지급해야 한다.

퇴직금 지급 대상

근로자란 직업의 종류와 관계없이 임금을 목적으로 사업이나 사업장에 근로를 제공하는 사람을 말한다.
퇴직금은 다음의 자를 제외한 모든 근로자에게 지급하여야 한다.

- 계속 근로기간이 1년 미만인 근로자
- 4주간을 평균하여 1주간의 소정근로시간이 15시간 미만인 근로자

퇴직금 지급 기한

사용자는 근로자가 퇴직한 경우에 그 지급 사유가 발생한 날부터 14일 이내(특별한 사정이 있는 경우에는 당사자 간의 합의에 따라 지급기일을 연장할 수 있음)에 퇴직금을 지급해야 한다.

퇴직금 지급 방법

퇴직금은 근로자가 지정한 개인형퇴직연금제도(개인IRP) 계정으로 지급해야 한다. 단, 다음의 경우에는 일반 통장으로 지급해도 된다.

- 근로자가 55세 이후에 퇴직하여 급여를 받는 경우
- 급여가 300만원 이하인 경우
- 근로자가 사망한 경우

- 「출입국관리법 시행령」 제23조제1항에 따라 취업활동을 할 수 있는 체류자격으로 국내에서 근로를 제공하고 퇴직한 근로자가 퇴직 후 국외로 출국한 경우
- 다른 법령에서 급여의 전부 또는 일부를 공제하도록 한 경우

🌿 퇴직금 중간정산 제한

퇴직 전에 해당 근로자의 요구가 있을 경우, 계속 근로기간에 대한 퇴직금을 미리 정산하여 지급할 수 있는데, 이를 '퇴직금 중간정산'이라고 한다. 퇴직금 중간정산은 그 사유가 제한되어 다음의 경우에만 가능하다.

① 무주택자인 근로자가 본인 명의로 주택을 구입하는 경우
② 무주택자인 근로자가 주거를 목적으로 전세금 또는 보증금을 부담하는 경우. 이 경우 근로자가 하나의 사업장에 근로하는 동안 1회로 한정
③ 근로자, 근로자의 배우자 또는 생계를 같이하는 부양가족이 질병 또는 부상으로 6개월 이상 요양에 해당하는 의료비를 해당 근로자가 본인 연간 임금총액의 12.5%를 초과하여 부담하는 경우
④ 퇴직금 중간정산을 신청하는 날부터 역산하여 5년 이내에 근로자가 파산선고를 받거나 개인회생절차개시 결정을 받은 경우
⑤ 임금피크제를 실시하여 임금이 줄어드는 경우
⑥ 근로자와의 합의에 따라 소정근로시간을 1일 1시간 또는 1주 5시간 이상 변경하여 그 변경된 소정근로시간에 따라 근로자가 3개월 이상 계속 근로하기로 한 경우
⑦ 주 52시간 시행에 따른 근로시간의 단축으로 근로자의 퇴직금이 감소하는 경우
⑧ 그 밖에 천재지변 등으로 피해를 입는 등 고용노동부장관이 정하여 고시하는 사유와 요건에 해당하는 경우

🌱 퇴직금 계산방법

1) 퇴직금 계산

사용자는 계속 근로기간 1년에 대하여 30일분 이상의 평균임금을 퇴직 근로자에게 퇴직금으로 지급해야 한다.

$$\text{퇴직금} = 1\text{일 평균임금} \times 30\text{일} \times (\text{재직일수} \div 365)$$

2) 평균임금

평균임금은 산정하여야 할 사유가 발생한 날 이전 3개월 동안에 그 근로자에게 지급된 임금의 총액을 그 기간의 총일수로 나눈 금액을 말한다. 다만, 평균임금이 통상임금보다 낮을 경우에는 통상임금을 평균임금으로 본다.

▶ 통상임금 : 근로자가 소정근로시간 동안 제공하는 근로에 대해서 지급하기로 사전에 약속한 임금

3) 평균임금에 포함되는 임금의 범위

① 기본급
② 연장·야간·휴일근로수당, 연차유급휴가수당
③ 정기적·일률적으로 지급하는 직책수당, 자격수당, 통근수당, 급식비 등
④ 근무성적 등에 따라 차등 지급하는 정기 능률수당 등
⑤ 지급조건, 금액 등이 정하여진 정기상여금 등

4) 평균임금에 포함되지 않는 기타금품의 범위

① 관례적으로 지급하지 않고, 기업이윤에 따라 일시적, 불확정적으로 사용자의 재량에 의해 지급하는 금품(임금성에 해당되지 않는 경우) : 경영성과배분금(PS상여금), 격려금, 포상금, 인센티브 등
② 복리후생적 혜택(임금성에 해당되지 않는 경우) : 축의금, 조의금, 의료비, 교육기관 이용비 등

Part 1. 사업자편 - **인건비**

12. 직원에게 연차휴가를 부여해야 한다.

사용자는 1년간 80% 이상 출근한 근로자에게 15일의 유급휴가를 줘야 하는데, 이를 연차유급휴가라 한다. 이는 상시근로자 5인 이상 사업장에서 당연히 발생하는 근로자의 권리이다.

연차유급휴가 대상자

1년간 80% 이상 출근한 근로자에게 연차유급휴가를 부여하며, 계속근로연수가 1년 미만인 자 또는 1년간 80% 미만 출근한 자는 1개월 개근한 경우 1일의 유급휴가가 발생한다.

연차유급휴가 계산

1) 연차유급휴가 기산일

1년간의 계속근로의 기산일은 각 근로자의 입사일이 원칙이다. 그러나 기산일의 통일을 위하여 획일적으로 적용할 수 있으며, 실무에서는 회계연도 기준으로 적용하는 경우가 많다.

2) 사업장 규모가 5인 미만에서 이상으로 전환된 경우 기산일

사업장 규모가 확대되어 상시근로자 수가 5인 미만에서 5인 이상으로 전환된 경우 연차휴가는 5인 이상 사업장이 된 때로부터 모든 근로자가 입사한 것으로 보아 그 때부터 1개월 개근 시 1개의 연차휴가를 부여하고, 계속 근로기간이 1년 이상이 되면 15일을 부여하면 된다.

3) 연차유급휴가일수

① 계속 근로자

1년간 80% 이상 출근한 근로자는 15일의 연차유급휴가를 부여받으며, 3년 이상 계속하여 근로한 근로자에게는 15일에 최초 1년을 초과하는 계속 근로연수 매 2년에 대하여 1일을 가산한 유급휴가(가산휴가)를 부여해야 한다. 이 경우 가산휴가를 포함한 총 휴가 일수는 25일을 한도로 한다.

근속기간	1	2	3	4	5	6	8	10	12	14	16	18	20	22	23
출근율 충족	1일/월	15	15	16	16	17	18	19	20	21	22	23	24	25	25

② 근속연수 1년 미만 근로자

근속연수 1년 미만인 근로자는 1개월 개근한 경우 1일의 연차유급휴가가 발생하고, 입사일부터 1년까지 모두 개근한 경우에 최대 11일의 연차휴가를 부여받을 수 있다. 2년차에 해당하는 경우에는 15일의 연차휴가일수를 추가로 부여받아 1년간 사용할 수 있다.

③ 연차유급휴가의 소멸과 미사용휴가수당

연차유급휴가는 1년간 행사하지 아니하면 소멸된다. 단, 사용자의 귀책사유로 사용하지 못한 경우에는 그러하지 아니하다. 따라서 연차휴가권이 소멸되었더라도 근로자가 휴가를 사용하지 않고 근로한 것에 대한 수당을 지급해야 하는데 이를 '미사용연차수당' 또는 '연차수당'이라 한다.

현행 근로기준법상 연차수당 지급금액은 통상임금 또는 평균임금 둘 다 사용 가능하나, 실무상으로는 통상임금으로 지급하는 경우가 대부분이다. 예를 들어, 정규직 근로자의 통상시급이 2만원인 경우 1일 통상임금은 16만원(2만원×8시간)이 되며, 미사용연차일수가 10일이라고 가정할 때, 미사용연차수당은 160만원을 지급하여야 한다.

여성세무사들의 세금이야기

부가가치세

부가가치세

여 성 세 무 사 들 의 세 금 이 야 기

Part 1. 사업자편 - **부가가치세**

1. 부가가치세 납세의무자에 대해 알아보자.

부가가치세 납세의무자는 영리 목적 유무에 불구하고 사업상 독립적으로 재화 또는 용역을 공급하는 자를 말하며, 이러한 납세의무자에는 개인, 법인과 법인격 없는 사단, 재단 기타 단체를 모두 포함한다. 또한 재화를 수입하는 자는 사업자 여부에 불문하고 납세의무자에 해당한다.

사업자의 요건

부가가치세의 납세의무자에 해당하는 사업자란 다음의 요건을 모두 갖춘 자를 말한다.
① 영리목적 유무에 불구한다.
② 사업성이 있어야 한다.
③ 독립성이 있어야 한다.

사업자의 유형

사업자는 과세사업자, 면세사업자, 과세·면세 겸업사업자로 분류되며 과세사업자는 일반과세자와 간이과세자로 구분한다.

① 과세사업자와 면세사업자
   과세사업자는 부가가치세의 과세대상이 되는 재화나 용역을 공급하는 사업자로서 부가가치세 납세의무가 있는 사업자를 말한다.
   면세사업자는 부가가치세가 면세되는 재화·용역을 공급하는 사업자로서 부가가치세 납세의무가 없다. 따라서 부가가치세 신고·납부의무가 없으므로 재화 등을 구매할 때 부담한 부가가치세도 공제 또는 환급받지 못한다. 주로 국민의 기초생활과 관련된 재화나 용역이 면세대상이다.

과세·면세 겸업사업자는 과세대상과 면세대상 재화·용역을 모두 공급하는 사업자로서 부가가치세 납세의무자이기도 하다.

② 일반과세자와 간이과세자

과세사업자는 사업의 규모 등에 따라 일반과세자와 간이과세자로 구분한다. 일반과세자는 사업과 관련된 매입세액은 전액 공제받을 수 있으며 세금계산서를 발급하여야 한다. 간이과세자의 부가가치율은 15% ~ 40%로써 연간 매출규모가 1억 400만원 미만이면서 국세청장이 규제하는 지역이나 업종이 아닌 사업자라야 한다.

부가가치세법상 납세의무자의 범위

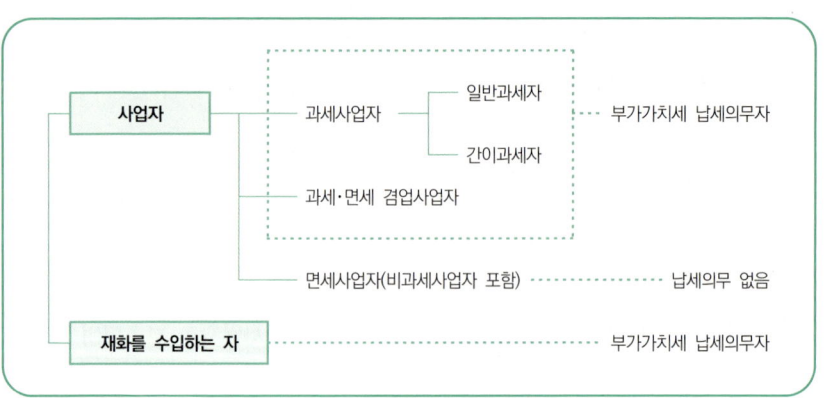

여성세무사들의 세금이야기

Part 1. 사업자편 - **부가가치세**

2. 사업자등록 전 초기투자 비용에 대해서도 세금계산서를 받아야 한다.

일반적인 경우 사업 초기단계에서 대부분의 신규사업자들은 초기투자 비용에 대한 세금관련 사항을 간과하고 인테리어비용이나 비품 구입을 진행하는 경우가 많다. 부가가치세법상 사업자등록은 사업개시 시점에 해야 하나 일반적으로 매출이 발생하는 시점에 등록하는 경우가 많다.

창업비용이 많이 드는 업종인 부동산임대업, 음식·숙박업 등은 사업자등록 전 초기투자 비용에 대해 매입세액공제를 받기 위해서는 다음과 같은 세 가지 조건이 충족되어야 한다.

사업관련성

사업자등록 전 시설투자 비용 등은 사업을 위하여 지출된 비용이여야 한다.

세금계산서 수취

매입세액공제를 받기 위해서는 반드시 세금계산서(신용카드매출전표·현금영수증 포함)를 받아야 한다. 그러나 초기 투자비용 지출 시점에서는 사업자등록을 하기 전인 경우가 많아 사업자등록번호가 기재된 세금계산서를 발급받을 수 없게 된다. 이 때 세금계산서는 사업자등록번호 대신 사업자의 주민등록번호로 발급받으면 매입세액으로 공제 받을 수 있다.

사업자등록 기일 내 신청

위 조건을 만족한 경우에도 부가가치세법은 최초 공급시기가 속하는 과세기간이 지난 후 20일 이내 사업자등록 신청을 한 경우에 사업자등록일이 속하는 직전과세기간에 대한 매입세액을 매출세액에서 공제한다.

여 성 세 무 사 들 의   세 금 이 야 기

Part 1. 사업자편 - **부가가치세**

3. 부가가치세는 신고기한 내에 신고·납부하여야 한다.

부가가치세는 일정기간 동안의 재화와 용역의 공급에 대해 과세하는 세금으로서 부가가치세를 계산하기 위한 과세기간이 정해져 있고, 과세기간 종료 후 25일 이내에 신고·납부하여야 한다.

과세기간 및 신고·납부기한

과세기간이란 세법에 의하여 국세의 과세표준의 계산에 기초가 되는 기간을 말하며, 납세의무의 성립시기, 과세표준 및 납부세액의 계산 기간 및 신고·납부기한을 정하는 기준이 된다. 부가가치세는 아래 과세기간으로 하여 확정 신고·납부하여야 한다.

사업자	과세기간	확정신고 대상	신고·납부기한
일반사업자	1기(1.1. ~ 6.30.)	1.1. ~ 6.30.까지 사업실적	7.25.
	2기(7.1. ~ 12.31.)	7.1. ~ 12.31.까지 사업실적	다음해 1.25.
간이과세자	1.1. ~ 12.31.	1.1. ~ 12.31.까지 사업실적	다음해 1.25.

① 법인사업자(소규모법인사업자 제외)

부가가치세 과세기간은 6개월로 1년에 두 번의 과세기간이 있지만 부가가치세법은 각 과세기간 중 다음의 기간을 예정신고기간으로 구분하고 있으며 법인사업자는 개인사업자와 달리 이 예정신고기간에도 신고·납부를 하여야 한다.

사업자	예정신고기간	예정신고 대상	신고·납부기한
법인사업자	1기(1.1. ~ 3.31.)	1.1. ~ 3.31.까지 사업실적	4.25.
	2기(7.1. ~ 9.30.)	7.1. ~ 9.30.까지 사업실적	10.25.

② 신규사업자

신규로 사업을 시작하는 자에 대한 최초의 과세기간은 사업개시일부터 그 날이 속하는 과세기간의 종료일까지로 한다. 다만, 사업개시 전에 사업자등록을 신청한 경우에는 그 신청한 날로부터 그 신청일이 속하는 과세기간의 종료일까지로 한다.

③ 폐업자

사업을 폐업하는 경우의 과세기간은 폐업일이 속하는 과세기간의 개시일로부터 폐업일까지로 한다.

④ 소규모법인사업자 및 개인사업자의 예정신고

직전과세기간 공급가액의 합계액이 1억5천만원 미만인 법인사업자 및 개인사업자는 예정신고·납부의무가 없이 직전 과세기간 납부실적의 1/2이 예정 고지되어 납부만 하면 된다. 그러나 예정고지된 개인사업자라도 휴업 또는 사업부진으로 인하여 예정신고기간의 공급가액 또는 납부세액이 직전과세기간의 공급가액 또는 납부세액의 1/3에 미달하거나, 시설투자 등으로 인하여 조기환급을 받고자 하는 사업자 등은 예정고지세액을 납부하지 아니하고 예정신고를 하여 세액을 납부할 수 있다.

기한내 신고·납부하지 않는 경우

각 과세기간별 부가가치세를 신고기한 내에 신고하지 않거나 납부하지 아니한 경우에는 신고불성실가산세와 납부불성실가산세가 부과된다.

여성세무사들의 세금이야기

Part 1. 사업자편 - **부가가치세**

4. 세금계산서는 제때 발급하고 발급받아야 한다.

사업자는 재화 및 용역의 공급시기에 세금계산서를 발급하여야 한다. 다만, 거래처별로 1역월의 공급가액을 합하여 해당 월의 말일을 작성연월일로 하거나 임의로 정한 기간의 종료일자를 작성일자로 하여 다음달 10일까지 세금계산서를 발급할 수 있다. 공급시기에 세금계산서를 발급하지 않은 경우 세금계산서 미발급 가산세가 적용되고 매입자는 매입세액 불공제 등의 불이익이 있다.

🌿 세금계산서 발급시기

세금계산서는 부가가치세를 거래징수하고 그 사실을 증명하기 위한 법정증빙서류 중 하나로 재화나 용역을 공급하는 일반과세자가 그 공급하는 때에 공급받는 자에게 발급하여야 한다.

1) 일반적인 공급시기

① 재화의 경우 : 재화가 이동이 필요한 경우는 인도되는 때이며, 재화의 이동이 필요하지 않은 경우는 재화가 이용가능한 때이다.
② 용역의 경우 : 용역의 제공이 완료되거나 재화·시설물 또는 권리가 사용되는 때이다.

2) 특수한 경우의 공급시기

① 장기할부판매·중간지급조건부 및 전력 등 공급단위를 구획할 수 없는 계속적 공급의 경우 그 대가의 각 부분을 받기로 한 때를 공급시기로 한다.
② 폐업전에 공급한 재화나 용역의 공급시기가 폐업일 이후 도래하는 경우에는 그 폐업일을 공급시기로 한다.

3) 공급시기의 특례

사업자가 다음의 경우에는 그 공급시기가 도래하기 전에 세금계산서를 발급하여도 그 발급하는 때를 공급시기로 본다.

① 공급시기 전에 그 대가의 전부 또는 일부를 받고 그 받은 대가에 대하여 세금계산서를 발급하는 때
② 공급시기 전에 세금계산서를 발급하고 그 세금계산서 발급일부터 7일 이내에 대가를 받은 경우
③ 계약서 등에 대금청구시기와 지급시기를 기재하고 그 기간이 30일 이내이거나 세금계산서 발급일이 속하는 과세기간에 대금을 지급받은 것이 확인되는 경우
④ 세금계산서 발급일이 속하는 과세기간에 재화 또는 용역의 공급시기가 도래하고 세금계산서에 적힌 대금을 지급받은 것이 확인되는 경우

전자세금계산서 발급 의무 대상

법인사업자, 직전연도의 사업장별 재화 및 용역의 공급가액(면세공급가액을 포함)의 합계액이 8천만원 이상(2024. 7. 1. 부터)인 개인사업자는 전자세금계산서를 발급하여야 한다. 그러나 의무 발급 개인사업자가 아닌 경우에도 전자세금계산서를 발급하고 전송할 수 있다.

전자세금계산서 발급과 조회

국세청 홈택스(www.hometax.go.kr)에서 전자세금계산서를 발행하거나 조회할 수 있다.

1) 발급하기

조회/발급 → 전자세금계산서 → 발급 → 사업자등록번호 등 필요적 기재사항과 금액을 입력하고 발급한다.

2) 조회하기

조회/발급 → 목록조회 → 발급목록조회에서 발행한 매출세금계산서나 거래처에서 받은 매입세금계산서를 조회할 수 있다.

🌿 매입자발행 세금계산서

매출자가 우월적 지위를 이용하여 대금을 결재받고도 세금계산서를 발급하지 아니하는 경우에는 매입자가 그 거래사실을 과세관청에 신고하고, 과세관청이 이를 확인해 주는 경우에는 매입자발행 세금계산서를 발행하여 매입세액공제를 받을 수 있다.

거래 건당 공급대가가 5만원 이상인 경우로 공급시기가 속하는 과세기간의 종료일로부터 1년 이내에 거래사실확인신청서를 작성하고 거래를 입증할 수 있는 서류를 첨부하여 매입자의 관할세무서장에게 신청한다.

🌿 세금계산서 미발급·미수취시 불이익

세금계산서를 제때 발급하지 아니하거나 발급받지 못하면 매출자와 매입자 모두에게 불이익이 발생한다. 매출자에게는 세금계산서 미발급가산세와 지연발급가산세가 부과된다. 매입자는 자기가 부담한 매입세액을 공제받지 못한다.

Part 1. 사업자편 - **부가가치세**

5. 수정세금계산서를 발급하는 경우도 있다.

사업을 하다 보면 세금계산서가 착오로 잘못 기재되거나, 당초 공급시기에 맞춰 세금계산서 작성과 발급은 정상적으로 이루어졌지만 재화가 환입되거나, 계약이 해제된 경우 등으로 인해 수정세금계산서를 발급해야 되는 경우가 발생한다.

🌱 수정세금계산서 발급 방법

당초 적법하게 세금계산서 발급 후 그 내용에 정정사유가 발생하는 경우 과세관청에서 경정하여 통지하기 전까지 세금계산서를 수정하여 발급할 수 있다. 수정사유에 따라 수정세금계산서를 발급하는 방법은 다음과 같다.

① 재화가 환입된 경우(1장 발급)
   재화가 환입된 날을 작성일자로 기재하고, 비고란에 당초 세금계산서 작성일자를 부기한 후 음(-)의 표시를 하여 발급

② 계약의 해제인 경우(1장 발급)
   계약 해제분의 작성일자는 계약해제일을 기재하고, 비고란에 당초 세금계산서 작성일자를 부기한 후 음(-)의 표시를 하여 발급

③ 공급가액에 증감이 발생한 경우(1장 발급)
   증감사유가 발생한 날을 작성일자로 기재하고, 추가되는 금액은 정(+)의 세금계산서를 발급하고, 차감되는 금액은 음(-)의 표시를 하여 발급

④ 내국신용장 등이 발급된 경우(2장 발급)
공급시기가 속하는 과세기간 종료 후 25일 이내에 내국신용장 등이 개설된 경우, 당초 세금계산서 작성일자를 기재하고 비고란에 내국신용장 개설일 등을 부기하되, 당초에 발급한 세금계산서 내용대로 세금계산서를 음(-)의 표시를 하여 발급하고, 추가하여 영세율 세금계산서를 발급

⑤ 필요적 기재사항 등이 착오로 잘못 기재된 경우(2장 발급)
세무서장이 경정하여 통지하기 전까지 수정세금계산서를 작성하되, 당초에 발급한 세금계산서 내용대로 음(-)의 세금계산서를 발급하고, 수정하여 발급하는 세금계산서는 정(+)의 세금계산서를 발급

⑥ 필요적 기재사항 등이 착오 외의 사유로 잘못 기재된 경우(2장 발급)
재화 및 용역의 공급일이 속하는 과세기간에 대한 확정신고기한까지 수정세금계산서 발급이 가능하며, 당초에 발급한 세금계산서 내용대로 음(-)의 세금계산서를 발급하고, 수정하여 발급하는 세금계산서는 정(+)의 세금계산서를 발급

⑦ 착오에 의한 이중 발급(1장 발급)
착오로 이중으로 발급한 경우 당초에 발급한 세금계산서의 내용대로 음(-)의 표시를 하여 발급

⑧ 면세 등 발급대상이 아닌 거래 등에 대하여 발급(1장 발급)
면세 등 발급대상이 아닌 거래 등에 대하여 발급한 경우 당초에 발급한 세금계산서의 내용대로 음(-)의 표시를 하여 발급

⑨ 세율을 잘못 적용한 경우(2장 발급)
처음에 발급한 세금계산서의 내용대로 음(-)의 표시를 하여 발급하고, 수정하여 발급하는 세금계산서는 정(+)의 세금계산서를 발급

여성세무사들의 세금이야기

Part 1. 사업자편 - **부가가치세**

6. 세금계산서를 발행해야 하는 간이과세자도 있다.

간이과세자는 두 가지 종류가 있다고 할 수 있다. 세금계산서 발행의무가 있는 간이과세자와 세금계산서를 발행할 수 없는 간이과세자가 그것이다. 세금계산서를 발급해야 하는 간이과세자가 세금계산서를 발급하지 않았을 경우 미발급 가산세 등을 납부하여야 하므로 주의해야 한다.

🌿 간이과세자 대상 및 납부의무

사업의 규모가 영세한 사업자는 부가가치세 납세의무가 완화되는 간이과세자 적용을 받을 수 있다. 간이과세자가 되면 부가가치세의 부담이 줄어들 수 있다.

① 영세한 사업자의 기준 공급대가
　직전년도 공급대가의 합계액이 1억4백만원 미만인 사업자는 간이과세자로 사업자등록증을 발급받을 수 있다(단, 부동산임대업 또는 과세유흥장소 경영 사업자는 4,800만원 미만). 신규로 개업한 사업자는 12개월로 환산한 금액을 기준으로 한다.

② 간이과세사업자 적용배제
　다른 일반과세사업장을 보유하고 있거나 업종, 규모, 지역 등을 고려한 일부 업종은 간이과세가 배제된다.

③ 부가가치세 납부의무 면제
　간이과세자의 해당 과세기간(12개월 환산 적용)의 공급대가가 4천8백만원 미만인 경우 부가가치세를 납부하지 아니한다.

🌱 세금계산서 발행대상 간이과세자

간이과세자도 세금계산서 발급대상에 해당하면 세금계산서를 발행해야 한다. 간이과세자에게 발급된 세금계산서를 교부받은 거래 상대방 사업자는 매입세액공제를 받을 수 있다.

① 세금계산서 발급대상 간이과세자 기준

세금계산서 발급대상 간이과세자는 직전년도 공급대가 합계액이 4천8백만원 이상 1억4백만원 미만인 간이과세자이다. 신규로 개업한 사업자는 12개월로 환산한 금액을 기준으로 한다.

② 미발급시 가산세

세금계산서를 미발급했을 때 일반과세사업자와 같은 가산세를 부과한다. 세금계산서를 발급하지 않았을 경우 최대 2%의 가산세를 부과받을 수 있다.

③ 거래상대방은 신용카드 매출전표에 의한 매입세액 공제 가능

세금계산서 발급대상 간이과세자로부터 신용카드 매출전표를 수취한 사업자는 일반과세자로부터 수취한 신용카드 매출전표와 똑같이 신용카드 매입세액공제가 가능하다.

Part 1. 사업자편 - **부가가치세**

7. 거짓매입세금계산서는 회사를 위태롭게 만들 수 있다.

사업을 하다보면 부가가치세를 비롯한 세금을 줄이기 위한 유혹에 빠질 경우가 있다. 그래서 실제 재화나 용역의 거래가 없음에도 거짓매입세금계산서를 이용하여 매입세액을 공제받고, 매출원가나 경비로 사용하여 소득세나 법인세까지 탈세를 하는데 이는 사업자들이 하지 말아야 할 행위 중 하나이다.

거짓세금계산서에는 가공세금계산서와 위장세금계산서가 있다. 위장세금계산서란 실물거래는 했지만 실지 공급자가 아닌 다른 사람 명의로 발급된 세금계산서를 말하고, 가공세금계산서란 실물거래 없이 발급된 세금계산서를 말한다.

위장·가공세금계산서는 적발될 수 밖에 없다.

국세청은 사업자의 매출액 및 매입액의 변동추세를 분석하여 다음과 같은 위장·가공 혐의가 짙은 거래유형을 집중적으로 검증하는 시스템을 상시 가동하고 있다.
① 소수거래처에 집중적인 고액거래 발생여부
② 일시적 단기간 거래의 집중발생여부
③ 고정거래처가 아닌 자와의 고액현금거래
④ 부가가치세 신고기간 직전에 거액의 세금계산서 매입
⑤ 취급업종과 무관한 품목의 거래
⑥ 원거리 사업자와의 거래
⑦ 자료상과의 거래 전적 여부

🌿 상대방이 의심스러우면 국세청에 확인해 보자.

거래상대방이 정상적인 사업자인지 의심스러우면 국세청 홈택스에서 사업자등록번호(거래상대방과 본인)를 입력하여 거래상대방의 사업자 유형, 휴·폐업 여부를 확인해 볼 수 있으니 조회해 보는 습관을 가져야 한다.

폐업자가 폐업신고를 한 후 재고품을 처리하는 과정에서 종전 사업자등록번호로 세금계산서를 발급하는 경우가 있으므로 이를 모르고 매입세금계산서를 받으면 매입세액을 공제받지 못한다.

🌿 거짓세금계산서를 받았을 때의 불이익

거짓세금계산서를 수취한 경우에 매입세액을 공제받지 못하는 것은 물론이고 소득금액 계산 시 비용으로도 인정받지 못하며 부당한 행위에 대한 가산세까지 부담해야 한다.

Part 1. 사업자편 - **부가가치세**

8. 세금계산서가 아니더라도 매입세액을 공제받을 수 있다.

신용카드매출전표나 현금영수증 등은 세금계산서가 아니고 영수증이므로 이를 발급받아도 매입세액으로 공제되지 않는 것이 원칙이다. 그러나 현행 부가가치세법에서는 신용카드나 현금으로 결제하면서 세금계산서를 발급받지 않아도 다음 요건을 갖추면 매입세액을 공제해주고 있다.

공제요건

사업자가 일반과세자로부터 재화 또는 용역을 공급받고 신용카드매출전표, 현금영수증 등을 발급받고 아래의 요건을 충족하는 경우에는 매입세액을 공제받는다.
① 신용카드매출전표 등 수령명세서를 제출할 것
② 신용카드매출전표 등을 그 거래사실이 속하는 과세기간에 대한 확정신고를 한 날로부터 5년간 보관할 것

공급자에 따른 매입세액 공제 배제

영수증 발급대상인 아래 업종을 영위하는 사업자로부터 발급받은 신용카드매출전표 등은 매입세액으로 공제받지 못한다.
① 미용·욕탕·유사서비스업
② 여객운송업(전세버스 제외)
③ 입장권 발행하여 경영하는 사업
④ 의료법에 따른 의사, 치과의사, 한의사, 조산사 또는 간호사가 제공하는 용역 중 국민건강보험법에 따라 요양급여의 대상에서 제외되는 쌍꺼풀수술, 코성형수술, 유방확대·축소술, 지방흡인술, 주름살제거술, 안면윤곽술, 치아성형 등 성형수술과 악안면 교정술의 진료용역을 공급하는 사업

⑤ 부가가치세가 과세되는 수의사가 제공하는 동물의 진료용역
⑥ 교육용역 중 부가가치세가 과세되는 무도학원, 자동차운전학원

🌱 매입세액으로 공제되지 않는 경우

부가가치세법상에 정해진 매입세액불공제 사유에 해당되면 공제받지 못한다.
① 신용카드매출전표 등 수령명세서 미제출
② 신용카드 부실기재분(실제 가맹점이 아닌 경우 등)
③ 접대비관련 매입세액
④ 사업과 관련 없는 자산 등 취득 비용
⑤ 면세사업관련 및 토지의 자본적지출에 대한 비용
⑥ 비영업용 소형승용차 구입 및 그 유지비용
⑦ 등록전 매입세액 등

🌱 신용카드매출전표 등 수령명세서 과다기재 가산세

부가세를 환급받거나, 납부세액을 줄일 목적으로 사업에 사용하는 것이 아닌 내역을 과다 공제 받는 경우 가산세가 있다.

Part 1. 사업자편 - **부가가치세**

9. 부가가치세를 돌려받는 경우도 있다.

매출세액에서 매입세액을 차감하여 계산하는 부가가치세 계산구조상 과세기간 별로 매입세액이 매출세액을 초과하는 경우에는 환급세액이 발생한다. 환급유형에는 일반환급과 조기환급이 있다.

일반환급

각 과세기간 별로 매출세액보다 매입세액이 큰 경우 발생하는 환급유형으로서 해당 과세기간에 대한 환급세액은 그 확정신고기한이 지난 후 30일 이내에 사업자에게 환급한다.

조기환급

매입세액이 매출세액을 초과하여 환급세액이 발생하는 경우 각 과세기간 별로 확정신고 후 환급하는 것이 원칙이다. 그러나 수출과 투자 등으로 인해 환급이 발생하는 경우에는 사업자의 자금 부담을 덜어 주고자 확정신고기한 이전에 조기환급이 가능하다. 조기환급의 경우 매월, 예정신고기간 또는 확정신고기한 경과 후 15일 내 환급한다.

① 조기환급 대상
수출 등으로 영의 세율이 적용되거나 사업설비를 투자하는 경우 및 재무구조 개선계획 이행 중인 사업자에게 환급이 발생하는 경우이다. 다만, 부동산매매업에 해당하는 상가신축 분양의 경우 당해 건물은 감가상각 대상자산이 아니고 재고자산으로서 사업설비에 해당되지 않으므로 조기환급대상이 아니다.

② 조기환급기간

예정신고기간 중 또는 과세기간 최종 3개월 중 매월 또는 매 2월을 영세율 등 조기환급기간으로 할 수 있다.

③ 조기환급 첨부서류
- 영세율 매출 : 영세율 관련서류
- 사업설비투자(건물, 기계장치 등 감가상각자산) : 건물 등 감가상각취득자산명세서
- 재무구조개선계획 이행 중인 사업자 : 재무구조개선계획서

Part 1. 사업자편 - **부가가치세**

10. 음식점 등 운영시 농·축·수·임산물에 대해서도 매입세액을 공제받을 수 있다.

부가가치세는 매출세액에서 사업자가 재화 등을 구입할 때 부담한 매입세액을 공제하여 계산하는 것이 원칙이다. 그러나 부가가치세가 면제되는 농·축·수산물 또는 임산물(이하 농산물 등 이라함)을 구입하여 과세되는 재화 또는 용역을 공급하는 경우 비록 사업자가 재화 등을 구입할 때 부담한 부가가치세는 없지만 그 구입가액의 일정율에 해당하는 금액을 매출세액에서 공제받을 수 있도록 하고 있는데, 이를 의제매입세액공제라고 한다.

공제요건

① 면세로 구입한 농산물 등이어야 한다.
② 농산물 등을 원재료로 하여 제조·가공한 재화 또는 용역이어야 한다.
③ 재화 또는 용역의 공급이 과세되는 경우이어야 한다.
④ 공급받은 사실을 증명하는 서류를 제출하여야 한다.

공제금액

음식점업을 운영하는 사업자(간이과세자 제외)는 다음의 금액을 의제매입세액으로 공제 받을 수 있다.

> 의제매입세액 = 농산물 등의 매입가액 × 공제율*

* 음식점업 공제율
 - 과세유흥장소 경영자 2/102
 - 개인사업자 8/108
 (과세표준 2억원이하인 경우 2026년까지 9/109)
 - 법인사업자 6/106

* 제조업 공제율
  - 과자점업, 도정업, 제분업 및 떡방앗간을 경영하는 개인사업자 6/106
  - 중소기업 및 개인사업자 4/104
  - 그 밖의 사업자 2/102

공제한도

매입세액으로서 공제할 수 있는 금액의 한도는 해당 과세기간에 해당 사업자가 면세농산물 등과 관련하여 공급한 과세표준에 다음의 율을 곱한 금액을 한도로 한다.

해당 과세기간 과세표준(6개월)		음식점업 공제한도	
		2025.12.31.까지	2026.1.1.이후
개인사업자	1억원 이하	75%	50%
	2억원 이하	70%	
	2억원 초과	60%	40%
법인사업자		50%	30%

해당 과세기간 과세표준(6개월)		음식점업외의 사업 공제한도	
		2025.12.31.까지	2026.1.1.이후
개인사업자	2억원 이하	65%	50%
	2억원 초과	55%	40%
법인사업자		50%	30%

Part 1. 사업자편 - **부가가치세**

11. 외상대금을 회수하지 못한 경우에 납부한 부가가치세를 공제받을 수 있다.

거래상대방이 부도나 파산 등의 사유가 생겨 사업자가 공급한 재화 및 용역에 대한 외상매출금 등의 전부 또는 일부를 회수할 수 없게 된 경우, 거래상대방에게서 징수하지 못한 부가가치세액을 대손이 확정된 날이 속하는 과세기간의 매출세액에서 공제하여 주는데, 이를 대손세액공제라고 한다.

대손세액공제 사유

법인세법상 대손 사유를 준용하고 있다.
① 채무자의 파산, 강제집행, 형의 집행 또는 사업의 폐지로 회수할 수 없는 채권
② 채무자의 사망, 실종, 행방불명 등으로 인하여 회수할 수 없는 채권
③ 부도발생일로부터 6월 이상 경과한 수표 또는 어음상의 채권과 외상매출금
④ 외상매출금 및 미수금으로써 상법, 어음법, 수표법상의 소멸시효가 완성된 채권
⑤ 대여금 및 선급금으로써 민법상의 소멸시효가 완성된 것
⑥ 민사집행법에 의하여 채무자의 재산에 대한 경매가 취소된 압류채권
⑦ 채무자 회생 및 파산에 관한 법률에 따른 회생계획인가의 결정에 따라 회수불능으로 확정된 채권
⑧ 회수일로부터 2년이 지난 중소기업의 외상매출금 및 미수금 등
⑨ 회수기일이 6개월 이상 지난 채권 중 채권가액 30만원 이하인 채권

대손세액공제 시기

대손세액으로 공제받을 수 있는 범위는 사업자가 부가가치세가 과세되는 재화 또는 용역을 공급한 후, 그 공급일부터 10년이 지난 날이 속하는 과세기간에

대한 확정신고기한까지 위의 대손사유로 인하여 대손이 확정되는 대손세액으로 한다.
위의 대손사유 중 발생순서대로 적용하지 않고 사업자의 선택에 의하여 대손사유를 적용할 수 있다. 법인세법의 대손상각시기와 상관없이 부가가치세법에서는 대손이 확정되는 과세기간에 공제받아야 한다.

공제절차

대손세액공제를 받고자 하는 사업자는 대손사유가 발생한 과세기간의 부가가치세 확정신고서(예정신고시에는 공제불가)에 대손세액공제신고서와 대손사실을 증명할 수 있는 서류를 첨부하여 관할 세무서장에게 제출하여야 한다.
대손사실을 증명할 수 있는 서류는 매출세금계산서, 채권배분명세서, 법원 판결문, 채권배분계산서, 법원이 인가한 회사정리 인가서, 부도어음(수표) 등이다.

유의사항

중소기업의 경우 부도가 발생한 날 이전에 확정된 외상매출금은 수표, 어음을 받지 않았다 하더라도 부도어음과 합하여 대손상각 및 대손세액공제가 가능하다.
사업을 폐업한 후 해당 재화, 용역의 공급대가에 대한 매출채권이 대손확정된 경우에는 대손세액공제를 받을 수 없다.

Part 1. 사업자편 - **부가가치세**

12. 신용카드나 현금영수증을 발행할 경우 세금혜택이 있다.

소비자들의 신용카드 사용이 급증하면서 신용카드가맹점 자영업자의 과세표준 노출도 늘게 되어 부가가치세와 소득세 등 세금부담도 늘고 있다. 이에 따라 정부에서는 자영업자의 세금부담을 완화시켜주기 위해 부가가치세가 과세되는 재화 또는 용역을 공급하고 세금계산서 발급시기에 신용카드나 현금영수증을 발급하는 사업자에게 다음과 같은 혜택을 주고 있다.

개인사업자 신용카드매출전표 세액공제

신용카드나 현금영수증을 발행한 금액에 대해 일반과세자의 경우 신용카드로 결재된 금액(공급대가)의 1.3%를 연간 1,000만원 한도(2027년 이후 500만원)로 2026.12.31.까지 세액공제를 받을 수 있다(납부세액 한도). 법인사업자나 직전 연도 공급가액이 10억원을 초과하는 개인사업자는 공제대상에서 제외된다.

세액공제 대상 업종

해당 업종은 소매업, 음식점업, 숙박업, 미용·욕탕 및 유사서비스업, 여객운송업, 입장권을 발행하여 영위하는 사업, 성형 등 과세되는 의료용역을 공급하는 사업, 과세되는 수의사가 제공하는 동물의 진료용역, 무도학원·자동차운전학원의 용역을 공급하는 사업, 공인인증서를 발급하는 사업, 주로 사업자가 아닌 소비자에게 재화 또는 용역을 공급하는 사업으로서 도정업, 제분업 중 떡방앗간, 양복·양장·양화점업, 주거용건물공급업, 부동산중개업, 사회·개인·가사서비스업 등과 임시사업장 개설사업자가 임시사업장에서 사업자가 아닌 소비자에게 재화 또는 용역을 공급하는 경우 등이 있다.

🌱 유의사항

신용카드 등 발급에 따른 세액공제는 세금계산서 발행의무가 있는 도매, 제조, 부동산매매 등의 업종은 세액공제를 받을 수 없으며, 변호사·변리사·법무사·세무사·노무사업·약사업·건축사업 등 전문직의 경우 소비자와의 거래분에 대해서만 신용카드 매출전표발행세액공제가 가능하므로 사업자 거래분은 세금계산서를 발행하여야 한다.

Part 1. 사업자편 - **부가가치세**

13. 승용차 관련 매입세액은 공제되지 않는다.

사업자가 차량으로 직접 돈을 버는 수단으로 사용하면 영업용이고, 일상 업무용으로 사용하는 승용차를 비영업용이라고 한다. 세법에서는 비영업용 소형승용차 구입과 임차 및 유지에 관련된 비용에 대해서는 사업 관련 여부를 구분하는데 어려움이 있어 일률적으로 매입세액을 불공제하고 있다. 다만, 아래의 요건 중 하나를 충족하면 차량 관련 매입세액을 공제하고 있다.

1) 다음의 업종에서 영업용으로 직접 사용하는 소형승용자동차를 말한다.

① 운수업자의 운수용 승용자동차
② 자동차매매업자의 매매용 승용자동차
③ 자동차대여업자의 대여용 승용차
④ 운전학원의 교습용 승용자동차
⑤ 무인경비업의 출동차량 등

2) 개별소비세가 과세되지 않는 차량이어야 한다.

① 배기량 1000cc이하 자동차
② 승합자동차(탑승인원 9인승 이상)
③ 화물승합차
④ 배기량 125cc이하의 이륜자동차

위의 요건 중 하나를 충족한 경우에는 구입비용과 임차(렌트 및 리스료) 및 유지(수선비, 소모품비, 유류비, 주차료)에 관련된 매입세액이 공제된다. 반면 요건을 충족하지 않는 8인승 이하 승용차(SUV포함), 캠핑용자동차(캠핑용 트레일러 포함)는 차량 관련 매입세액을 공제받지 못한다.

이때, 관련 매입세액을 공제받기 위해서는 반드시 적격증빙(세금계산서, 계산서, 카드매출전표, 현금영수증 등)을 수취해야 한다.

참고로 시중에서 판매되고 있는 차량에 대한 매입세액공제 여부는 다음의 표와 같다.

〈차종별 개별소비세 과세여부, 부가가치세 공제 가능 검토 비교표〉

회사별	명 칭	차종 (용도)	정 원 (승차인원)	개별소비세 과세여부	부가가치세 세액공제	비고
현대 자동차 ㈜	엑센트, 아반떼	승용	5	○	×	
	i30, 벨로스터	승용	5	○	×	
	소나타, 그랜져	승용	5	○	×	
	베뉴, 코나, 투싼	승용	5	○	×	
	싼타페	승용	5	○	×	
	팰리세이드	승용	5	○	×	
	제네시스 G(GV)70,80,90	승용	4-5	○	×	
	아이오닉, 넥쏘	승용	5	○	×	
	스타렉스, 팰리세이드(9인승)	승합	9-15	×	○	
	스타렉스 리무진	승합	4-6	×	○	
	스타렉스 밴	승합	3-5	×	○	
	포터, ST1, e마이티, 트라고	화물	2-5	×	○	
㈜GM (대우 자동차)	말리부, 임팔라	승용	5	○	×	
	트랙스, 이쿼녹스	승용	5	○	×	
	트래버스	승용	7	○	×	
	카마로	승용	4	○	×	
	볼트, 트레일블레이저	승용	5	○	×	
	콜로라도	화물	5	×	○	
	스파크	승용	2-5	×	○	경형
	다마스	승합	2-5	×	○	경형
	라보	화물	2	×	○	경형

회사별	명칭	차종 (용도)	정원 (승차인원)	개별소비세 과세여부	부가가치세 세액공제	비고
기아 자동차 (주)	모닝,레이,캐스퍼	승용	2-5	×	○	경형
	스팅어	승용	5	○	×	
	셀토스	승용	5	○	×	
	스토닉,쏘울	승용	5	○	×	
	K3, K5,K7	승용	5	○	×	
	K9	승용	5	○	×	
	니로,스포티지	승용	5	○	×	
	쏘렌토,모하비	승용	5-7	○	×	
	카니발 7인승	승용	7	○	×	
	카니발 9인승이상	승합	9-11	×	○	
	봉고 등 화물차	화물	2-5	×	○	
쌍용 자동차 (주)	렉스턴 스포츠, 무쏘 스포츠	화물	5	×	○	
	렉스턴 스포츠 칸, 무쏘 칸	화물	5	×	○	
	G4 렉스턴	승용	5	○	×	
	코란도	승용	5	×	○	
	액티언,티볼리	승용	5	×	○	
삼성 자동차 (주)	SM3,SM5,SM6	승용	5	○	×	
	SM7	승용	5	○	×	
	XM3,QM3,QM5,QM6	승용	5	○	×	
	마스터밴	화물	2	×	○	
	마스터버스	승합	15	×	○	

여 성 세 무 사 들 의 세 금 이 야 기

Part 1. 사업자편 - **부가가치세**

14. 기업업무추진비(접대비) 등의 매입세액은 공제되지 않는다.

사업을 위하여 사용되었거나 사용될 재화 또는 용역을 공급받을 때 부담한 매입세액은 공제된다. 하지만 아래의 요건에 해당되는 경우에는 그 매입세액을 공제받지 못한다.

세금계산서 관련 불성실 매입세액

① 세금계산서 미수취·부실기재분 매입세액

세금계산서 또는 수입세금계산서를 발급받지 아니한 경우, 발급받은 세금계산서 또는 수입세금계산서에 필요적 기재사항의 전부 또는 일부가 기재되지 아니하였거나 사실과 다르게 기재된 경우의 매입세액은 공제받지 못한다. 다만, 재화 또는 용역의 공급시기가 속하는 과세기간에 대한 확정신고기한 다음날부터 1년 이내에 세금계산서 등이 발급되고 거래사실이 확인되는 경우에는 매입세액공제를 받을 수 있다.

② 매입처별세금계산서합계표 미제출·부실기재분 매입세액

사업자가 예정신고 또는 확정신고시에 매입처별 세금계산서합계표를 제출하지 않거나 매입처별세금계산서합계표를 부실기재한 경우에는 매입세액을 공제받지 못한다.

다만, 수정신고·경정청구·기한 후 신고와 함께 제출하거나 거래사실이 확인되는 경우, 경정시 경정기관의 확인을 거쳐 제출하는 경우에는 매입세액으로 공제받을 수 있다.

불공제되는 매입세액

① 사업과 직접 관련이 없는 지출에 대한 매입세액
사업과 직접 관련이 없는 지출에 대하여 부담한 매입세액은 공제되지 않는다.

② 비영업용 소형승용자동차의 구입과 임차 및 유지에 관한 매입세액
비영업용 소형승용자동차라 함은 세법이 정한 비영업용이면서, 정원 8인 이하의 자동차로써 배기량 1,000cc초과인 개별소비세가 과세되는 소형승용차를 말한다. 비영업용 소형승용차에 해당이 되는 경우에는 그 차량의 구입과 임차 및 유지에 관해 부담한 매입세액은 공제되지 않는다.

③ 접대비 및 이와 유사한 비용의 지출에 관련된 매입세액
사업자의 업무와 관련하여 지출한 금액이지만, 접대비, 교제비, 사례금, 그 밖에 어떠한 명목이든 접대와 유사한 성질의 비용으로 지출한 매입세액은 공제되지 않는다.

④ 면세사업 및 토지 관련 매입세액
부가가치세가 면제되는 재화·용역을 공급하는 사업, 즉 면세사업에 관련된 매입세액과 토지 조성 등을 위한 자본적 지출과 관련된 매입세액은 공제되지 않는다.

⑤ 사업자등록 전 매입세액
사업자등록을 신청하기 전의 매입세액은 매출세액에서 공제하지 않는다. 다만, 공급시기가 속하는 과세기간이 끝난 후 20일 이내에 등록을 신청한 경우 등록신청일부터 공급시기가 속하는 과세기간 기산일까지 역산한 기간 내의 것은 공제받을 수 있다.

여성세무사들의 세금이야기

Part 1. 사업자편 - **부가가치세**

15. 오피스텔을 주거용으로 사용시 공제받은 부가가치세를 추징당할 수 있다.

오피스텔은 주택법에 의한 주택에 해당하지 않으므로 분양 당시에는 업무시설로 보아 일반적으로 매입세액공제 적용이 되어 부가가치세를 공제 또는 환급을 받게 된다. 이 때 대지분에 대해서는 부가가치세가 면제되며, 건물분에 대해서만 부가가치세가 부과되기 때문에 건물분에 대한 부가가치세만 돌려받게 된다.

오피스텔 취득시 건물분에 대한 부가가치세를 환급받은 후 10년 이내 주거용으로 용도를 전환하여 사용하게 되면 환급받은 세액을 납부하도록 되어 있으니 유의해야 한다.

분양받은 오피스텔을 주택으로 임대할 경우 매입 부가가치세 추징

분양받은 오피스텔을 사무실 등으로 임대하는 경우 오피스텔 건물가액에 상당하는 금액에 대해서는 부가가치세 매입세액공제 가능하다. 하지만 10년 이내에 오피스텔을 세입자에게 주택으로 임대하는 경우에는 당초 매입세액공제(또는 환급)받은 부가가치세를 세무서로부터 추징당할 수 있다.

Part 1. 사업자편 - **부가가치세**

16. 수출 등 외화 획득사업은 영세율을 적용한다.

부가가치세는 10% 단일비례세율을 채택하고 있으나 수출 등 외화획득사업에는 영(0)의 세율을 적용한다. 영세율이 적용되는 재화는 부가가치세 부담이 완전히 없어지게 되므로 수출하는 재화 등의 가격조건이 그만큼 유리하게 되어 경쟁력이 높아진다.

영세율 적용대상

1) 재화의 수출

① 내국물품의 국외반출 : 수출업자가 자신이 생산하거나 취득한 내국물품을 자기 명의로 직접 외국으로 반출하는 직수출과 수출대행업자가 위탁자의 내국물품을 수출대행계약에 따라 자기명의로 외국으로 반출하는 대행수출 등이 있다.
② 특정무역 방식의 수출 : 국내의 사업장에서 계약과 대가수령 등 거래가 이루어지나 재화의 공급은 외국에서 이루어지는 등 실질적인 수출에 해당하는 것으로 중계무역 수출, 위탁판매 수출, 외국인도 수출, 위탁가공 수출 등이 있다.
③ 수출에 포함되는 국내거래 : 사업자가 일정한 내국신용장 또는 구매확인서에 의하여 국내에서 수출용 원자재, 수출용 완제품 등을 공급하거나 한국국제협력단, 대한적십자사 등에 공급하는 재화 및 수탁가공무역방식에 의한 수출 등이 있다.

2) 용역의 국외공급

국내에 사업장을 가지고 있는 사업자가 국외에서 용역을 제공하는 경우 해당 용역을 제공받는 자가 누구인지를 불문하며 그 대가를 원화로 받는지 또는 외화로 받는지 불구하고 영세율을 적용한다.

3) 선박 또는 항공기의 외국항행용역

선박 또는 항공기에 의하여 여객이나 화물을 국내에서 국외로, 국외에서 국내로, 국외에서 국외로 수송하는 외국항행 용역은 영의 세율을 적용한다. 그리고 이에 부수되는 용역인 버스탑승, 전용호텔에의 투숙도 영의 세율을 적용하며 그 대가를 원화로 받든지 또는 외화로 받든지 관계없이 영세율을 적용한다.

4) 기타외화획득사업

① 국내에서 비거주자 등에 공급하는 재화·용역
② 수출재화 임가공용역
③ 대사관 등에 공급하는 재화·용역
④ 기타의 재화·용역

5) 조세특례제한법에 의한 영세율 적용

국가 및 지방자치단체에 직접 제공하는 도시철도건설용역, 장애인용 보장구, 군부대 등에 공급하는 석유류, 농·축산·임·어업에 종사하는 자에게 공급되는 기자재 등에 영의 세율이 적용된다.

🌱 영세율과세표준의 무신고 및 첨부서류 미제출 불이익

사업자가 영세율 적용 대상 과세표준에 대하여 확정 및 예정신고시, 무신고·과소신고·영세율 첨부서류를 미제출한 경우에도 사실상 영세율 적용대상임이 확인되는 경우에는 영세율이 적용된다. 그러나 이 경우에 영세율과세표준 신고불성실가산세(공급가액의 0.5%)가 부과된다.

Part 1. 사업자편 - **부가가치세**

17. 사업장이 2개 이상이면 주사업장 총괄납부와 사업자단위과세 제도를 활용하자.

부가가치세는 원칙적으로 사업장 단위로 사업자등록을 해야 하고 신고·납부도 사업장마다 해야 하는 것이 원칙이다.

사업장마다 신고·납부를 하게 되므로 한 사업자가 2개 이상의 사업장을 운영하고 있으면 각각 신고·납부해야 하는 납세자의 불편함이 초래되어 이를 보완하기 위하여 부가가치세법에서는 주사업장 총괄납부제도와 사업자단위과세제도를 두고 있다.

주사업장 총괄납부제도

주사업장 총괄납부제도란 한 사업자에게 2개 이상의 사업장이 있는 경우, 부가가치세를 각 사업장마다 납부하지 아니하고 주된 사업장에서 각 사업장별 납부세액을 총괄하여 납부하거나 환급 받을 수 있게 한 제도이다. 납세지를 각 사업장으로 하고 있어 사업장마다 신고·납부하도록 하는 경우 어느 한 사업장에서는 납부세액만 발생하고 다른 사업장에서는 환급세액이 발생하여 납세자에게 자금상의 부담을 줄 우려가 있기 때문이다.

여기서 유의하여야 할 사항은 이러한 주사업장 총괄납부제도는 예정(확정)신고시 납부할 세액만 총괄할 뿐이며, 수정신고, 경정청구, 세금계산서 발급과 부가가치세 신고에 관한 업무는 각 사업장별로 하여야 한다는 것이다.
주사업장 총괄납부를 이용하고자 하는 자는 총괄납부하고자 하는 과세기간 개시 20일전까지 주사업장 총괄납부신청서를 주사업장 관할세무서장에게 제출하여야 한다.

🌱 사업자단위과세제도

사업자단위과세제도는 2개 이상의 사업장이 있는 개인, 법인이 사업자단위과세 제도를 신청한 경우 본점 또는 주사무소를 포함한 다른 사업장을 전부 합하여 하나의 과세단위 및 사업장으로 부가가치세 납세의무를 이행하는 제도이다.

사업장이 2개 이상인 신규사업자는 사업자 단위로 해당 사업자의 본점 또는 주사무소 관할 세무서장에게 등록을 신청할 수 있다. 이 경우 등록한 사업자를 사업자단위과세 사업자라 한다. 또한 사업장 단위로 등록한 기존 사업자가 사업자단위과세 사업자로 변경하려면 사업자단위과세 사업자로 적용받으려는 과세기간 개시 20일 전까지 사업자의 본점 또는 주사무소 관할 세무서장에게 변경등록을 신청하여야 한다. 사업자단위로 등록신청을 한 경우에는 사업자단위과세 적용 사업장에 한 개의 등록번호를 부여한다.

🌱 주사업장 총괄납부와 사업자단위과세제도의 비교

구 분	주사업장 총괄납부	사업자단위과세
장 점	부가가치세를 주된 사업장에서 납부 및 환급을 한번에 하기 때문에 세금납부가 편리	부가가치세 납부·환급 뿐만 아니라 신고 및 세무의무를 한번에 하기 때문에 세무관리가 편리
사업자등록번호	사업장 별	본점 사업장만
세금계산서 발급 및 수취	발급 및 수취 각 사업장별로 함	발급 및 수취 모두 본점 사업자등록번호로 함
신고 및 납부	신고는 각 사업장별로, 납부만 주된 사업장에서 함	모두 본점 사업장에서 함
직매장 반출	재화의 공급으로 보지 않기 때문에 세금계산서를 발급하지 않아도 됨	

Part 1. 사업자편 - **부가가치세**

18. 포괄양수도방법으로 사업을 양도할 경우에도 세금계산서를 발급할 수 있다.

사업의 포괄 양도·양수란 사업장별로 사업용 자산을 비롯한 인적·물적시설 및 권리·의무 일체를 포괄적으로 승계하여 양도·양수하는 것을 말한다.

사업의 포괄 양도는 재화의 공급으로 보지 않기 때문에 부가가치세가 과세되지 않고 세금계산서 발급도 하지 않는다. 부가가치세를 과세하지 않는 이유는 양도자가 납부한 세금을 양수자가 환급받게 되어 아무런 세금징수 효과가 없음에도 불구하고 사업자에게 불필요하게 자금부담을 지우는 것을 피하기 위함이다.

사업의 포괄양도에 해당 여부는 명확한 판단이 어렵기 때문에 실제 포괄양도에 해당함에도 불구하고 매출세금계산서를 발급하였다가 양수인이 관련 매입세액을 추징당한다거나, 포괄양도에 해당하지 않음에도 불구하고 포괄양도로 보아 매출세금계산서를 발급하지 않았다가 관련 매출세액과 가산세를 추징당하는 경우가 있다.
이런 문제점을 보완하기 위해 현행 부가가치세법에서는 사업의 포괄양도(포괄양도 해당여부가 불분명한 경우에도 포함)시 양수자 대리납부제도를 두고 있다.

🌱 사업의 포괄양도시 양수자 대리납부제도

① 양수자 대리납부제도
사업을 포괄적으로 양수받는 자가 사업을 양도한 자로부터 부가가치세를 징수하여 납부한 경우에는 이를 재화의 공급으로 보아 세금계산서를 발급받은 경우 사업을 양수한 자는 매입세액을 공제받을 수 있다.

② 대리납부 방법

매입자 대리납부시 부가가치세 대리납부신고서를 작성하여 제출하고 사업의 포괄양도에 따라 그 사업을 양수받은 자는 그 대가를 지급하는 때에 그 대가를 받은 자로부터 부가가치세를 징수하여 그 대가를 지급하는 날이 속하는 달의 다음 달 25일까지 사업장 관할 세무서 또는 금융기관에 납부할 수 있다.

③ 대리납부의 효과

사업양도자는 매출세금계산서를 발급해야 하며 사업양수자가 대리납부한 세액은 기납부세액으로 하여 납부세액에서 공제된다.

여 성 세 무 사 들 의 세 금 이 야 기

Part 1. 사업자편 - **부가가치세**

19. 사업상 증여 등에 대해서도 부가가치세를 납부하여야 한다.

일반적인 재화의 공급은 대가를 받고 타인에게 재화를 사용·소비할 수 있는 권리를 이전하는 것이지만 대가의 수수가 없거나 재화에 대한 권리의 이전이 없음에도 재화의 공급으로 간주되어 부가가치세가 과세되는 경우가 있는데 다음의 경우가 그러하다.

자가공급

사업자가 자기의 사업과 관련하여 생산·취득한 재화를 자기의 사업을 위하여 직접 사용·소비하는 것을 자가공급이라고 하며 과세되는 범위는 아래와 같다.

① 면세사업 전용재화

과세사업을 위하여 생산·취득한 재화(매입세액을 공제받은 경우에 한함)를 그 목적을 달리하여 면세사업을 위하여 사용·소비하는 경우를 말한다.

② 비영업용 소형승용자동차와 그 유지를 위한 재화

사업자가 자기가 생산·취득한 재화(매입세액을 공제받은 경우에 한함)를 비영업용 소형승용자동차와 그 유지를 위하여 사용·소비하는 경우 자가공급으로 부가가치세가 과세된다. 그러나 운수업, 자동차판매업, 자동차임대업, 운전학원업 및 이와 유사한 업종에서 직접 영업수단으로 사용되는 영업용 소형승용자동차는 자가공급 대상에서 제외된다.

③ 판매목적으로 다른 사업장에 반출하는 재화(직매장반출)사업장이 둘 이상이 있는 사업자가 자기사업과 관련하여 생산·취득한 재화를 직접 판매할 목적으로 자기의 다른 사업장에 반출하는 것은 재화의 공급으로 본다.

다만, 아래에 해당하는 경우에는 자가공급으로 보지 않는다.
- 다른 사업장에서 원자재 등으로 사용
- 기술개발을 위한 시험용
- 수선비 등에 대체하여 사용
- 상품진열 등의 목적으로 다른 사업장으로 반출

개인적공급

사업자가 자기의 사업과 관련하여 생산하거나 취득한 재화를 사업과 직접 관계없이 개인적인 목적 또는 기타의 목적으로 사업자가 사용하거나 그 사용인 또는 기타의 자가 사용, 소비하는 것으로 사업자가 그 대가를 받지 아니하거나 시가보다 낮은 대가를 받는 경우를 말한다.

사례① 가구점을 운영하는 사업자가 매입세액 공제받은 가구를 자녀에게 무상으로 제공하는 경우
사례② 화장품 회사의 직원이 연말에 자기회사 제품을 무상으로 지급받았을 경우

다만, 취득시 매입세액이 공제되지 않은 것과 작업복, 작업모, 직장체육비, 직장연예비와 관련된 재화 등 실비변상적이거나 복리후생적 목적으로 직원에게 제공하는 재화는 공급으로 보지 않는다.

🌿 사업상 증여

사업자가 자기의 고객이나 불특정 다수인에게 재화를 증여하는 것을 말한다. 다만, 아래에 해당하는 경우에는 사업상 증여로 보지 않는다.
① 매입 당시 부가가치세 매입세액이 공제되지 아니한 재화
② 사업을 위하여 대가를 받지 아니하고 다른 사업자에게 인도, 양도하는 견본품
③ 광고선전을 위하여 불특정 다수인에게 무상으로 배포하는 광고선전용 재화
④ 특별재난지역에 무상으로 공급하는 물품

🌿 폐업시 잔존재화

사업을 폐업하거나 사실상 사업을 개시하지 아니하게 되는 때에 사업장에 잔존하는 재화가 있는 경우 해당 재화를 폐업하는 사업자가 사업자 자신에게 공급한 것으로 보아 부가가치세를 납부하여야 한다. 다만, 아래에 해당하는 경우에는 폐업시 잔존재화로 보지 않는다.

① 매입 당시 부가가치세 매입세액이 공제되지 아니한 재화

② 폐업시 잔존재화에 해당하지 않는 경우
    - 사업자가 직매장을 폐지하고 자기의 다른 사업장으로 이전하는 경우 폐지한 직매장의 재화
    - 동일 사업장 내에서 2개 이상의 사업을 겸영하는 사업자가 일부 사업을 폐지하는 경우 해당 폐지한 사업과 관련된 재화
    - 사업자가 사업의 종류를 변경한 경우 변경 전 사업과 관련된 재화
    - 폐업일 현재 수입신고(통관)되지 아니한 미도착 재화

여성세무사들의 세금이야기

Part 1. 사업자편 - **부가가치세**

20. 매입자가 부가가치세를 대신 납부하는 경우도 있다.

국내에 사업장이 없는 비거주자 또는 외국법인과 국내사업장이 있는 비거주자 또는 외국법인(국내사업장과 관련 없는 용역을 제공하는 경우에 한함)으로부터 용역 또는 권리를 공급받는 경우 해당 용역 등을 공급받은 자가 그 대가를 지급하는 시점에 국외의 공급자를 대리하여 부가가치세를 징수·납부하는 것을 대리납부라 한다.

🌱 대리납부 적용요건

① 용역 등의 제공자가 국내사업장이 없는 비거주자 또는 외국법인이거나, 국내사업장이 있더라도 국내사업장과 관련 없는 용역 등을 공급하는 비거주자 또는 외국법인이어야 한다.
② 해당 용역 등이 부가가치세가 과세되는 것이어야 한다.
③ 해당 용역 등이 국내에서 사용 또는 소비되어야 한다.
④ 제공받은 용역 등이 부가가치세가 과세되지 아니하는 사업에 사용 또는 소비되어야 한다. (매입세액이 공제되지 아니하는 용역 등을 공급받는 경우 포함)
⑤ 사업자등록 여부와는 관계없음.

🌱 대리납부세액의 징수시기

대리납부할 부가가치세액은 제공받는 용역의 공급시기에 관계없이 그 대가를 지급하는 때에 징수하며, 대리 납부대상 용역 등을 공급받기 전에 그 대가의 일부를 수회에 걸쳐 지급하는 경우에는 그 지급을 하는 때마다 대리납부세액을 징수한다.

🌱 대리납부세액의 납부

대리납부세액을 징수한 자는 부가가치세 예정신고나 확정신고시에 부가가치세 대리납부신고서와 함께 부가가치세를 징수한 사업장 또는 주소지 관할 세무서장에게 납부하거나 국세징수법에 따른 납부서를 작성하여 한국은행 또는 체신관서에 납부하여야 한다.

🌱 대리납부 대상 용역대가(과세표준)의 계산방법

1) 대리납부의 대상이 되는 용역의 대가

(대리납부세액=용역대가×10%)

2) 용역의 대가를 외화로 지급하는 경우

① 원화로 외화를 매입하여 지급하는 경우에는 지급일 현재의 대고객외국환매도율에 의하여 계산한 금액
② 보유 중인 외화로 지급하는 경우에는 지급일 현재의 기준환율 또는 재정환율에 의하여 계산한 금액

Part 1. 사업자편 - **부가가치세**

21. 매출자가 세금계산서를 발급하지 않은 경우 매입자가 발행할 수도 있다.

매입자발행세금계산서는 납세의무자로 등록한 사업자로서 세금계산서 교부의무가 있는 사업자(세금계산서 발급대상 간이과세자 포함)가 재화 또는 용역을 공급하고 세금계산서 발급시기에 세금계산서를 발급하지 아니한 경우 그 재화 또는 용역을 공급받은 자(매입자)가 관할 세무서장의 확인을 받아 발행할 수 있는 세금계산서를 말한다.

매입자발행(세금)계산서를 발행할 수 있는 사업자

일반과세자로부터 재화나 용역을 공급받은 모든 사업자(면세사업자를 포함)는 매입자 발행세금계산서를 발행할 수 있다.

매입자발행(세금)계산서의 발급 절차

1) 거래사실 확인 신청

해당 재화·용역 공급시기가 속하는 과세기간 종료일부터 1년 이내에, 건당 공급대가 5만원 이상의 거래사실을 관할세무서에 확인을 신청해야 한다.

2) 발급

거래사실 확인 통지를 받은 신청인은 확인한 거래일자를 작성일자로 하여 매입자발행세금계산서를 발행하여 공급자에게 발급해야 한다.

매입자발행(세금)계산서의 매입세액공제

신청인은 예정신고, 확정신고 또는 경정청구를 할 때 매입자발행세금계산서합계표를 제출한 경우에는 매입세액을 해당 재화 또는 용역의 공급시기에 해당하는 과세기간의 매출세액 또는 납부세액에서 매입세액으로 공제받을 수 있다.

사업자가 세금계산서를 교부하지 않는 경우 불이익

사업자가 세금계산서를 교부하지 않는 경우에는 공급가액의 2%에 상당하는 가산세, 신고불성실·납부불성실 가산세가 부과되고, 조세범처벌법에 의하여 1년 이하의 징역 또는 세액의 2배 이하에 상당하는 벌금에 처해질 수 있다.

여성세무사들의 세금이야기

Part 1. 사업자편 - **부가가치세**

22. 온라인 판매에 따른 매출누락에 유의해야 한다.

인터넷쇼핑몰을 운영하는 사업자 또는 배달웹사이트를 이용하는 음식점사업자는 여러 가지 방법으로 수입이 들어오므로 부가가치세 신고시 매출이 누락되지 않도록 주의해야 한다.

온라인 상거래시에는 무통장입금액 등을 통해서 매출을 확인할 수 있으므로 부가가치세 신고시에 매출을 신고하고 부가가치세를 납부하여야 현금영수증미발급가산세, 신고불성실가산세, 납부지연가산세 등의 불이익을 받지 않는다.

국세청 홈택스

홈택스를 이용하여 전자세금계산서와 현금영수증을 발행하고 신용카드매출을 확인해야 하지만 홈택스에서 조회되지 않는 온라인매출도 있으므로 유의해야 한다.

PG사 매출확인

LG U+, 이니시스, 올앳, KCP, 모빌리언스, 다날, 카카오페이, 네이버페이 등 PG사 매출과 옥션, G마켓, 11번가, 스토어팜, 인터파크 등 오픈마켓 사이트 매출은 국세청에서 조회가 되고 있으나 반드시 각 사이트에서 정산내역을 확인하여 매출이 누락되지 않도록 한다.

배달앱 매출확인

음식점 등에서 직접 배달을 하기가 어려운 경우 배달을 위탁한다. 배달의민족, 요기요, 쿠팡, 배달통, 푸드플라이 등 배달업체가 손님으로부터 직접 현금, 신용카드 등으로 음식대금을 받아 음식점에 배달비를 제외하고 입금한다. 대부분의 경우 홈택스에서 매출금액을 확인할 수 있으나 조회되지 않는 경우도 있으므로 배달앱사이트의 정산내역을 확인하여 매출이 누락되지 않도록 한다.

Part 1. 사업자편 - **부가가치세**

23. 휴·폐업을 할 경우에도 부가가치세를 신고·납부하여야 한다.

사업자가 휴업하거나 폐업을 하게 되는 경우에는 지체없이 휴·폐업신고서에 사업자등록증을 첨부하여 세무서장에게 제출하여야 한다.

휴업일의 기준

① 사업장별로 사업을 실질적으로 휴업하는 날
② 계절적인 사업의 경우에는 그 계절이 아닌 기간
③ 명백하지 아니한 경우에는 휴업신고서의 접수일

폐업일의 기준

① 사업장별로 사업을 실질적으로 폐업하는 날
② 명백하지 아니한 경우에는 폐업신고서의 접수일
③ 사업개시일 전에 사업자등록을 한 자로서, 등록한 날로부터 6월이 되는 날까지 재화와 용역의 공급실적이 없는 자는 그 6월이 되는 날(다만, 사업장의 설치기간이 6월 이상이거나 기타 정당한 사유로 인하여 개시가 지연되는 경우는 제외)

부가가치세 신고·납부 의무

① 휴업을 한 개인사업자의 경우에는 일반(간이)과세자와 동일하게 1월과 7월에 부가가치세 확정신고를 해야 한다. 휴업기간 중 발급받은 세금계산서의 매입세액은 공제받을 수 있다.

② 폐업을 한 사업자의 경우에는 폐업일이 속하는 달의 다음달 25일까지 과세기간 개시일로부터 폐업일까지의 부가가치세를 확정신고 해야 한다.

③ 폐업시 잔존재화(사업과 관련하여 생산·취득한 재화로서 부가가치세 매입세액을 공제받은 재화)가 있는 경우에는, 해당 재화를 폐업하는 사업자가 사업자 자신에게 공급한 것으로 보아 부가가치세를 납부해야 한다.

여성세무사들의 세금이야기

법인세

여성세무사들의 세금이야기

Part 1. 사업자편 - **법인세**

1. 법인세는 손익계산서상 당기순손익에서 기업회계와 세무회계의 차이를 조정하여 계산한다.

세무조정은 법인세 과세표준과 세액산출에 반드시 필요하며 가장 중요한 과정이라 할 수 있다. 정확한 과세소득의 계산을 위해서는 기업회계와 세무회계의 차이를 정확히 이해하고 있어야 하며, 전문적인 지식 없이 자체적으로 법인세를 계산하기가 쉽지 않으므로 일정규모 이상의 법인은 외부전문가로부터 세무조정을 받도록 하는 외부조정신고제도가 법제화되어 있다.

기업회계와 세무회계의 차이

수익사업을 하는 모든 법인은 법인세 납세의무가 있다. 법인의 1년간의 살림살이를 정산하는 마지막 절차이기도 한 법인세 신고를 위해서는 재무제표가 먼저 확정되어야 한다. 상법 절차에 따라 주주총회(사원총회)에서 결산보고서를 승인하여 결산을 확정 지은 후 세무조정을 거쳐 법인세 과세표준과 세액을 결정하게 된다. 세무조정이란 기업회계기준에 따라 작성한 재무제표상의 당기순손익을 기초로 세법에 따른 익금과 손금을 조정함으로써 과세소득을 계산하기 위한 과정이다. 이러한 차이는 기업회계기준에 따른 수익과 비용이 모두 세무적으로 인정되는 것은 아니기 때문에 발생한다.

세무조정의 과정을 그림으로 설명하면 다음과 같다.

기업회계	세무조정		세무회계
수 익	+익금산입 −익금불산입	=	익 금
비 용	+손금산입 −손금불산입	=	손 금
순 이 익	+(익금산입, 손금불산입) −(손금산입, 익금불산입)	=	각 사업연도 소득금액

이월결손금 공제

이월결손금이란 해당 사업연도 이전에 생긴 결손금으로 2020.1.1.이후 개시하는 사업연도에 발생한 결손금부터는 15년(2019.12.31. 이전 10년, 2008.12.31. 이전 5년)이내 해당 사업연도 과세표준을 계산할 때 공제되어 당기의 세금을 줄여주는 효과가 있다. 중소기업의 이월결손금은 해당 사업연도 과세소득에서 전액 공제되지만 중소기업 외 일반기업은 과세소득의 80%(2022.12.31.이전 사업년도까지 60%)를 한도로 공제된다.

법인세 신고기한과 세액의 납부

법인세는 사업연도 종료일이 속하는 달의 말일로부터 3개월 이내에 신고·납부하여야 한다. 우리나라 법인의 다수를 차지하는 12월말 결산법인의 법인세 신고·납부기한은 3월31일이 된다. 해당 사업연도 신설법인은 과세표준을 연간금액으로 환산해야 한다.

현행 법인세율은 다음과 같고, 납부할 세액이 1,000만원을 초과하는 경우 기업 규모에 따라 분납할 수 있다.

과 세 표 준	세 율	분 납
2억원 이하	9%	납부할 세액이 1,000만원 초과시 중소기업 : 2개월내 일반기업 : 1개월내 분납가능
2억원 초과 200억원 이하	19%	
200억원 초과 3,000억원 이하	21%	
3,000억원 초과	24%	

여 성 세 무 사 들 의 세 금 이 야 기

Part 1. 사업자편 - **법인세**

2. 기업업무추진비(접대비) 등의 비용은 세법상 비용으로 인정되지 않는 경우도 있다.

기업회계기준상 인정해주는 비용과 세법상 인정해주는 비용은 대부분 일치하지만, 세법은 조세정책적인 측면을 고려하여 기업의 건전한 비용 지출을 장려하고 불건전한 비용 지출을 억제하기 위하여 일정한 한도를 정하거나, 손금으로 인정하지 않는 별도의 규정이 있다. 한도를 정하는 대표적인 예는 기업업무추진비(접대비)이고, 손금으로 인정하지 않는 예로는 벌과금 및 업무무관 성격의 비용 등이 있다.

기업업무추진비(접대비)와 복리후생비의 차이점

회사의 지출내역을 보면, 같은 식사비이지만 어느 때는 복리후생비 어느 때는 접대비로 계정과목을 다르게 분류한다. 거래처 임직원과 식사를 하면 접대비가 되고, 직장 동료들과 식사를 한 경우에는 복리후생비로 분류한다. 계정과목은 다르지만 업무관련성 있는 지출이란 점에서는 접대비나 복리후생비는 같은 성격을 가지고 있다. 접대비는 특정인을 위한 무분별한 과다 지출을 방지하기 위하여 일정한 한도 내에서만 비용으로 인정해 주지만 복리후생비는 별도의 한도 규정이 없다.

기업업무추진비(접대비)

접대비란 사업과 관련하여 지출하는 교제비, 사례금, 경조사비, 기밀비 등을 말한다. 일반기업은 1,200만원, 중소기업은 3,600만원이 기본한도이고 수입금액 비율에 따른 추가 한도가 적용된다. 접대비는 국내접대비, 국외접대비, 문화접대비로 분류한다.

국내접대비는 1회당 3만원 초과하여 지출 시에는 반드시 정규증빙자료를 수취해야 한다. 이때 정규증빙자료라 함은 신용카드(법인은 법인카드 사용분만 인정함), 세금계산서, 지출증빙용 현금영수증을 뜻한다. 거래처 경조사비는 1회당 20만원까지 비용인정 되고, 증빙으로는 청첩장 등을 수취해야 한다. 국외접대비는 부득이하게 카드 사용 불능 국가라면 예외적으로 인정해 주지만, 신용카드사용 불능 국가(아프리카, 소말리아) 외에는 인정받기 어려우므로 해외에서 접대를 할 경우에도 반드시 신용카드를 사용할 것을 권장한다. 문화접대비는 문화예술 공연, 전시회, 박물관, 체육활동의 입장권 구입, 비디오물, 음반, 음악 영상물, 간행물 구입에 지출한 비용을 말한다. 건전한 접대 문화를 위해 일반접대비 한도액의 20% 범위 내에서 추가로 비용으로 인정해준다.

복리후생비

복리후생비란 사업자가 그 임원 또는 사용인의 복리를 증진시키기 위하여 지출한 회식비, 직장체육비, 직장연예비, 우리사주조합 운영비, 4대 보험료 중 사업자로서 부담해야 할 보험료(건강보험료, 국민연금, 고용보험료, 산재보험료), 직장보육시설 운영비등 이외에 사회통념상 타당하다고 인정되는 경조사비 등을 말한다. 법인의 주주만을 위한 비용이거나 법인 외부의 이해관계자를 위한 비용은 업무무관지출이 되므로 주의해야 한다.

제세공과금 및 벌과금

기업회계기준상 법인세, 지방소득세 및 가산세는 비용이지만 법인세법은 손금으로 인정하지 않는다. 한편, 공장 및 사무실의 재산세는 손금으로 인정된다. 이외 벌금, 과태료도 순자산의 감소를 가져오는 사항으로 손금으로 인정되어야 하는 것이 원칙이지만, 조세정책적인 이유에서 손금으로 인정하지 않는다. 따라서 세금과공과금 중에는 법인세법상 손금으로 인정되는 것과 인정되지 않는 것이 있으므로 주의해야 한다.

업무무관경비

업무무관비용이란 기업이 지출한 비용 중 기업의 영업활동과 직접 관련이 없는 비용을 의미한다. 세법에서는 업무무관자산의 취득비용, 수선유지비 및 가사 경비, 업무무관자산의 감가상각비, 사업과 관련 없는 부동산의 보유세(재산세, 종합부동산세), 업무무관자산의 이자비용 등의 경비를 손금으로 인정하지 않는다. 이 외에도 출자임원 또는 출연자의 친족이 사용하는 사택유지비, 형법상 뇌물 등의 경비를 손금으로 인정하지 않는다.

여 성 세 무 사 들 의   세 금 이 야 기

Part 1. 사업자편 - **법인세**

3. 업무용 승용차의 비용인정은 업무사용비율에 따라 결정된다.

법인 업무와 직접 관련이 없는 비용은 손금으로 인정될 수 없다. 법인차량의 경우 일부만 업무에 사용 시 명확한 과세기준이 없어 전액 손금으로 인정되는 문제점이 있었다. 정부는 2016년부터 업무용 승용차의 개인적인 사용과 고가차량을 통한 과도한 비용처리를 방지하기 위하여 이에 대한 명확한 과세기준을 정했다.

업무용 승용차의 범위

법인의 업무용 승용차의 범위는 아래 ①, ②, ③를 제외한 승용 자동차를 말한다.
① 운수업, 자동차판매업, 자동차임대업, 운전 학원업, 경비업(경비업법에 따른 출동차량에 한정) 및 이와 유사한 업종에 직접 영업으로 사용되는 승용자동차
② 지프형 아닌 9인승 이상 승합차, 배기량 1,000cc이하 경차(레이, 모닝, 비스토, 스파크, 마티즈, 캐스퍼 등), VAN형 차량(화물, 운전석의 옆자리에만 사람의 탑승이 가능하고 뒷 부분은 화물을 적재할 수 있는 구조), 화물자동차
③ 연구개발을 목적으로 사용하는 승용자동차로서 국토교통부장관의 임시운행 허가를 받은 자율주행자동차

임직원 전용 자동차보험 가입의무

법인이 업무용승용차 관련 비용을 인정받기 위해서는 반드시 임직원 전용 자동차보험에 가입해야 하며 가입하지 않는 경우 전액 비용으로 인정받지 못한다. 또한, 승용차를 렌트하는 경우에는 렌트 비용에 보험료가 포함되어 있으므로 렌터카 업체가 임직원 전용 자동차보험에 가입했는지를 반드시 확인하여야 한다. 리스의 경우에는 리스료에 보험료를 포함시킬 수도 있고, 본인이 직접 보험에

가입할 수도 있기 때문에 리스료에 보험료를 포함시키는 경우에도 해당 보험이 임직원 전용 자동차보험인지 확인하여야 한다.

임직원 전용 자동차보험의 운전자 범위는 해당 법인의 임직원(계약관계 업체 직원 포함되며, 임직원의 가족이나 친지는 보험 적용대상에서 제외됨)만 해당된다. 특히 법인의 회식 또는 비즈니스 차원에서 음주 후 대리운전을 통해 귀가를 하던 중 발생되는 사고에 대해서는 보험처리가 되지 않기 때문에 주의해야 한다.

법인 업무용 자동차번호판 부착 의무

2024년부터 취득가액 8,000만원 이상의 법인차량(대여한 차량 포함)은 연두색 번호판을 부착하여야 한다. 업무용 자동차번호판을 부착하지 않은 경우에는 업무 사용금액은 없는 것으로 보아 전액 손금 인정받지 못한다.

운행일지 작성(업무사용비율만큼 비용인정)

승용차 관련 비용의 일정 금액인 1,500만원에 대해서는 운행일지를 작성하지 않아도 비용으로 인정되지만, 1,500만원을 초과하는 경우에는 운행일지에 의한 업무사용비율(업무용사용거리/총 주행거리)만큼 비용으로 인정된다. 즉, 운행일지를 작성하지 않는 경우에는 승용차 1대당 1,500만원(부동산임대업 등 소규모 법인의 경우 연간 500만원 인정) 한도 내에서 비용으로 인정되지만, 1,500만원을 초과하는 경우에는 운행일지를 기록하여야 비용으로 인정받을 수 있다. 승용차 관련 비용이란 감가상각비, 리스료, 유류비, 보험료, 수선비, 자동차세, 통행료 등을 말한다.

감가상각비 한도액

업무용 승용차의 감가상각 한도액은 800만원(부동산임대업 등 소규모 법인의 경우 연 400만원을 한도로 함)이므로 800만원을 초과하는 감가상각비는 다음 연도로 이월하여 비용처리 할 수 있다.

처분손실의 한도액

업무용승용차를 처분하여 발생하는 손실로서 업무용 승용차별로 800만원(부동산임대업 등 소규모 법인의 경우 연 400만원)까지 손금으로 인정하고, 800만원을 초과하는 금액은 해당 사업연도에 손금으로 인정하지 않는다. 한도초과액은 다음 사업연도부터 800만원씩 균등하게 손금으로 산입하되, 남은 금액이 800만원 미만인 사업연도에는 남은 금액을 모두 손금에 산입한다.

여성세무사들의 세금이야기

Part 1. 사업자편 - **법인세**

4. 임원에 대한 급여, 상여금 및 퇴직금은 세법상 비용으로 인정되는 한도액이 있다.

인건비는 원칙적으로는 손금이나, 과다한 보수는 손금으로 인정하지 않는다. 세법은 사용인에게 지급되는 급여, 상여금, 퇴직금은 원칙적으로 특별한 경우가 아니라면 모두 손금으로 인정하지만, 임원 등에 대한 급여, 상여금, 퇴직금에 대해서는 손금 인정에 제한을 두고 있다.

임원 급여와 상여금

법인의 임원이란 등기여부에 관계없이 법인의 회장, 사장, 부사장, 이사장, 대표이사, 전무이사 등의 이사회 구성원과 청산인, 업무집행사원, 업무집행자, 감사 등과 이에 준하는 직무에 종사하는 사람을 말한다. 상법에서는 임원의 보수에 관하여 그 한도를 정관에 명시하도록 규정하고 있다. 임원의 보수가 정관에 명시되지 않은 경우 임원 보수는 주주총회를 거쳐 결의된 한도 이내로 지급되어야 한다.

임원의 상여금이 손금으로 인정되려면 정관, 주주총회, 이사회의 결의에 의하여 결정된 지급규정에 따라 지급되어야 하며, 위의 절차를 통하지 않은 상여금은 손금으로 인정되지 않는다. 또한, 주주총회에서 법인의 사업 결과 얻어진 이익잉여금 처분을 통해 지급된 상여금은 손금으로 인정되지 않는다.

임원 퇴직금

퇴직이란 현실적으로 고용관계를 종료하고 퇴사하는 것을 의미한다. 다만, 다음의 경우도 현실적인 퇴직으로 인정된다.
- 임원이 사용인으로 근무하다가 임원으로 취임한 경우

- 법인세법에 의해 중간 정산하는 경우
  ① 중간정산일 현재 1년 이상 무주택 세대주인 임원이 3개월 이내 주택 구입하는 경우
  ② 임원(배우자 및 생계를 같이 하는 부양가족 포함)이 3개월 이상 질병 치료 또는 요양이 필요한 경우
  ③ 천재지변 등의 재해를 입은 경우

임원 퇴직금이 손금으로 인정되려면 정관에 규정되어 있거나, 정관에서 위임된 퇴직급여 규정이 있어야 한다. 만약 이러한 규정이 없다면, 임원에게 1년 동안 지급한 총급여액(급여, 상여금, 주주총회 결의에 따른 상여금 포함, 임원상여금 중 한도초과액 등에 의해 비용으로 인정되지 않는 금액은 제외)의 10분의 1에 상당하는 금액에 근속연수를 곱한 금액까지만 손금으로 인정된다.

법인세법상 정관에 따라 지급된 퇴직금이라 하더라도, 소득세법상 임원 퇴직금 한도를 초과하면 초과분은 근로소득으로 과세된다. 퇴직소득의 경우는 분류과세로 타소득과 합산되지 않으나 근로소득의 경우는 종합과세되어 누진세율이 적용되어 임원의 세 부담이 커질 수 있으니 주의가 필요하다.

여성세무사들의 세금이야기

Part 1. 사업자편 - **법인세**

5. 법인의 가지급금은 엄격하게 관리하여야 한다.

법인의 대표나 주주 등 특수관계인이 법인의 자금을 사적으로 융통하고 이를 급여나 상여, 배당 등으로 적절한 신고를 하지 않은 경우, 그 상당액을 가지급금이라 하고, 훗날 법인의 큰 부담이 될 수 있다. 법인은 개인과는 독립된 별도의 법인격을 가지므로, 법인의 대표는 법인의 자금과 개인의 자금을 엄격하게 구분, 관리하여야 한다.

🌱 가지급금에 대한 세법상 불이익

가지급금은 법인에서 자금은 나갔지만 출처나 근거를 정확하게 표시할 수 없는 경우 회계처리시 임시적으로 쓰는 계정과목이다. 그러나, 세법은 가지급금에 대하여 '명칭여하에 불구하고 자금대여로 인하여 법인의 조세를 부당하게 감소하게 된 특수관계인에 대한 자금의 대여액'을 말한다. 특수관계인이 법인의 자금을 개인적으로 유용하게 되면 회사의 자금사정을 악화시키게 되고, 가지급금을 지급받은 자는 특혜를 받는 결과가 되므로 세법에서는 엄격한 규제를 하고 있다.

해당 법인에 대한 불이익	• 가지급금 인정이자 익금산입 • 업무무관가지급금 관련 지급이자 손금불산입 • 업무무관 가지급금에 대한 대손금 부인 및 대손충당금 설정 불가능
특수관계인에 대한 불이익	• 인정이자에 대해 상여로 소득처분하여 소득세 과세

동일한 가지급금에 대하여 인정이자를 익금산입하고, 지급이자를 손금불산입하므로 이중과세가 아니냐는 의문이 있으나, 가지급금 인정이자 익금산입은 특수관계인에게 적정한 이자를 받지 않은 대여금에 적용(부당행위계산부인)하는 것이

며, 지급이자 손금불산입은 차입한 자금을 생산적인 목적에 사용하지 아니한 것에 대한 손금불인정으로 이중과세가 아니다.

구분	가지급금인정이자 익금산입	지급이자 손금불산입
상대방	특수관계인	특수관계인
대 상	무상·저리로 제공한 가지급금 등 (업무관련성 무관)	업무무관 가지급금 등 (이자수취와 무관)

🌱 인정이자의 익금산입

인정이자란 특수관계인에게 금전을 무상 또는 시가보다 낮은 이율로 대여한 경우에 시가(세법상 계산한 이자)에서 회사가 계상한 수입이자를 차감한 금액이 시가의 5%이상 차이가 나거나 3억원 이상인 경우 동 차액을 특수관계인에게 이익을 분여한 것으로 보아 익금으로 산입하고 이에 대해 귀속자별로 소득처분하는 것이다.

$$\text{가지급금 인정이자} = (\text{인정이자율}^* - \text{실질대여금리}) \times \text{가지급금등의 적수} \times \frac{1}{365(\text{윤년}366)}$$

* 인정이자율은 가중평균차입이자율을 원칙으로 하며 당좌대출이자율(25년도기준 4.6%)은 선택적으로 적용할 수 있음. 당좌대출이자율을 선택할 경우에는 3년간 의무적으로 적용해야함.

🌱 업무무관자산에 대한 지급이자 손금불산입

법인이 업무무관자산을 보유하고 있거나 특수관계인에게 업무와 관련없는 가지급금을 지급하는 경우에는 차입금에 대한 지급이자 중 아래 산식에 의해 계산된 금액은 손금에 산입하지 않는다.

$$\text{손금불산입액} = \text{지급이자} \times \frac{\text{업무무관자산 적수} + \text{업무무관가지급금 적수(총차입금적수 한도)}}{\text{총차입금 적수}}$$

여 성 세 무 사 들 의 세 금 이 야 기

Part 1. 사업자편 - **법인세**

6. 매출누락은 법인세와 대표자의 근로소득으로 각각 과세된다.

법인을 운영하면서 중요한 요소는 매출의 정확한 기록이다. 그러나, 여러 가지 이유로 매출 누락이 되면, 법인은 누락한 매출액 만큼 과소 신고·납부 하였던 법인세와 부가가치세는 물론 가산세를 부담해야 하고 대표자에게도 근로소득으로 과세 될 수 있으므로 유의해야 한다.

매출 누락에 관련된 세금

1) 부가가치세

① 누락된 매출의 공급가액의 10% 부가가치세
② 세금계산서 관련 가산세 : 세금계산서 미발급 가산세 2% 등
③ 신고불성실 가산세 : 과소신고 세액의 10% (부당과소신고 시 40%)
④ 납부불성실 가산세 : 미납세액 × 미납일수 × 2.2/10,000

2) 법인세

① 누락된 매출액의 9%(19%) 법인세
② 신고불성실 가산세 : 과소신고 세액의 10% (부당과소신고 시 40%)
③ 납부불성실 가산세 : 미납세액 × 미납일수 × 2.2/10,000

3) 상여처분에 따른 종합소득세

① 대표자 상여처분 : 원천징수
② 종합소득세 자진 신고 납부

매출 누락에 따른 대표자 상여처분

누락된 매출액이 사외로 유출되었으면 누구에게 귀속되었는지를 따져 소득의 귀속자에게 소득세를 부과하게 된다. 그러나, 귀속이 불분명한 경우에는 대표자 상여로 소득처분을 하게 된다. 이는 귀속이 불분명한 것에 대해 대표자에게 관리 감독의 책임을 묻는 것이다.

여 성 세 무 사 들 의   세 금 이 야 기

Part 1. 사업자편 - **법인세**

7. 건물이나 기계 등의 고정자산 구입금액은 감가상각을 통해서 비용으로 처리된다.

고정자산 구입금액은 바로 전액 비용처리가 되는 것이 아니라 자산이 사용되는 기간동안 합리적인 기준에 따라 매년 나눠서 비용처리 된다. 이러한 방법을 감가상각이라 한다. 법인세법에서는 감가상각을 강제하지 않고 법인이 감가상각비를 비용으로 계상한 경우에 한하여 인정해 주는 임의 상각제도를 택하고 있다 (K-IFRS 적용법인 예외).

세법에서는 감가상각 대상 자산과 내용연수, 상각방법을 규정하고 있으며, 감가상각범위액을 초과하는 금액은 손금에 산입하지 아니한다.

🌿 대상자산 및 취득가액

토지를 제외한 건물, 차량, 공구, 비품, 선박, 항공기, 영업권 등 유·무형 사업용 고정자산을 취득했다면 감가상각 대상이 된다. 다만 취득 중인 유형자산, 사용중단 자산 중 매각 예정자산은 감가상각을 할 수 없다. 취득원가는 구입 원가와 관련된 지출 및 취득 후 자본적 지출을 포함한다.

🌿 감가상각의 시기와 방법

감가상각비는 자산의 취득일로부터 하는 것이 아니라 실제 업무에 사용하는 날부터 해야 한다. 또한 자산별로 감가상각 할 수 있는 방법이 정해져 있다.
① 건축물, 구축물 : 정액법
② 기타 유형고정자산 : 정액법 또는 정률법
③ 무형고정자산 : 정액법
④ 광업권 : 정액법 또는 생산량비례법

정액법은 자산의 내용연수 동안 매 기간 일정액의 감가상각비를 계산하는 방법이며, 정률법은 자산의 내용연수 동안 감가상각비가 매 기간 감소하는 방법이다. 또한 생산량비례법은 자산의 예상 조업도 혹은 예상 생산량에 근거하여 감가상각비를 계산하는 방법이다.

즉시상각의제

개별자산별로 수선비로 지출한 금액이 600만원 미만 까지는 소액수선비로 보고 해당 연도에 전액 비용처리가 가능하다.

취득가액이 거래 단위별로 100만원 이하인 자산을 취득시(단, 업무 성질상 대량으로 보유하는 자산, 사업 개시 또는 확장을 위해 취득한 자산은 제외), 전화기(휴대용 전화기 포함) 및 개인용 컴퓨터와 주변기기 등의 자산은 즉시 비용으로 처리할 수 있다. 또한, 시설의 개체 또는 기술 낙후로 인해 생산설비 일부를 폐기한 경우, 당해 자산의 장부가액에서 1,000원을 공제한 금액을 손금에 산입할 수있다. 사업의 폐지 또는 사업장의 이전으로 임대차계약에 따라 임차한 사업장의 원상회복을 위하여 시설물을 철거하는 경우에는 해당 자산의 장부가액에서 1,000원을 공제한 금액을 폐기일이 속하는 사업연도에 비용으로 공제할 수 있다.

Part 1. 사업자편 - **법인세**

8. 미처분이익잉여금 등은 배당 등의 적절한 관리를 하여야 한다.

배당은 법인세법상 손금항목이 아니고, 기업회계상으로도 비용이 아니다. 이미 법인세가 과세되고 난 이후의 세후이익이 유보이익이고, 이러한 유보이익을 주주들에게 배당으로 나눠주는 것은 단순한 이익의 처분이기 때문이다.

배당의 중요성

법인의 사업연도가 오래될수록 각 사업연도마다 생기는 당기순이익이 더해지면서 자본은 지속적으로 증가하게 되며, 주주지분에 대한 배당을 하지 않으면 늘어난 자본은 이익잉여금으로 쌓이게 된다. 이는 추후 주식거래 등을 하는 경우 주식가치 상승으로 인한 세금부담으로 돌아오게 된다. 그러므로 기업에서는 유보이익이 쌓이지 않도록 관리하여야 한다.

각 사업연도 종료일로부터 3개월 이내 개최되는 주주총회를 통해 주주들에 대한 적정한 배당액을 결정하고 배당금액의 14%(소득세)와 1.4%(지방소득세)를 원천징수하여야 한다.

주주의 배당소득에 대한 신고의무

만약 타금융소득(이자소득 및 배당소득)과 합산하여 2,000만원 이하인 경우, 분리과세로서 종결되지만, 타금융소득과 합산하여 2,000만원 초과의 금융소득이 있는 주주는 본인의 타소득(사업소득, 근로소득 등)과 금융소득을 합산해서 다음 연도 5.31.까지 종합소득세 신고를 해야 한다.

Part 1. 사업자편 - **법인세**

9. 거래처로부터 회수하지 못한 매출채권에 대해서는 일정 요건 충족시 비용으로 처리할 수 있다.

법인이 사업을 영위하는 과정에서 매출은 발생하였으나 돈을 떼이는 경우도 종종 발생한다. 이렇게 실제로 대금을 받지 못했음에도 소득으로 보아 세금을 과세한다면 기업 입장에서는 너무 억울할 것이다. 이에 세법은 이미 떼인 돈에 대해서는 법에서 규정하고 있는 대손사유 충족 시 손금(비용)으로 인정해주며, 떼일 돈으로 예상되는 경우에도 일정금액 한도 내에서 대손충당금으로 설정하면 손금(비용)으로 인정하고 있다.

🌿 임의대손사유

다음과 같은 사유발생시 대손으로 결산서에 반영하면 손금(비용)으로 인정받을 수 있다.

① 거래처(채무자)의 파산, 강제집행, 형의 집행, 사업의 폐지, 사망, 실종, 행방불명으로 회수 할 수 없을 때
② 부도발생일로부터 6개월이 지난 수표 또는 어음상의 채권, 외상매출금
  ▶ 외상매출금은 부도 발생 이전의 것으로 중소기업의 경우만 인정된다.
③ 30만원 이하 채권으로 회수기일이 6개월 경과된 것
④ 중소기업의 외상매출금 및 미수금으로서 회수기일이 2년이상 지난 외상매출금 등. 다만, 특수관계인과의 거래로 인하여 발생한 것은 제외한다.
⑤ 재판상 화해 등 확정판결과 같은 효력을 가지는 것으로서 기획재정부령으로 정하는 것에 따라 회수불능으로 확정된 채권
⑥ 물품의 수출 또는 외국에서 용역제공으로 발생한 채권으로 기획재정부령으로 정하는 사유에 해당되어 한국무역보험공사로부터 회수불능으로 확인된 채권

강제대손사유

다음의 경우는 대손사유 발생연도에 반드시 손금(비용)계상하여야 한다. 사유 발생연도에 결산서상 비용으로 처리하거나, 결산서에 반영하지 않았다면 세무조정 시 손금산입하는 신고조정을 해야한다. 이후 사업연도에는 손금산입할 수 없으므로, 신고조정을 하지 않았다면 해당 연도에 대한 법인세 경정청구를 해야 한다.

① 상법에 따른 소멸시효 완성된 외상매출금 및 미수금
② 어음법에 따른 소멸시효 완성된 어음
③ 수표법에 따른 소멸시효 완성된 수표
④ 민법상 소멸시효 완성된 대여금 및 선급금
⑤ 법원의 결정으로 회수불능 확정된 채권
⑥ 신용회복지원협약에 따라 면책으로 확정된 채권
⑦ 채무자의 재산에 대한 경매가 취소된 압류채권

대손세액공제

이미 매출로 신고한 부가가치세에 대해서 못 받게 된 경우에는 재화·용역 공급 후 10년이 지난 날이 속하는 과세기간에 대한 확정신고 기한까지 위에서 열거한 대손사유로 확정되는 경우 대손세액공제로 환급받을 수 있다.

Part 1. 사업자편 - **법인세**

10. 법정신고기한 내 신고하였더라도 잘못된 경우 수정신고 등을 할 수 있다.

법정신고기한 내에 신고하였더라도 잘못된 경우에는 수정신고 또는 경정청구를 할 수 있으며, 신고기한 내 신고하지 못한 경우에는 기한후 신고를 할 수 있다.

수정신고

수정신고란 과세표준신고서를 법정신고기한까지 제출한 자 및 기한후과세표준신고서를 제출한 자가 세법에 의하여 신고하여야 할 과세표준 및 세액에 미달하게 신고한 경우, 당해 국세의 과세표준과 세액을 세무서가 결정하거나 경정하여 통지하기 전(국세부과제척기간이 끝나기 전)까지 과세표준수정신고서를 제출하는 것이다.

과세표준신고서를 법정신고기한 경과 후 2년 이내에 수정신고한 경우 과소신고가산세 등 일부를 감면 받을 수 있다. 다만, 당초신고에 대해 경정할 것을 미리 알고 수정신고서를 제출한 경우에는 가산세의 감면을 배제한다. 물론 2년이 경과한 경우에도 세무서장이 결정 또는 경정하기 전까지는 수정신고를 할 수 있으나, 가산세는 감면해 주지 않는다.

경정청구

경정청구라 함은 과세표준신고서를 법정신고기한까지 제출한 자 및 기한후과세표준신고서를 제출한 자가 과세표준 및 세액을 과다하게 신고하거나, 결손금액 및 환급세액을 과소하게 신고한 경우에 법정신고기한이 지난 후 5년 이내에 최초 신고 및 수정 신고한 국세의 과세표준 및 세액의 결정 또는 경정을 관할세무서장에게 청구하는 것이다.

다만, 결정 또는 경정으로 인하여 증가된 과세표준 및 세액에 대해서는 그 처분이 있음을 안 날(처분의 통지를 받은 때에는 그 받은 날)부터 90일 이내(법정신고기한이 지난 후 5년 이내로 한정한다)에 경정을 청구할 수 있다.

또한 일반적인 경우의 경정청구 사유 외에 후발적 사유로 인한 경우에는 그 사유가 발생한 것을 안 날부터 3개월 이내에 결정 또는 경정을 청구할 수 있다.

기한후 신고

법정신고기한까지 과세표준신고서를 제출하지 아니한 경우 관할 세무서장이 세법에 따라 해당 국세의 과세표준과 세액을 결정하여 통지하기 전까지 기한후과세표준신고서를 제출할 수 있다.

기한후 신고는 법정신고기한 경과 후 6개월 이내에 신고를 할 경우 가산세의 일부를 감면받을 수 있다.

Part 1. 사업자편 - **법인세**

11. 법인도 기부하면 비용으로 인정받는다.

법인의 기부금은 법인의 사업과 직접 관련 없는 지출로 원칙적으로 비용으로 인정받을 수 없으나 공익을 위해 지출한 비용으로서 일정한 한도액 범위 내에서 인정받을 수 있다.

기부금

기부금이란 특수관계인 외의 자에게 사업과 관계없이 무상으로 지출하거나 정당한 사유없이 자산을 정상가액(시가±30% 범위 내의 가액)보다 고가매입, 저가양도로 인한 실질적 증여재산가액을 말한다. 따라서 업무와 관련하여 지급하는 기업업무추진비, 광고선전비와는 구분이 된다.

기부금의 종류

기부금의 범위는 법인세법에서 열거형식으로 규정하고 있다. 법인세법에서 열거하지 않은 비지정기부금은 기부금으로 전액 인정받을 수 없다.

① 특례기부금
- 국가, 지방자치단체, 이재민구호금품 등 무상으로 기증한 금품의 가액
- 사립학교 등에 시설비, 교육비, 장학금 또는 연구비로 지출하는 기부금
- 병원 등에 시설비, 교육비 또는 연구비로 지출하는 기부금
- 사회복지사업 법인 등 일정요건을 갖춘 비영리법인에 대한 기부금

② 우리사주조합기부금
- 법인이 다른 법인의 우리사주조합에 지출하는 기부금

③ 일반기부금
- 유아교육법에 따른 유치원, 초중등교육법 및 고등교육법에 의한 학교, 기능대학, 원격대학의 장이 추천하는 개인에게 교육비·연구비 또는 장학금으로 지출하는 기부금
- 사회복지·문화·예술·교육·종교·자선·학술 등 공익목적으로 지출하는 기부금으로서 기획재정부장관이 지정하여 고시하는 기부금
- 사회복지시설 중 무료(실비) 이용시설 등에 기부하는 금품
- 일반기부금대상단체를 제외한 단체의 고유목적사업비 지출액

④ 비지정기부금 예시
- 법인이 정당에 지출하는 정치자금기부금
- 동창회·종친회·향우회 등에 지출하는 기부금
- 새마을 금고, 신용협동조합 등에 지출하는 기부금

🌱 기부금 손금산입한도액(㉠×㉡)

기부금은 공공성의 정도에 따라 다음과 같이 손금산입의 한도를 달리하고 있다.

구 분	㉠ 한도액 계산상 소득금액	㉡ 한 도
특례기부금	기준소득금액 - 공제기한 내 이월결손금	50%
우리사주조합 기부금	기준소득금액 - 공제기한 내 이월결손금 - 세법상 특례기부금 공제액	30%
일반기부금	기준소득금액 - 공제기한 내 이월결손금 - 세법상 특례기부금, 우리사주조합기부금 공제액	10% (사회적기업 20%)

▶ 기준소득금액
  = 손익계산서상 당기순이익 + (익금산입·손금불산입) - (손금산입·익금불산입) + 당기 지출한 기부금

🌿 기부금 귀속시기

기부금은 이를 지출한 사업연도의 손금에 산입한다(현금주의). 이때 지출일은 실제 현금지급일을 말하며, 어음으로 지급한 때에는 실제로 결제된 날, 수표로 지급한 때에는 수표를 교부한 날을 말한다.

다만, 정부로부터 인·허가를 받는 경우 일반기부금 대상 공익법인 등으로 인정되는 법인에게 인·허가를 받기 이전 설립 중에 일반기부금을 지출하는 경우에는 인·허가를 받은 날이 속하는 사업연도의 일반기부금으로 한다.

여성세무사들의 세금이야기

Part 1. 사업자편 - **법인세**

12. 창업시 세금혜택에 대해 알아보자.

창업 중소기업은 최초 소득이 발생한 해를 포함하여 5년간 법인세가 감면된다. 다만, 모든 창업중소기업에게 적용되는 것이 아니라 감면 대상 업종 요건을 충족해야하고, 법인설립 지역 요건, 대표의 나이요건에 따라 감면율이 달라진다.

해당업종

1. 광업
2. 제조업(제조업과 유사한 사업으로서 대통령령이 정하는 사업을 포함한다, 이하 같다)
3. 수도, 하수 및 폐기물 처리, 원료 재생업
4. 건설업
5. 통신판매업(매장과 온라인을 동시에 판매하는 경우에는 일반적인 소매업으로 창업중소기업 적용 배제)
6. 대통령령으로 정하는 물류산업(이하 "물류산업"이라 한다)
7. 음식점업
8. 정보통신업(비디오물 감상실 운영업, 뉴스제공업, 가상자산 매매 및 중개업 제외)
9. 금융 및 보험업 중 대통령령으로 정하는 정보통신을 활용하여 금융서비스를 제공하는 업종
10. 전문, 과학 및 기술 서비스업 (엔지니어링사업 포함, 변호사업, 변리사업, 법무사업, 공인회계사업, 세무사업, 수의업, 행정사 사무소, 건축사 사무소 업종 제외)
11. 사업시설 관리 및 사업지원 및 임대서비스업 중 다음 각목에 해당하는 업종
    가. 사업시설관리 및 조경 서비스업
    나. 사업 지원서비스업 (고용할선업 및 인력공급업은 농업노동자 공급업을 포함한다)
12. 사회복지 서비스업
13. 예술, 스포츠 및 여가관련 서비스업, 다만, 다음 각 목의 어느하나에 해당하는 업종은 제외한다.
    가. 자영예술가
    나. 오락장 운영업
    다. 수상오락 서비스업

    라. 사행시설 관리 및 운영업
    마. 그 외 기타 오락관련 서비스업
14. 개인 및 소비용품 수리업 (개인 및 소비용품 수리업 / 이용 및 미용업)
15. 학원의 설립. 운영 및 과외교습에 관한 법률에 따른 직업기술분야를 교습하는 학원을 운영하는 사업
    국민평생직업능력 개발법에 따른 직업능력 개발 훈련시설을운영하는 사업
16. 관광진흥법에 따른 관광숙박업, 국제회의. 테마파크업 및 대통령이 정하는 관광객 이용시설업
17. 노인복지법에 따른 노인복지시설 운영업
18. 전시산업발전법에 따른 전시산업

※ 중소기업창업지원법에 따라 창업보육센터사업자로 지정받은 내국인과 조세특례제한법 시행령에 따른 에너지신기술 중소기업의 경우는 업종제한이 없다.

🌿 감면율

구 분	수도권 과밀억제권역 밖		수도권 밀억제권역
	수도권 지역 (2026.1.1. 이후 창업분 적용)	수도권 인구감소지역 수도권 밖	
일반 창업	25%	50%	-
청년 및 생계형 (수입금액 8천만원이하) 창업	75%	100%	50%
창업벤처, 에너지신기술 중소기업 창업보육센터사업자	50%		

🌿 유의사항

① 중소기업특별세액감면 등 다른 감면과 중복적용되지 않는다.
② 2025.1.1. 이후 창업하는 중소기업은 통합고용세액공제를 중복적용 할 수 없다.
③ 2025.1.1. 이후 창업하는 분부터 감면한도 연간 5억원이 적용된다.
④ 농어촌특별세 해당 없다.
⑤ 최저한세 적용된다(100% 감면을 받는 경우 최저한세 배제).

여성세무사들의 세금이야기

Part 1. 사업자편 - **법인세**

13. 중소기업은 중소기업특별세액감면을 받을 수 있다.

법인세 납부세액 계산과정에는 각종 감면이 있는데 대표적인 세액감면인 중소기업특별세액감면에 대해 알아보자.

해당업종

▶ 작물재배업, 축산업, 어업, 광업, 제조업, 하수폐기물처리, 원료재생 및 환경복원업, 건설업, 도매 및 소매업, 여객운송업, 출판업, 영화 및 방송프로그램제작업, 오디오물 출판 및 원판녹음업, 전기통신업, 컴퓨터프로그래밍, 시스템 통합 및 관리업, 정보서비스업, 연구개발업, 광고업, 포장 및 충전업, 전문디자인업, 창작 및 예술관련서비스업, 엔지니어링사업, 물류산업, 직업기술분야학원, 자동차정비업, 선박관리업, 의료기관을 운영하는 사업(의원, 치과의원 및 한의원, 수의업 제외) 관광사업, 노인복지시설 운영업, 전시산업, 임업, 인력공급 및 고용알선업, 텔레마케팅서비스업, 에너지절약전문기업, 건물 및 산업설비 청소업, 경비 및 경호서비스업, 여론조사업, 사회복지서비스업, 지식재산임대업, 간병인 및 유사서비스업, 직원훈련기관, 주택임대관리업, 보안시스템서비스업, 임업, 통관대리 및 관련서비스업, 자동차임대업(50%이상 전기자동차등 보유한 경우)

조세특례제한법상 중소기업에 해당되지만 중소기업특별세액감면을 받지 못하는 업종은 음식점업, 전시 및 행사대행업, 개인이 운영하는 의원, 치과의원, 한의원 등이 있다. 의원, 치과, 한의원의 경우는 요양급여비율 80% 이상이고 소득금액이 1억원 이하인 경우에는 중소기업특별세액감면을 적용한다.

🌿 감면율

업종구분	중기업		소기업	
	수도권	수도권밖	수도권	수도권밖
도소매/의료업	-	5%	10%	10%
기타업종	-	15%	20%	30%
통관 대리 관련 서비스	-	7.5%	10%	15%

※ 사업장별로 판단 (단, 본점이 수도권 안에 소재하는 경우에는 모든 사업장이 수도권 안에 소재하는 것으로 간주)

🌿 소기업의 범위

소기업은 업종별 매출액기준으로 판정한다.

업 종	매출액
제조업 중 식료품·음료·의복 등·가죽·코크스·화학물질·의료용물질 등, 전기·가스·수도사업, 등	120억원
제조업중 담배·섬유제품·목재 및 나무제품, 인쇄등, 농업, 광업, 건설업 등	80억원
도소매업, 정보통신업.	50억원
전문, 과학, 기술서비스업, 사업시설관리 및 사업지원 및 임대서비스업 등	30억원
숙박·음식점업, 교육서비스, 보건업 및 사회복지서비스업, 수리업 등	10억원

🌿 유의사항

① 다른 세액감면과 중복공제 불가하다.
② 세액공제 중 연구인력개발비세액공제, 고용증대세액공제, 사회보험료세액공제, 통합고용세액공제, 전자신고세액공제와 중복공제 가능하나, 그 외의 세액공제와 중복공제 불가하다.
③ 감면 한도 1억원이 적용되며, 전년대비 상시근로자 인원이 감소시에는 1인당 500만원 씩 차감하여 공제한도를 축소한다.
④ 최저한세 적용대상이다.
⑤ 감가상각의제가 적용되므로 세법상 한도액까지 감가상각하여야 하며, 농어촌특별세 해당이 없다.

여 성 세 무 사 들 의 세 금 이 야 기

Part 1. 사업자편 - **법인세**

14. 연구개발을 하는 기업은 세액공제 혜택이 있다.

연구인력개발비 세액공제는 사업을 영위하는 기업의 연구 및 인력 개발을 촉진하기 위한 세제 혜택이다. 기업이 연구소 또는 전담부서를 통해 연구인력의 인건비, 연구에 직접 사용되는 재료비, 위탁연구비용 등을 지출할 경우, 비용의 일정 비율을 세금에서 공제함으로써 세부담을 줄여주는 제도이다.

대상금액

업종 제약 없이 다음 각 호에 따라 설립된 기업부설연구소 또는 연구개발전담부서에서 발생한 비용 중 실질적인 연구개발을 전담으로 하는 직원 등에게 지출되는 비용 및 연구개발에 사용되는 구입물품에 대한 비용

① 기초연구진흥 및 기술개발지원에 관한 법률에 따라 과학기술정보통신부장관의 인정을 받은 기업부설연구소 또는 연구개발전담부서
② 문화산업진흥기본법에 따라 인정받은 기업부설창작연구소
③ 산업디자인진흥법에 따른 산업디자인전문회사

공제세액

연구인력개발비 세액공제는 일반기업, 중견기업 및 중소기업 등의 기업규모에 따라 세액공제의 범위가 다르지만 여기에서는 중소기업에 대하여만 알아본다.

구분	세액공제액
신성장·원천기술 연구개발비	당기지출액 × 최대 30% + 추가공제(최대10%)
일반연구개발비는 ①, ② 중 선택	① 증가금액 기준 : (당기발생액 - 과거4년평균발생액) × 50% ② 당기발생액 기준 : 당기발생액 × 25%

구 분	세액공제액
국가전략기술	당기발생액 × 40% + 수입금액에서 비용이 차지하는 비율(최대10%)

🌿 세액공제 가능한 연구개발비용

① 연구소 또는 전담부서에서 근무하는 직원의 인건비(사용자 부담분 사회보험료 상당액 포함)
   ※ 겸직하는 경우와 주주인 임원으로서 지배주주이거나 10%를 초과하여 지분을 가진 자와 그와 특수관계인은 제외
② 전담부서 등에서 연구용으로 사용하는 견본품, 부품, 원재료와 시약류 구입비
③ 전담부서 등에서 직접 사용하기 위한 연구, 시험용 시설 및 이용에 필요한 비용
④ 대학, 연구소 등에 연구개발용역을 위탁함에 따른 비용
⑤ 정부출연연구기관 등과 공동연구개발을 수행함에 따른 비용
⑥ 전담부서 등에서 연구업무에 종사하는 연구원의 위탁교육훈련비

🌿 유의사항

① 다른 세액공제 및 세액감면과 중복해서 공제 가능하다.
② 수도권 배제 규정이 없으며, 농어촌특별세 해당이 없다.
③ 중소기업의 연구인력개발비 세액공제는 최저한세가 적용되지 않는다.
④ 공제받지 못한 세액공제는 10년간 이월공제 된다(2019년 발생분 까지는 5년).
⑤ 국고보조금에 해당하는 연구개발출연금 등을 받아 연구개발비로 지출 시는 연구인력개발비 세액공제 대상에서 제외된다.

Part 1. 사업자편 - **법인세**

15. 사업용고정자산 취득 시 세액공제 혜택이 있다.

기업이 기계장치와 같은 사업용 고정자산에 투자한 경우 투자액의 일부를 법인세 세액공제
혜택을 받을 수 있다. 초기 설비 투자비용이 큰 업종이라면 반드시 알아야 할 제도이다.

공제대상 사업장

통합투자세액공제 대상 내국인이란, 소비성서비스업과 부동산임대업 및 공급업의 업종을 제외한 모든 사업장이 대상이다. 단, 수도권과밀억제권역 내(산업단지·공업지역 제외)의 사업용 고정자산을 새로 설치함으로써 해당 공장의 연면적이 증가되는 투자 또는 사업용고정자산의 수량과 해당 사업장의 연면적이 증가되는 투자 즉, '증설투자'를 할 경우 통합투자세액공제 혜택대상에서 제외 되나 기존에 보유한 대상자산의 대체투자에 한해서 세액공제를 허용해 주고 있으니 유의해야 한다.

※ 소비성 서비스업 : 호텔업이나 여관, 일반유흥주점, 무도유흥주점, 단란주점업 그리고 그밖에 오락, 유흥 등을 목적으로 하는 사업으로서 기획재정부령으로 정하는 사업

🌱 공제대상 자산

기계장치 등 사업용 유형자산을 대상으로 하며 중고품 및 운용리스에 의한 투자와 건물, 구축물, 차량 및 운반구, 선박 및 항공기, 공구, 비품 등 일부 자산은 제외된다.

특정업종 및 중소기업 관련 공제대상 자산은 아래와 같다.

구 분	공제 대상 자산
건설업	불도저, 굴삭기, 지게차, 덤프트럭 등
어업	어업용 선박
운수업	차량(자가용 제외) 및 운반구와 선박
도소매업, 물류산업	운반용 화물자동차, 무인 반송차, 창고시설 등
관광숙박업, 국제회의 기획업	승강기, 난방용, 욕탕용 온수 및 열 공급시설, 부착된 금고 등
전문, 종합 휴양업	숙박시설, 전문휴양시설, 종합유원시설업의 시설
중소기업	해당 업종의 사업에 직접 사용하는 S/W 등

🌱 통합투자세액공제 공제율

구분	일반	신성장,원천기술의 사업화시설	국가전력기술 사업화시설	반도체분야 시설 등
중소기업	10%	12%	25%	30%
중소기업졸업 후 3년 이내	7.5%	9%	20%	25%
중견기업	5%	6%	15%	20%
일반기업	1%	3%	15%	20%

※ 신성장연구개발시설, 국가전략기술연구개발 시설, 반도체 분야시설 등은 2025년 이후 투자하는경우 적용

※ 추가공제금액
  ① 투자 금액이 직전 3년간 평균 투자금액 초과 시, 초과금액의 10%
  ② 총공제액 = (기본 공제 + 추가공제) : 기본공제 금액의 2배 한도

사후관리

① 투자완료 시점부터 2년간 해당 사업목적에 사용해야 한다.
② 일부 건물과 구축물의 경우에는 5년간 해당 사업목적에 사용해야 한다.
③ 신성장사업화시설 또는 국가전략기술사업화 시설 등 4년간 해당사업목적에 사용해야 한다.
④ 다른 목적에 전용하거나 처분, 임대 시에는 공제 받았던 세액에 이자상당액을 가산하여 추징된다.

Part 1. 사업자편 - **법인세**

16. 법인도 성실신고 확인 대상이 될 수 있다.

일정요건을 충족한 법인은 성실한 납세를 위하여 법인세 신고 시 비치·기록된 장부와 증명서류에 의하여 계산한 과세표준 금액의 적정성을 세무대리인이 확인하고, 작성한 성실신고확인서를 함께 제출하여야 한다.

성실신고 확인 대상

1) 소규모 법인(다음 요건을 모두 충족하는 법인)
① 부동산 임대업을 주업으로 하거나 이자,배당,부동산(권리)임대소득 금액의 합계액이 매출액의 50% 이상인 법인
② 해당 사업연도의 상시 근로자 수가 5인 미만
③ 지배주주 및 특수관계자의 지분 합계가 50% 초과

2) 성실신고확인대상인 개인사업자가 법인전환 후 사업연도 종료일 현재 3년 이내의 법인

성실신고 확인서 제출

성실신고 확인대상 내국법인은 법인세의 과세표준과 세액을 신고하는 경우 성실신고 확인서를 제출해야 한다.

성실신고확인에 대한 지원

① 법인세 납부기한 연장
　성실신고 확인대상 내국법인이 성실신고 확인서를 제출하는 경우 법인세

과세표준과 세액을 각 사업연도 종료일이 속하는 달의 말일부터 4개월 이내에 신고. 납부하여야 한다.

② 성실신고확인 비용 세액공제

성실신고 확인서를 제출하는 경우, 성실신고확인에 직접 사용한 비용의 60/100(150만원 한도)에 해당하는금액을 법인세에서 공제한다.

성실신고확인의무 위반시 책임

① 성실신고 확인서 미제출 가산세 부과

성실신고 확인대상 내국법인이 성실신고확인서를 신고기한 내 제출하지 않은 경우 법인세 산출세액의 5%와 수입금액의 0.02% 중 큰 금액이 가산세로 부과된다.

② 미제출 법인세 대한 세무검증

성실신고 확인서 제출 등의 납세협력 의무를 이행하지 아니한 경우 세무조사 대상 등으로 선정될 수 있다.

③ 성실신고확인자 (세무대리인)에 대한 제제

추후 세무조사 등을 통해 성실신고 확인 세무대리인이 확인을 제대로 하지 못한 사실이 밝혀지는 경우 성실신고 확인 세무대리인에게 징계 등의 제제가 있을 수 있다.

성실신고확인대상 소규모법인의 과세표준 및 세율

과세표준	세율
200억 이하	19%
200억 초과 3,000억 이하	21%
3,000억 초과	24%

Part 1. 사업자편 - **법인세**

17. 해외현지법인이 있는 경우 추가제출 서류가 있다.

내국법인이 해외에 진출할 때는 해외지점 또는 해외영업소 그리고, 자회사의 형태로 진출 할 수 있다. 이와 같이 내국법인이 해외진출을 하여 사업을 하는 경우와 해외 부동산을 취득한 경우 사업연도 종료일로부터 6개월 이내에 별도의 서류를 제출해야 한다.

해외현지법인 제출 서류

구 분	제출 조건	제출 서류	제출 기한
해외현지법인 투자	해외현지법인 투자	해외현지법인 명세서	사업연도 종료일로부터 6개월
해외직접투자	출자총액의 10% 이상 소유하고 그 투자금액 1억원 이상인 내국법인	해외현지법인 명세서 해외현지법인 재무상황표	
	출자총액의 10%(직,간접) 이상 소유하고 특수관계에 있는 내국법인		
출자총액의 10% 이상 (직,간접)소유하고 특수관계에 있는 법인 중	거래건별 손실금액이 단일 사업연도 50억원 이상인 내국법인	해외현지법인 명세서 해외현지법인 재무상황표 손실거래 명세서	
	최초손실이 발생한 사업연도부터 5년이 되는 날이 속하는 사업연도까지 누적손실금액 100억원 이상인 내국법인		
해외영업소 운영	외국에서 영업소를 설치, 확장, 운영하는 것	해외영업소 설치현황표	

🌱 해외부동산 등 제출 서류

취득가액	취득	보유	투자운용(임대)	처분
2억원 미만	-	-	-	처분가액 **2억이상**일때만 처분명세 제출
2억원 이상	취득명세	보유명세	투자운용(임대) 명세	처분명세

🌱 과태료

위 반 행 위		과태료	
		거주자	내국법인
1. 해외직접투자명세서 등 제출의무자가 거주자 또는 내국법인인 경우	가. 기한까지 미제출,거짓제출의 경우 1) 해외현지법인명세서 2) 해외현지법인내재무상황표 3) 손실거래명세서 4) 해외영업소설치현황표	건별 500만원	건별 1천만원
	나. 보완요구일부터 60일이내에 미체출, 거짓제출 1) 해외현지법인명세서 2) 해외현지법인내재무상황표 3) 손실거래명세서 4) 해외영업소설치현황표		
2. 해외부동산 등 명세 제출의무자가 거주자 또는 내국법인인경우	가. 미제출 또는 거짓제출 1) 해외부동산 등 취득명세 2) 해외부동산 등 보유명세 3) 해외부동산 등 투자운용(임대) 명세 4)해외부동산 처분명세	해외부동산 등 취득가액의 10%(1억한도) 해외부동산 등 투자운용 소득의 10%(1억한도) 해외부동산 등 처분가액의 10%(1억한도)	
	나. 보완요구일부터 60일이내에 미제출 또는 거짓제출 1) 해외부동산 등 취득명세 2) 해외부동산 등 보유명세 3) 해외부동산 등 투자운용(임대) 명세 4) 해외부동산 처분명세		

위 반 행 위		과태료	
		거주자	내국법인
3. 해외신탁명세의 자료 제출의무가 있는 위탁자	가. 미제출 또는 거짓제출 해외신탁명세를 제출하지 않거나 거짓된 해외신탁명세를 제출한 경우	해외신탁 재산 가액의 10% (1억 한도)	
	나. 보완요구일부터 60일 이내에 해외신탁명세서를 제출하지 않거나거짓된 해외신탁명세서를 제출한 경우		

Part 1. 사업자편 - **법인세**

18. 비영리법인이 수익사업을 영위하는 경우에는 법인세를 납부하여야 한다.

비영리법인은 영리 아닌 사업을 목적으로 하는 사단·재단으로서 주무관청의 허가를 얻어 설립한 법인을 말하며 목적사업은 학술, 종교, 자선, 기예, 사교 기타 영리 아닌 사업으로 한다. 비영리법인은 비수익사업의 목적을 달성하는데 필요한 경우 본질에 반하지 않는 한 수익사업을 할 수 있으며 비영리법인의 재정적 자립을 위해서도 필요하다. 비영리법인은 그 잔여재산의 귀속 지정을 인정하지 않으며 처분되지 않은 잔여 재산은 국고에 귀속된다.

납세의무

비영리내국법인은 정관에 규정된 고유목적사업 이외에 법인세법에서 열거한 수익사업에서 생긴 소득에 대하여 영리법인과 같이 법인세 납세의무를 진다. 일부 열거소득은 다음과 같다.

① 한국표준산업분류에 의한 각 사업 중 수익이 발생하는 사업소득
② 소득세법상의 이자소득, 배당소득
③ 주식, 신주인수권 또는 출자지분의 양도로 인하여 생기는 수입
④ 유형자산 및 무형자산의 처분으로 인하여 생기는 수입 등

구분경리

비영리법인이 수익사업을 영위하는 경우에는 자산, 부채와 손익을 당해 수익사업에 속하는 것과 비수익사업에 속하는 것을 각각 별개의 회계로 구분하여 경리하여야 한다.

특례규정

수익사업이 없는 비영리법인에 대해서는 비영리조직이라는 특수성 때문에 다음과 같이 조세특례규정을 두고 있다.
① 이자소득만 있는 비영리법인의 과세표준 신고특례
② 비영리내국법인의 자산양도소득에 대한 과세특례
③ 고유목적사업준비금의 손금산입 특례
④ 수입배당금액의 익금불산입 규정 적용 배제
⑤ 임대보증금 간주익금 익금산입 적용 배제
⑥ 장부의 비치 기장의무 면제 및 무기장가산세 면제
⑦ 증빙불비가산세 면제, 과세표준신고시 무신고 가산세 적용 배제

유의사항

수익사업이 없는 비영리법인이라도 소속된 직원 등에게 지급하는 근로소득·사업소득에 대해서는 원천징수의무자로서 원천징수이행상황신고서 및 지급명세서를 제출하여야 한다.

여성세무사들의 세금이야기

Part 1. 사업자편 - **법인세**

19. 법인의 폐업, 해산, 청산시 유의할 사항을 알아보자.

법인사업체를 운영하다가 사업이 어려워져 무심코 폐업했다가 세금폭탄을 맞는 경우를 종종 보게 된다. 일반적으로 사업이 어려워져 폐업하는데 무슨 세금이 나오나 생각할 수 있다. 이에 대해 알아보고, 폐업시에 납부해야 할 세금에 대해 살펴보자.

🌱 가지급금을 남겨둔 채로 폐업하지 말자.

법인이 폐업하기 전에 주의할 것은 대표자가 법인에 채무가 있는 상태에서 폐업을 할 경우인데, 통상 이런 채무를 가지급금이라고 한다. 사업을 하다 보면 부득이하게 대표자 본인이 사용하지 않는 것도 증빙없이 지급된 금액이 가지급으로 쌓여 있는 경우를 흔히 볼 수 있다. 채무가 있는 상태에서 폐업하는 경우 법인이 대표자에게 상여로 주었다고 간주해서 대표자 개인에게 소득세를 부과한다. 따라서 폐업 전에 반드시 정리하고 폐업을 해야 불이익을 받지 않는다.

🌱 폐업후 법인 자산을 사용하는 것은 과세대상이 된다.

폐업을 하더라도 청산 전까지는 법인은 그대로 살아 있는 것이며, 이에 대한 자산을 대표자가 사용하게 되면 상여 처분됨을 기억해야 한다.

🌱 폐업시 세금

① 부가가치세 신고
폐업시에는 폐업일로부터 다음달 25일이내에 폐업시 남아 있는 재고자산, 유형자산등도 포함하여 부가가치세를 신고하여야 한다.

② 법인세 신고

폐업 후에도 청산 전까지 법인세 신고는 계속하여야 한다.
해산 등기를 완료한 법인은 청산소득에 대한 법인세 신고납부를 해산 등기일로부터 3개월이내에 해야 한다.

법인의 해산과 청산

법인의 청산은 "법인 해산"결의를 거치고 청산절차를 거쳐 종결된다. 해산등기와 청산인선임등기를 동시에 신청 후 청산절차를 거쳐 청산종결등기를 하여 법인등기를 말소한다. 청산절차는 법인폐업후 잔여재산가액을 확정한 뒤, 남은 잔여재산가액을 각각의 주주(사원)에게 분배하는 청산절차를 거치며, 청산이 종결되면 청산종결등기를 함으로써 완료된다.

법인등기는 최후 등기후 5년까지 변경등기가 없으면 해산간주가 되고, 감사만 남게 된다. 이후 3년이 지나면 직권으로 청산총결 등기후 등기부를 말소한다. 이 경우 과태료를 부과하는 사례는 거의 없다. 하지만 방치후 계속등기나 청산종결등기를 하게 되면 그동안의 등기 해태에 대한 과태료가 부과된다.
잔여재산 또는 잔여 채무가 있는 경우에는 해산, 청산 절차를 거치는 것이 필요하다.

해산과 청산시 세금

① 법인세 신고

아래 소득에 대한 법인세를 신고·납부하여야 한다.
- 사업연도 개시일부터 해산등기일까지 사업연도소득
- 해산등기일부터 잔여재산가액확정일까지 사업연도소득
- 잔여재산가액확정일이 속하는 달의 말일부터 3개월 이내 청산소득

② 배당소득세

법인세 완납 후에 청산과정에서 잔여재산을 분배받은 경우 신고하여야 한다.

여 성 세 무 사 들 의 세 금 이 야 기

Part 1. 사업자편 - **법인세**

20. 세금에 관한 억울한 일이 생기면 불복청구를 할 수 있다.

세무조사를 받는 도중이라면 납세자보호위원회에 심의 신청을 할 수 있고, 세무조사결과에 대한 과세예고통지서를 받은 경우에는 사전적 구제로서 과세전적부심사를 청구할 수 있으며, 이후 과세처분이 이루어진 후에는 사후적 구제로서 불복청구를 제기할 수 있다.

납세자보호위원회 심의 신청

세무조사 중 위법, 부당한 세무조사 및 세무공무원의 위법, 부당한 행위나 세무조사 기간 연장, 범위 확대에 대한 이의제기 등 납세자의 권리보호를 위하여 납세자보호담당관이 필요하다고 인정하는 안건(고충 민원 등)에 대해서는 납세자보호위원회에 심의를 신청할 수 있다.

사전적 구제(과세전적부심사청구)

이는 과세관청이 과세의 적정성 여부를 검증하여 스스로 시정 하는 절차로서, 부실과세를 예방하고 납세자의 권익 증진과 시간적·경제적 부담을 덜어주는 제도이다. 과세예고통지를 받은 날로부터 30일 이내에 해당 세무서에 억울하거나 부당하다고 생각하는 내용을 문서(과세전적부심사청구서)로 제출하고, 청구서가 접수되면 해당 세무서에서는 접수받은 날로부터 30일 이내에 국세심사위원회의 심의를 거쳐 결정하고 그 결과를 통지한다.

불채택 결정을 통지받은 경우라도 나중에 과세관청에서 납세고지서를 받은 날(처분이 있는 것을 안 날 또는 처분의 통지를 받은 날)로부터 90일 내에 이의신청, 심사청구 또는 심판청구를 제기할 수 있다.

🌱 사후적 구제(불복청구)

세법에 의해 위법 또는 부당한 처분을 받거나 필요한 처분을 받지 못함으로 인하여 권리나 이익을 침해당한 사람은 그 처분의 취소 또는 변경을 청구하거나 필요한 처분을 청구할 수 있다. 구체적인 방법은 다음과 같다.

① 이의신청

납세고지를 받은 날로부터 90일 이내에 세무서에, 과세전적부심사를 청구한 경우에는 소관 지방국세청장에 이의신청을 해야 한다. 해당 세무서장은 이의신청서를 접수한 날로부터 30일 이내에 결정하고 신청인에게 그 결과를 통지한다. 이의신청은 생략하고 곧바로 심사청구나 심판청구 중 선택하여 청구할 수도 있다.

② 심사·심판청구

납세고지를 받은 날로부터 90일 이내에 국세청에 심사청구하거나 조세심판원에 심판청구를 할 수 있다. 이의신청을 한 경우에는 이의신청의 결정통지를 받은 날로부터 90일 이내에 심사 또는 심판청구를 할 수 있으며, 이의신청 결정기간 내에 결정통지를 받지 못한 경우 결정통지를 받기 전이라도 그 결정기간이 지난날부터 심사청구 또는 심판청구가 가능하다.

심사청구서 및 심판청구서는 관할세무서에 제출하고, 심사·심판청구를 접수한 날로부터 90일 이내에 결정하여 신청인에게 그 결과를 통지한다.
감사원에 심사청구를 하는 경우에는 납세고지를 받은 날로부터 90일 이내에 신청하여야 하며, 심사청구를 접수한 날로부터 3개월 이내에 심의결과를 통지한다. 국세청의 심사청구, 조세심판원의 심판청구 및 감사원의 심사청구는 중복 청구할 수 없다.

위와 같은 불복청구절차 이후에도 그 결과에 이의가 있을 경우에는 심의결과통지를 받은 날로부터 90일 이내에 행정법원에 소송을 제기하여 조세소송의 절차로 진행된다.

조세불복절차 중 가장 중요한 것은 납세고지일로부터 90일 이내에 불복청구를 제기해야 하며, 이를 지키지 못할 경우에는 내용에 대한 심리 없이 각하 결정되어 다른 구제방법이 없으므로 유의해야 한다.

여 성 세 무 사 들 의   세 금 이 야 기

소득세

Part 1. 사업자편 - **소득세**

1. 종합소득이 있는 경우 종합소득세를 신고·납부하여야 한다.

종합소득세란 소득세법에 열거된 이자소득, 배당소득, 사업소득, 근로소득, 연금소득, 기타소득을 종합하여 과세하는 제도이다. 개인은 세법에 열거된 소득에 대해서만 종합적으로 과세되므로 열거되지 않은 소득에 대해서는 종합소득세 납세의무가 없다.

이자소득, 배당소득의 경우 합산하여 2,000만원 이하인 경우 원천징수로 납세의무가 종결되어 종합소득세 확정신고 의무가 없고, 공적연금 외 총연금액(분리과세 제외)이 1,200만원 이하와 기타소득금액 300만원 미만은 선택적으로 종합소득세 확정신고할 수 있다.

종합소득세 신고·납부기한

종합소득세의 과세기간인 1.1. ~ 12.31.에 발생한 종합소득에 대한 과세표준과 세액을 다음해 5.31.까지 신고·납부하여야 한다.
성실신고확인대상자의 경우에는 다음해 6.30.까지 신고·납부하여야 한다.

종합소득금액

종합소득금액은 6가지 소득금액의 합계액이며, 각 소득의 소득금액은 다음과 같이 계산한다.
① 이자소득금액 = 총수입금액
② 배당소득금액 = 총수입금액
③ 사업소득금액 = 총수입금액 - 필요경비
④ 근로소득금액 = 총급여액 - 근로소득공제

⑤ 연금소득금액 = 총연금액 − 연금소득공제
⑥ 기타소득금액 = 총수입금액 − 필요경비

> 종합소득금액 = 이자소득금액 + 배당소득금액 + 사업소득금액 + 근로소득금액
>   + 연금소득금액 + 기타소득금액

종합소득세율

우리나라의 현행 종합소득세율은 과세표준이 증가함에 따라 세율이 점차로 높아지는 초과누진세율을 적용하고 있다.

과세표준	세율	누진공제
1,400만원 이하	6%	
1,400만원 ~ 5,000만원	15%	1,260,000원
5,000만원 ~ 8,800만원	24%	5,760,000원
8,800만원 ~ 1억5,000만원	35%	15,440,000원
1억5,000만원 ~ 3억원	38%	19,940,000원
3억 ~ 5억원 이하	40%	25,940,000원
5억 ~ 10억원 이하	42%	35,940,000원
10억 초과	45%	65,940,000원

종합소득세는 다음과 같이 간단하게 계산할 수 있다.
예시) 과세표준 1억원의 경우
    1억원 × 35% − 15,440,000원 = 19,560,000원(지방소득세 별도)

세액계산

종합소득세액은 종합소득금액에서 각종 소득공제(인적공제, 연금보험료 공제 등)를 차감한 과세표준에 세율을 곱하여 계산한 산출세액에서 각종 세액공제·감면을 차감한 금액을 말한다.

여성세무사들의 세금이야기

Part 1. 사업자편 - **소득세**

2. 일정규모 이상의 사업자는 반드시 사업용계좌를 개설하여 사용하여야 한다.

사업용 계좌는 개인사업자가 사업과 관련한 거래대금을 주고 받을 때마다 금융기관을 통하여 사용하여야 하는 계좌로서 일정규모 이상의 사업자와 전문직 사업자가 그 대상이다.

사업용계좌는 사업장별로 신고하여야 하나, 2개 이상의 계좌를 사업장별로 신고할 수도 있으며, 1개의 사업용 계좌를 2개 이상의 사업장에서 신고할 수 있다.

🌱 대상사업자

① 다음 사업을 영위하는 사업자 중 수입금액기준 이상인 자(복식부기의무자)

해당 업종	수입금액 기준
농, 축, 수, 임산업, 광업, 도소매업, 부동산매매업(비주거용건물 자영건설업만), 기타 부동산개발업	3억원이상
제조업, 음식숙박업, 전기, 가스, 증기, 수도사업, 하수, 폐기물처리, 원료재생, 환경복원업, 건설업(비주거용건물 건설업을 제외한 건설·주거용 건물개발공급업을 포함), 운수업, 출판, 영상, 방송통신, 정보서비스업, 금융 및 보험업, 목욕탕업, 상품중개업	1억5천만원 이상
부동산임대업, 전문과학 및 기술서비스업, 사업시설관리 및 사업지원서비스업, 교육서비스업, 보건업 및 사회복지서비스업, 예술, 스포츠 및 여가관련 서비스업, 협회 및 단체, 수리 및 기타서비스업, 가구내고용활동, 부동산관련서비스업(부동산중개업, 관리업)	7천5백만원 이상

② 전문직사업자 - 변호사, 심판변론인, 변리사, 법무사, 공인회계사, 세무사, 경영지도사, 기술지도사, 감정평가사, 손해사정인, 통관업, 기술사, 건축사, 도선사, 측량사, 의료업(의사, 치과의사, 한의사), 수의사업, 약사, 노무사

163

🌿 사업용계좌 사용 대상거래

1) 거래의 대금을 금융기관을 통하여 결제하거나 결제 받는 경우
① 송금 및 계좌 간 자금이체
② 수표, 어음, (발행인이 사업자인 것에 한함)으로 거래대금을 지급하거나 수취하는 경우
③ 신용카드, 선불카드, 직불카드 등 전자적 지급수단을 통하여 거래대금을 지급하거나 수취하는 경우

2) 인건비 및 임차료를 지급하거나 지급받는 경우
다만, 거래 상대방의 사정으로 사업용계좌를 사용하기 어려운 인건비는 제외
  ※ 금융거래 채무불이행으로 종합신용정보집중기관에 집중관리 및 활용되는 자, 외국인 불법체류자, 건설 일용근로자로서 국민연금 가입대상이 아닌 자와의 거래

🌿 사업용 계좌의 신고기한

1) 최초 신고하는 경우
복식부기의무자는 복식부기의무자에 해당하는 과세기간의 개시일(전문직사업자는 다음 과세기간 개시일)로부터 6개월 이내에 사업용 계좌를 신고하여야 한다.

2) 변경하거나 추가하는 경우
종합소득세 확정신고시까지 신고하면 된다.

🌿 사업용 계좌 무신고 및 미사용 시 불이익

복식부기의무자는 해당 과세기간 중 사업용 계좌를 사용하여야 할 거래금액과 실제 사용한 금액 및 미사용 금액을 구분하여 기록, 관리하여야 한다. 만약 사업용 계좌 사용 의무자가 사업용 계좌를 신고하지 않으면 무신고가산세가 부과되

며, 사업용 계좌를 사용하지 않은 경우 미사용가산세가 부과된다. 종합소득세산출세액이 없는 경우에도 적용한다.

사업용 계좌를 신고하지 않거나 미사용한 경우 세무조사대상이 될 수 있고 조세특례제한법상 각종 감면규정이 배제되니 특히 유의해야 한다.

차명계좌를 사용하지 말아야 한다.

차명계좌를 사용할 시에는 검찰 등에 고발되어 형사처벌을 받을 수 있고 세무조사의 대상이 될 수 있다. 이 경우 높은 가산세와 과태료의 대상이 될 수 있다.

Part 1. 사업자편 - **소득세**

3. 사업을 하는 경우 장부를 작성하여 신고하면 세금이 줄어든다.

소득세는 사업의 수입과 비용에 대한 장부를 작성하여 신고하여야 한다. 그러나 장부를 작성하지 못하고 추계 신고하는 경우 세액공제나 감면을 받지 못하고 가산세까지 부담하게 된다. 따라서 사업자가 장부를 작성하여 신고하는 것은 절세에 도움이 된다.

장부에 의한 소득금액 계산

① 복식부기에 의한 방법
사업의 재산 상태와 그 손익거래내용의 변동을 빠짐없이 이중으로 기록하여 계산하는 부기형식의 장부를 말한다.

② 간편장부에 의한 방법
업종·규모 등을 고려하여 일정규모 미만의 사업자는 사업에 관한 거래사실(매출액 등 수입에 관한 사항, 경비지출에 관한 사항, 고정자산의 증감에 관한 사항)을 성실히 기재하는 장부를 말한다.

추계에 의한 소득금액 계산

기장의무자가 추계에 의한 소득금액 계산 시 다음에 계산한 소득금액 중 적은 금액을 신고 할 수 있다.
- 기준경비율에 의해 계산한 소득금액
- 단순경비율에 의해 계산한 소득금액 × 간편 장부 대상자 2.8배 (복식부기의무자 3.4배)

① 기준경비율에 의한 소득금액 계산방법

> 소득금액
> = 총수입금액 - 주요경비(매입비용 + 임차료 + 인건비) - (수입금액 × 기준경비율*)

* 복식부기의무자가 추계 신고 시 : (기준경비율×1/2) 적용

② 단순경비율에 의한 소득금액 계산방법

> 소득금액 = 수입금액 - (수입금액 × 단순경비율)

단순경비율을 적용받을 수 있는 사업자
- 직전 과세기간의 수입금액이 기준수입금액에 미달하는 사업자
- 당해 연도 신규사업자로서 당해 과세기간의 수입금액이 일정 규모 미만인 사업자
  ▶ 다만, 전문직사업자는 수입금액에 관계없이 단순경비율 적용 제외

장부기장시 절세효과

도매업(단순경비율 95%, 기준경비율 8% 가정)을 영위하는 중소기업의 매출액이 9억원, 매입액이 7억 5,000만원, 인건비가 3,000만원, 기타경비가 7,000만원(임차료 2,000만원), 당기순이익이 5,000만원인 경우 장부기장과 추계 신고 시 세액비교를 해보면 다음과 같다.

복식부기기장신고	추계신고			
	(1) 기준경비율		(2) 단순경비율	
복식부기로 장부를 기록하여 재무상태표와 손익계산서로 소득금액 결정	매출액	900,000,000	매출액	900,000,000
	주요경비 (매입비용)	750,000,000	단순경비율 (95%)	855,000,000
	주요경비 (인건비)	30,000,000	금액	45,000,000
	주요경비 (임차료)	20,000,000	(45,000,000 × 3.4)	
	기준경비율 (8%×1/2=4%)	36,000,000		

복식부기기장신고		추계신고			
소득금액	50,000,000	소득금액	64,000,000	소득금액	153,000,000
		비교소득금액 (1) 과 (2) 중 작은 금액		64,000,000	
소득공제	9,000,000	소득공제	9,000,000		
과세표준	41,000,000	과세표준	55,000,000		
산출세액	4,890,000	산출세액	7,440,000		
세액감면	489,000	세액감면	없음		
가산세액	없음	가산세액	1,488,000		
결정세액	**4,401,000**	**결정세액**	**8,928,000**		

위와 같이 장부기장을 하였을 경우는 440만원 상당의 세액을 납부하나, 장부기장을 하지 않았을 경우에는 892만원 상당의 세액을 납부하므로 두배정도의 절세 효과가 있다.

🌱 장부를 기장하는 경우 추가 절세 효과

① 이월결손금 공제

수입보다 비용이 많아 결손금이 발생한 경우에는 반드시 장부를 기록하여 결손금을 신고하는 것이 유리하다. 해당연도에 공제하지 못한 결손금은 이월되어 15년 이내(2020.1.1. 이전 10년)에 이익이 발생한 연도부터 소득금액에서 순서대로 공제한다. 단, 추계로 신고한 소득금액은 이월결손금을 공제할수 없다.

② 기장세액공제

간편장부대상자가 복식부기로 장부를 기장하여 신고하는 경우에는 산출세액에 20%를 세액공제 받을 수 있다(100만원 한도).

🌱 장부를 기장하지 않은 경우 불이익

복식부기의무자가 추계에 의하여 신고하는 경우 무신고로 보아 무신고가산세가 적용될 뿐만 아니라 조세특례제한법상의 세액감면이 적용 배제된다.

🌱 공동사업을 기장하는 경우

공동사업자는 하나의 납세의무자로 보아 기장의무를 판단하여야 한다.
다만, 공동사업자가 간편장부대상자로 복식부기 장부를 기장하여 신고하면 각 구성원인 거주자별로 기장세액공제를 적용받을 수 있으므로 (구성원별로 100만 원 한도로 공제) 세액공제 적용 혜택을 더 많이 받을 수 있다.

여 성 세 무 사 들 의 세 금 이 야 기

Part 1. 사업자편 - **소득세**

4. 비용을 지출하였더라도 세법상 인정받지 못하는 경우가 있다.

개인사업자가 종합소득세 계산 시 경비로 인정되는 항목과 인정되지 않는 항목이 있으므로 주의해야 한다.

🌿 필요경비 인정항목

필요경비로 인정되는 항목은 당해 연도의 총수입금액에 대응하는 비용으로서 구체적인 내용은 아래와 같다.

① 판매한 상품 또는 제품에 대한 원료의 매입가액과 부대비용
② 판매한 상품 또는 제품의 보관료, 포장비, 운송비, 판매 장려금 및 판매수당
③ 부동산의 양도 당시 장부가액(건물건설업과 부동산개발 공급업의 경우만 해당됨)
④ 종업원의 급여(사업자의 배우자 또는 부양가족에 대한 급여도 사업에 직접 종사하였으면 필요경비로 인정됨)
⑤ 퇴직금 및 퇴직연금 사업자부담금
⑥ 4대보험의 사업자부담분
　(지역가입자로서 부담하는 건강보험료도 포함됨)
⑦ 사업과 관련된 차입금에 대한 지급이자
⑧ 사업용 자산의 감가상각비(유형고정자산), 수선비, 관리비와 유지비, 임차료, 손해보험료
⑨ 광고 선전목적으로 지급한 견본품, 달력 등 불특정다수인에게 기증하기 위하여 지출한 비용
⑩ 화폐성 외화자산, 부채의 외환차손
⑪ 대손금
⑫ 위의 경비와 유사한 것으로 총수입금액에 대응하는 경비

🌱 필요경비로 인정하지 않는 항목

① 사업자 본인의 급여
② 소득세와 지방소득세
③ 벌금, 과료, 과태료, 가산금, 체납처분비, 징수의무불이행으로 인하여 납부하였거나 납부할 조세(가산세포함)
④ 가사 관련 경비
⑤ 유·무형고정자산 감가상각 범위액을 초과하여 계상한 감가상각비
⑥ 재고자산 외의 자산의 평가차손 (단 천재, 지변, 화재 등으로 인하여 파손 또는 멸실 고정자산의 정상가액과 장부가액과의 평가차손은 필요경비로 인정)
⑦ 부가가치세 매입세액 (간이과세자가 납부한 부가가치세는 제외)
⑧ 채권자불분명한 차입금의 이자
⑨ 업무용승용차 관련비용(감가상각비, 임차료, 유류비, 보험료 등)중 업무에 사용하지 않은 금액
⑩ 선급비용
⑪ 업무와 관련하여 고의 또는 중대한 과실로 타인의 권리를 침해한 경우에 지급되는 손해배상금(선량한 관리자로서 주의 의무를 다하였으나 발생한 손해에 대한 배상적 성격의 보상금은 경비 인정)
⑫ 공익성기부금 중 한도초과액과 비지정기부금
⑬ 기업업무추진비(접대비) 한도초과액(기본한도 : 일반1,200만원, 중소기업 3,600만원)
⑭ 위와 유사한 것으로 업무와 관련 없는 경비

Part 1. 사업자편 - **소득세**

5. 지출한 비용에 대해서는 관련 증빙서류를 잘 갖추어야 한다.

사업자의 과세소득은 총수입금액에서 필요경비를 차감하여 계산한다. 필요경비는 장부 및 증명서류에 의하여 확인되어야 하며, 사업자는 경비지출의 투명성과 세법상 인정받기 위하여 증명서류로 정규증빙을 수취하여야 한다.

정규증빙의 종류

사업자로부터 재화나 용역을 공급받고 그 대가를 지급하는 경우에는 다음 중 어느 하나에 해당하는 정규증빙을 받아야 한다.
① 세금계산서
② 계산서
③ 현금영수증
④ 신용카드매출전표(직불카드, 외국에서 발행된 신용카드 및 기명식선불카드 포함)

정규증빙 수취의 제외대상

거래건당 금액이 부가가치세를 포함하여 3만원이하의 거래금액과 아래 제외대상에 대하여는 정규증빙을 수취하지 않고 계약서, 송금영수증 등으로 경비를 인정받을 수 있다.
① 농어민(법인제외)과 직접 거래하는 경우
② 국가 지방자치단체 또는 지방자치단체조합과의 거래
③ 비영리법인(비영리외국법인을 포함하며, 수익사업과 관련된 부분을 제외한다)으로부터 재화 또는 용역을 공급받은 경우

④ 전기통신, 방송용역을 제공받는 경우
⑤ 면세 인적용역 사업자로부터 용역을 공급받고 원천 징수하여 신고한 경우
⑥ 택시, 철도, 항공기 항행용역을 제공받는 경우
⑦ 금융·보험용역을 제공받는 경우
⑧ 유료도로 통행료를 지급하는 경우
⑨ 입장권·승차권 등 전산발매통합시스템에 가입한 사업자와 거래하는 경우

정규증빙 보존기간

보존 기간은 그 거래사실이 속하는 과세기간에 대한 해당 국세의 법정신고기한이 지난날부터 5년간 보존하여야 한다(이월결손금을 공제하는 경우 15년).

정규증빙 미수취 시 불이익

정규증빙을 수취하지 않은 경우에는 다음의 불이익이 발생한다.
① 필요경비 부인
② 부가가치세 매입세액 불공제
③ 증빙불비가산세 2%

정규증빙수취의무 면제

다음의 경우는 거래금액을 금융기관으로 송금하고 경비 등의 송금명세서를 제출하면 정규증빙수취의무가 면제된다.
① 간이과세자로부터 부동산임대용역 등을 제공받은 경우
② 통신판매로 재화를 공급받는 경우
③ 항공법에 의한 상업서류 송달용역을 제공받는 경우(DHL, UPS 등)
④ 운수업을 영위하는 간이과세자로부터 운송용역을 공급받는 경우

Part 1. 사업자편 - **소득세**

6. 주택임대사업자는 종합소득세 신고·납부의무가 있다.

주택임대소득 총수입금액이 2천만원 이하인 경우 종합과세와 분리과세 중 선택 가능하며, 2천만원을 초과하는 경우 종합과세 된다.

주택임대 과세대상

구분			모든 보증금, 전세금	월세 수입
1주택 보유자	연도 말 공시가격 12억 초과	2천만원 초과	비과세	종합과세
		2천만원이하		분리과세
	연도말 공시가격 12억 이하			비과세
2주택 보유자	2천만원초과		비과세	종합과세
	2천만원이하			분리과세
3주택이상 보유자	2천만원초과		합산하여 3억 이상 과세*	종합과세
	2천만원이하			1분리과세

* 3주택자의 경우 주거전용 면적이 40㎡ 이하이면서 기준시가 2억 이하인 경우는 간주임대료를 계산하지 아니한다.

주택수 판정방법

① 본인과 배우자 소유주택을 합산
② 다가구주택은 1주택으로 보되, 구분 등기한 경우 각각 1주택으로 봄
③ 공동소유주택은 지분이 가장 큰 자의 소유(가장 큰 자가 2인 이상인 경우는 각각의 소유로 계산, 그들이 합의하여 1인을 임대수입의 귀속자로 정한 경우에는 그의 소유로 계산)
④ 전대·전전세는 임차인의 주택으로 계산

주택임대소득 과세 방법

① 주택임대 소득은 월임대료의 연간 합계액과 간주임대료(3주택 이상자)의 합계액을 총수입금액으로 하고 임대주택에 직접 소요된 필요경비를 차감하여 종합소득세를 과세한다. 3주택 이상 보유자 중 전세금 또는 보증금 합계가 3억원을 초과하는 경우는 아래의 산식에 따라 계산한 금액을 총수입금액에 산입한다.

> 주택임대보증금 총수입금액
> = {해당 과세기간의 보증금등 – 3억원}의 적수 × 60% × 1/365(366) × 정기예금이자율*
>   – 임대사업부분에서 발생한 수입이자와 할인료 (추계인 경우, 차감하지 않음)

* 2025년 기준 3.1%

② 연간 주택임대 수입금액이 2천만원이하인 경우 종합과세와 분리과세 중 유리한 과세방법을 선택할 수 있으며 분리과세 방법은 다음과 같다.

구 분	등록임대주택	미등록임대주택
수입금액	월세+간주임대료	월세+간주임대료
필요경비	수입금액×60%	수입금액×50%
소득금액	수입금액 – 필요경비	수입금액 – 필요경비
과세표준	소득금액 – 기본공제(4백만원*)	소득금액– 기본공제(2백만원*)
산출세액	과세표준 × 세율(14%)	과세표준 × 세율(14%)
세액감면	단기(4년) 20%,30% 장기(8·10년) 50%,75%	감면 없음
결정세액	산출세액 – 세액감면	산출세액과 동일

* 분리과세시 기본공제 4백만원, 2백만원은 주택 임대 소득 외 다른 종합소득금액이 2천만원이하인 경우에만 적용

🌿 사업자등록 미등록 가산세

① 가산세 부과대상

주택임대소득이 있는 사업자가 사업개시일부터 20일 이내에 등록을 신청하지 아니한 경우

② 가산세액

사업개시일부터 등록을 신청한 날의 직전일까지의 주택임대수입금액의 0.2%에 해당하는 금액

③ 적용시기

2020.1.1. 이후 주택임대사업을 시작하는 사업자부터 적용

※ 사업자등록시 업종코드를 주택임대사업자로 받을 것

Part 1. 사업자편 - **소득세**

7. 주택임대사업자는 일정요건을 갖추면 소득세 감면을 받을 수 있다.

주택임대 사업자는 2025년 12월31일까지 발생한 임대소득에 대해 종합소득세 감면을 받을 수 있다.

소형주택 임대사업자에 대한 세액감면제도

구분	감면 내용		
감면율	임대 주택수	단기임대(4년)	장기임대(8,10년)
	1호	30%	75%
	2호 이상	20%	50%
요건	아래 ①~⑥요건을 모두 충족시 세액감면 가능 ① 시·군·구청 임대사업자등록과 세무서 사업자등록을 모두 하였을 것 ② 주거전용면적 1세대당 85㎡이하 주택 및 주거용 오피스텔 　(다가구주택은 가구당 전용면적 기준) 　(수도권을 제외한 읍.면지역은 100㎡이하) ③ 임대개시일 당시 기준시가 6억원 이하 ④ 임대주택을 1호이상 임대할 것 ⑤ 의무임대기간 4년(장기일반임대 8년,10년) 준수 ⑥ 임대보증금 또는 임대료의 증가율이 5%를 초과하지 않을것		

※ 2020.08.18. 개정으로 단기임대 및 아파트 장기임대폐지, 10년 장기임대 신설

감면세액의 20%를 농어촌특별세로 납부해야 하며, 최저한세 적용대상이다. (단, 분리과세 신고시에는 최저한세 적용대상아님)

단기·장기일반매입임대로 등록된 임대주택 중 아파트는 법 시행일(2020.08.18.) 후 의무임대기간이 종료한 날 자동으로 등록이 말소되며 특히 법 시행일 전에 이미 의무임대기간이 경과한 경우 법 시행일에 그 임대주택의 등록이 말소된 것으로 보아 감면을 적용할 수 없다.

🌱 사후관리

세액감면을 받은 후에 의무임대기간을 채우지 못하는 경우에는 감면받은 세액 전액과 이자상당가산액을 소득세로 납부하여야 한다.

🌱 사후관리 배제 규정

① 2020.08.18 이후 임대등록이 자진·자동 말소되는 경우
② 단기민간임대주택이 재개발, 재건축, 리모델링으로 등록이 말소되는 경우

🌱 감면적용시 감가상각의제 유의사항

감면신청은 납세자 선택사항이며, 세액감면을 받는 경우 감가상각이 적용된 것으로 보아 취득가액에서 차감되고, 그 결과 양도세 계산시 취득가액이 감가상각비만큼 낮아지는 효과로 양도차익이 커져 양도소득세 부담이 커질 수 있다. 소득세 신고시 감가상각비를 반영하지 않더라도 감면받은 기간이 있다면 그 기간동안 감가상각비를 반영한 것으로 본다는 점에 유의해야 한다.

Part 1. 사업자편 - **소득세**

8. 금융소득이 2,000만원을 초과하면 다른 소득과 합산하여 종합소득세 확정신고를 하여야 한다.

이자소득과 배당소득을 합한 금융소득금액이 2,000만원을 초과하면 종합소득에 합산하여 기본세율(6%~45%)로 과세되는데 이를 금융소득 종합과세라 한다. 금융소득 종합과세 대상이 되면 다른 소득과 합산하여 종합소득세 확정신고를 하여야 한다.

금융소득 종합과세 대상 확인

연간 개인별로 금융소득이 2,000만원이 넘는 종합과세대상자에게 관할 세무서에서 금융소득 신고안내문을 발송한다. 신고안내문을 받은 납세자는 국세청 홈택스(www.hometax.go.kr) 또는 세무서를 방문하여 금융소득을 확인할 수 있다.

금융소득 종합과세시 세부담

일반적으로 이자·배당소득을 지급할 때 14%(지방소득세 포함시 15.4%)를 원천징수하고 지급한다. 금융소득이 2,000만원 이하인 경우에는 원천징수로 세금이 종결되고 추가적인 신고나 납부할 세액이 없다. 다만, 원천징수대상이지만 원천징수하지 않은 금융소득의 경우에는 2,000만원 이하인 경우에도 다른 종합소득에 합산하여 과세한다.

금융소득이 2,000만원을 초과해서 종합과세대상이 되면 다른 종합소득과 합산하여 기본세율(6~45%)을 적용하여 세액을 계산한다. 이때 금융소득 2,000만원까지는 원천징수세율(14%)을 적용하고 2,000만원을 초과하는 금액에 대하여만 기본세율을 적용한다. 금융소득 외의 다른 종합소득금액이 많을수록 높은 세율을 적용받게 되므로 추가부담세액은 증가한다.

배당소득은 법인단계에서 법인세를 한번 납부한 소득을 재원으로 하여 배당을 하게 되므로 주주에게 배당소득세를 재차 과세하게 되면 이중과세의 문제가 있다. 이를 조정하기 위하여 종합과세 기준금액을 초과하는 배당소득의 10%를 금융소득에 가산하고 소득세를 산출한 후 가산한 금액을 소득세액에서 공제한다(배당세액공제). 이때 배당세액공제는 금융소득 종합과세로 인해 증가한 세액을 한도로 한다. 종합소득금액이 적더라도 이미 원천징수한 세액은 환급대상이 아니며, 금융소득에 대해서는 이월결손금 공제도 되지 않는다.

금융소득 종합과세로 인한 유의사항

연도 중 소득이 없던 사람이 금융소득 종합과세에 해당하게 되어 소득금액이 100만원 이상이 되면 부양가족공제대상자에서 제외되고, 건강보험 피부양자 자격이 상실된다.

금융소득 1,000만원 초과시 유의사항

금융소득이 1,000만원 초과하는 경우 기존에 직장가입자나 피부양자도연간 합산소득금액이 2,000만원 이상이 되면 소득월액 건강보험료를 추가로 납부할 수 있다.

Part 1. 사업자편 - **소득세**

9. 연금소득이 있는 경우 종합소득세 확정 신고를 해야 하는지 확인하여야 한다.

연금소득은 원칙적으로 종합소득 과세표준에 합산하여 과세한다. 다만, 공적연금소득만 있는 자는 연말정산에 의하여 사실상 과세가 종결되므로 다른 소득이 없는 경우 과세표준 확정신고를 하지 않아도 된다.

🌱 연금소득의 종류

① 공적연금소득

공적연금 소득 (국민연금소득 및 특수직 연금소득)과 공적연금소득을 지급하는 자가 연금소득의 일부 또는 전부를 지연하여 지급하면서 지연지급에 따른 이자를 함께 지급하는 경우의 해당 이자를 포함한 기여금

② 연금계좌에서 연금을 수령하는 소득(사적연금)

연금저축보험, 연금저축펀드, 연금저축신탁, 연금저축공제 등의 계좌와 퇴직연금계좌에서 수령하는 연금

🌱 비과세 연금소득

① 공적연금 관련법에 따라 받는 유족연금, 장해연금, 상이연금, 연계노령유족연금 및 연계퇴직유족연금
② 산업재해보상보험법에 따라 받는 각종 연금
② 국군포로의 송환 및 대우 등에 관한 법률에 따른 국군 포로가 받는 연금

🌱 연금소득금액 계산

연금소득금액은 총연금액에서 연금소득공제액을 공제한 금액을 종합소득 과세표준에 합산하여야 한다.

> 연금소득금액 = 총연금액 – 연금소득공제액

① 총연금액이란 비과세연금소득과 무조건분리과세 되는 연금소득을 제외한 금액을 말한다. 즉, 공적연금의 경우 2002년 이후 불입분 중 소득공제 받은 금액을 말하며, 사적연금의 경우, 2001년 이후 불입분 중 소득공제 받은 금액을 과세한다. 공적연금이든 사적연금이든 원칙적으로 종합소득세 확정신고를 하여야 한다. 단, 사적연금의 합계액이 연 1,500만원 이하의 경우 납세자의 선택에 따라 해당 연금소득을 종합소득에 합산하지 않고 분리과세를 적용받을 수 있다.

② 연금소득공제액은 다음과 같다. 다만 공제액이 900만원을 초과하는 경우에는 900만원을 공제한다. 총연금액이 4,100만원 이상일 경우 한도에 걸린다.

총연금액	공제액
350만원 이하	총연금액
350만원 초과 700만원 이하	350만원 + (총연금액-350만원) × 40%
700만원 초과 1,400만원 이하	490만원 + (총연금액-700만원) × 20%
1,400만원 초과	630만원 + (총연금액-1,400만원) × 10%

여성세무사들의 세금이야기

Part 1. 사업자편 - **소득세**

10. 위약금이나 사례금 등을 받아도 세금을 내야한다.

위약금이나 사례금 등의 소득은 기타소득으로 과세한다. 기타소득은 이자, 배당, 사업, 근로, 연금소득 이외 열거된 소득에 한하며 대부분 일시적, 우발적으로 발생한 소득이다. 기타소득이 발생한 경우 필요경비를 제외한 기타소득금액에 대해 세금을 내야하며, 기타소득금액이 연간 300만원 미만일 경우 원천징수로 납세의무가 종결될 수 있다.

기타소득의 종류

① 양도 및 대여로 인한 소득
저작권(영화필름 등 포함), 광업권, 어업권, 산업재산권, 상표권, 영업권 등을 양도 또는 사용의 대가로 받는 금품, 공익사업과 관련된 지상권과 지역권을 설정·대여하고 받는 금품 등, 국내 생존 작가를 제외한 점당 양도가액 6,000만원 이상인 회화, 골동품(제작된 지 100년 넘은 것 한정) 양도소득

② 각종 사행성 행위에 의한 당첨소득
상금, 현상금, 포상금, 복권·경품 당첨소득, 각종 사행행위에 참가하여 얻은 재산상의 이익 등

③ 기타 다음에 열거하는 사업성이 없는 일시적인 소득
위약금, 배상금, 부당이득 반환 시 지급받는 이자, 원고료, 강연료, 인세, 창작품에 대한 대가, 재산권에 대한 알선수수료, 사례금 등

④ 그 외 열거된 소득과 종교인소득

🌱 기타소득의 필요경비

기타소득의 종류에 따라 실제 지출된 경비만 인정될 수도 있고, 실제경비가 적더라도 일정비율을 인정해 주는 기타소득도 있다. 아래의 소득은 실제경비와 일정비율(거주자만 해당)에 따른 경비 중 큰 금액으로 한다.

필요경비율	기타소득의 종류
0%	• 알선수수료, 복권 당첨소득, 각종 상금 등
60%	• 광업권, 어업권, 산업재산권, 상표권, 영업권 • 공익사업과 관련된 지역권과 지상권을 설정·대여하고 받는 금품 • 고용관계 없는 자의 인적용역(강연료, 수수료 등) • 원고료, 인세, 창작품의 대가
80% ~ 90%	• 서화, 골동품 양도 - 1억 이하 : 받은 금액의 90% - 1억 초과 : 9천만원 + 1억원을 뺀 금액의 80%(보유기간 10년이상 90%)

🌱 기타소득 과세방법

기타소득은 지급하는 자가 필요경비를 제외한 기타소득금액의 20%(지방소득세 별도)를 원천징수한다. 무조건 분리과세하는 기타소득을 제외한 기타소득을 지급받는 자는 종합소득세 확정신고를 하여야 한다. 그러나 연간 300만원 미만 기타소득금액에 대하여는 납세자의 선택에 의해 종합소득세 확정신고를 하지 않을 수 있다.

🌱 사례-부동산 매매계약을 해지한 경우

부동산 매매계약을 해지하여 위약금 5,000만원을 지급하는 경우 위약금 5,000만원을 전액 지급하면 안되고 기타소득 원천징수세액을 미리 공제하고 나머지만 지급하여야 한다. 기타소득 원천징수세액 = 5,000만원× 20% = 1,000만원이다. 따라서 5,000만원에서 기타소득 원천징수세액인 1,000만원과 지방소득세 100만원 합계액 1,100만원을 제외한 3,900만원을 지급해야 한다.

Part 1. 사업자편 - **소득세**

11. 미술품, 골동품 등의 판매도 과세 될 수 있다.

미술품, 골동품 등의 판매를 하는 경우, 판매자가 원작자인지 원작자 외의 자인지에 따라 다르게 과세가 될 수 있다. 국가지정문화유산으로 지정된 서화·골동품을 박물관 또는 미술관에 양도하는 경우에 발생하는 소득에 대해서는 소득세가 비과세 된다.

판매자가 원작자인 경우

미술품의 원작자가 해당 미술품을 판매하여 발생하는 수입이 영리를 목적으로 자기의 계산과 책임하에 계속적·반복적으로 행하는 활동을 통하여 얻는 소득이라면, 이를 사업소득으로 보아 사업소득세가 과세 된다.
- 원작자가 사업자등록증이 있는 경우 계산서를 발행하거나, 매수자가 3.3% 원천징수 할 수 있다.
- 원작자가 사업자등록증이 없는 경우 매수자가 3.3% 원천징수를 해야 한다.
- 이외의 판매행위가 일시적, 우발적인 경우라고 볼 수 있다면 기타소득으로 보아 기타소득세로 과세할 수 있다.

판매자가 원작자 이외의 자인 경우

판매자가 원작자 이외의 자인 경우 다음과 같이 과세한다.
- 사업장 등 물적시설을 갖추거나, 사업자등록을 한 경우 : 사업소득
- 이외의 경우 : 기타소득(무조건 분리과세)

판매자가 원작자 외의 자인 경우 비과세되는 미술품, 골동품의 범위

- 서화·골동품을 박물관 또는 미술관에 양도함으로써 발생하는 소득
- 양도일 현재 생존해 있는 국내원작자의 작품
- 일정요건의 개·점·조당 양도가액이 6천만 원 미만인 것

여 성 세 무 사 들 의   세 금 이 야 기

Part 1. 사업자편 - **소득세**

12. 종교인도 소득세 신고를 하여야 한다.

종전에는 목사, 신부, 승려 등 종교인들이 종교인소득에 대해 신고와 납부의무를 이행하지 않아도 별다른 제재를 받지 않았으나, 2018년부터 종교인소득에 대한 자료제출 및 소득세 신고·납부 규정이 시행되고 있다.

기타소득 또는 근로소득 중 선택

종교인소득은 소속단체가 종교인소득 지급 시 기타소득 또는 근로소득으로 원천징수하여 신고·납부하게 할 수 있고 다음연도 5월에 본인이 과세표준 확정 신고를 할 수도 있다.

① 기타소득으로 신고하는 경우

종교인이 지출증빙을 갖춘 실제 소요된 경비가 아래 금액을 초과하면 그 초과금액도 추가로 필요경비에 산입한다.

종교인이 받는 금액	필요경비
2,000만원 이하	80%
2,000만원초과 4,000만원이하	1,600만원+(2,000만원 초과금액 ×50%)
4,000만원초과 6,000만원이하	2,600만원+(4,000만원 초과금액 ×30%)
6,000만원초과	3,200만원+(6,000만원 초과금액 ×20%)

② 근로소득으로 신고하는 경우

종교단체는 소속된 종교인에게 지급하는 소득에 대하여 매월 원천징수하고 원천징수 한 소득에 대하여 다음달 10일까지 신고·납부하여야 한다. 이러한 소득은 다음해 2월 종교단체가 소득을 지급할 때 연말정산 하여야 한다. 또한 종교단체가 원천징수 하지 않은 소득에 대하여는 다음해 5월 종합소득세 확정 신고·납부하여야 한다.

🌿 종교단체가 준비할 내용

① 종교단체는 신청서를 제출하여 고유번호등록증을 교부받아야 한다.

② 소득자별 종교인소득 원천징수부를 기록·보관한다.

③ 종교인소득에 대한 지급기준 제정
종교인소득이란 종교관련 종사자가 종교의식을 집행하는 등의 활동과 관련하여 소속된 종교단체로부터 정기적으로나 부정기적으로 받는 금전 및 금전이외의 것을 모두 포함한다. 종교 활동비는 종교인이 소속 종교단체의 규약 또는 의결 기구의 지급기준에 따라 종교 활동을 위하여 통상적으로 사용할 목적으로 지급받는 금액 및 물품으로써 비과세 종교인 소득에 해당 될 수 있으므로 항목의 구분과 소속 종교단체의 지급기준 제정이 중요하다.

④ 종교단체의 지출과 종교인소득을 구분하는 의결기구에 의한 규정의 제정 비치 종교 활동비가 종교인 개인에게 귀속되는 것인지, 종교단체의 예산에 의한 종교 활동비 집행인지의 구분이 명확해야 종교인소득 과세표준 계산 시 세금의 착오부담 문제가 없을 것이다.

⑤ 종교인회계와 종교단체의 회계를 구분 기록·관리 보관
종교단체는 소속종교인에게 지급한 금품(비과세 금액 및 물품을 포함)과 종교단체의 예산에 의해 지출한 종교단체의 종교 활동비를 구분하여 기록·관리 보관한다.

종교단체의 신고 및 자료제출의무

① 매월 또는 반기별 신고

종교인에게 매 월분 소득 지급 시 소득세를 원천징수하여 다음달 10일까지 신고·납부한다. 다만 종교단체가 반기별 납부를 신청하여 승인을 받으면 연 2회의 신고·납부(7.10.과 1.10.)로 원천징수절차를 간소화 할 수 있다. 상시 고용인원 규모와 관계없이 종교단체는 반기별 납부 가능하다.

② 연말정산

종교인소득(또는 근로소득)에 대하여 원천징수를 한 종교단체는 다음해 2월 분 소득 지급 시 연말정산을 해야 한다.

③ 다음연도 3.10.까지 종교인소득 자료제출

종교단체는 종교인소득에 대해 원천징수를 하지 아니한 경우에도 종교인소득 관련 지급명세서와 비과세 종교 활동비 명세서를 다음해 3.10.까지 관할 세무서에 제출해야 한다. 불이행시 종교인소득 원천징수의무와 관련된 가산세(원천징수불이행가산세, 지급명세서제출 불성실가산세)가 있다.

여성세무사들의 세금이야기

Part 1. 사업자편 - **소득세**

13. 병의원, 학원, 주택임대사업자 등의 부가가치세 면세사업자는 사업장현황 신고를 하여야 한다.

사업장현황신고는 부가가치세가 면세되는 개인사업자가 1년간의 수입금액과 사업장 기본사항을 세무서에 신고하는 것이다.

🌱 사업장현황신고 대상자 및 예외자

① 신고 대상자

사업장현황신고 대상자는 부가가치세 면세사업자로서 의료·보건용역인 병의원, 교육용역인 학원, 주택임대업, 가공되지 않은 농·축·수산물 판매업, 여객운송용역인 대중교통버스, 도서·신문·잡지·관보, 우표·인지·증지·복권 및 공중전화 판매업, 소규모 주택 건설업, 주택임대업, 연예인, 기타 부가가치세가 면제되는 재화 또는 용역을 공급하는 모든 사업자 등이다.

② 신고 예외자

자료에 의해 수입금액 결정이 가능한 보험설계사, 음료품배달원, 납세조합에 가입해 수입금액을 신고한 자 등은 신고제외 대상이다. 약국과 같이 과세·면세 겸업일 경우는 부가가치세 신고기간에 부가가치세 신고 시 면세수입금액도 함께 신고한다.

🌱 신고기한 및 가산세

사업장현황신고기한은 다음해 2.10.까지이다. 의료업, 수의사업, 약사업을 영위하는 사업자는 무신고·미달신고 시 0.5%의 사업장현황신고 불성실가산세가 부과된다.

사업장현황신고 시 제출 서류

① 사업장현황신고서 : 모든 신고 대상자
② 매출처별 계산서 합계표 : 계산서 발행자
③ 매입처별(세금)계산서합계표 : (세금)계산서 교부·수취자
④ 수입금액 검토 표 : 학원·병의원·동물병원·연예인·대부업·주택임대업·주택신축판매업자 및 부동산매매업자
⑤ 수입금액검토부표 : 치과·안과·한의원

Part 1. 사업자편 - **소득세**

14. 일부 업종은 현금을 받은 경우 현금영수증을 발급하여야 한다.

일부 업종에 대해서는 소득세법상 현금영수증 발급을 의무화하고 있다. 현금영수증 발급 의무가 확대된 것은 국세청이 현금거래에 대한 수입금액 누락을 원천적으로 막고, 적극적으로 관리해 나간다는 의미이다.

현금영수증가맹점 가입의무

주로 사업자가 아닌 소비자에게 재화 또는 용역을 공급하는 사업자로서 업종·규모 등을 고려하여 일정한 사업자는 정해진 가입기한 내에 현금영수증가맹점으로 가입하여야 한다.

현금영수증가맹점 가입의무 불이행시 불이익

① 추계과세 시 단순경비율 적용배제
② 창업중소기업세액감면, 중소기업특별세액감면 등 배제
③ 가입하지 아니한 기간의 소비자 대상 수입금액의 1% 가산세

가입대상자 및 가입기한

직전 과세기간의 수입금액의 합계액이 2,400만원 이상의 사업자와 현금영수증 의무발급대상 업종을 영위하는 사업자는 해당일이 속하는 달의 말일부터 3개월 내에(일부업종 60일) 현금영수증 가맹점으로 가입하여야 한다.

구분	현금영수증 의무발행업종
	업종
사업서비스업	변호사업, 공인회계사업, 세무사업, 변리사업, 건축사업, 법무사업, 심판변론인업, 경영지도사업, 기술지도사업, 감정평가사업, 손해사정인업, 통관업, 기술사업, 측량사업, 공인노무사업, 행정사업
보건업	종합병원, 일반병원, 치과병원, 한방병원, 요양병원, 일반의원(일반과, 내과, 소아청소년과, 일반외과, 정형외과, 신경과, 정신건강의학과, 피부과, 비뇨기과, 안과, 이비인후과, 산부인과, 방사선과 및 성형외과), 기타의원(마취통증의학과, 결핵과, 가정의학과, 재활의학과 등 달리 분류되지 아니한 병과), 치과의원, 한의원, 수의업, 엠뷸런스서비스업
숙박 및 음식점업	일반유흥 주점업(단란주점영업을 포함), 무도유흥 주점업, 일반 및 생활 숙박시설 운영업, 출장음식 서비스업, 기숙사 및 고시원 운영업, 숙박공유업
교육서비스업	일반 교습 학원, 예술 학원, 외국어학원 및 기타 교습학원, 운전학원, 태권도 및 무술교육기관, 기타 스포츠 교육기관, 기타 교육지원 서비스업, 청소년 수련시설 운영업(교육목적용으로 한정), 기타 기술 및 직업훈련학원, 컴퓨터학원, 기타 교육기관
그 밖의 업종	골프장 운영업, 골프 연습장 운영업, 장례식장 및 장의 관련 서비스업, 예식장업, 부동산 중개 및 대리업, 부동산 투자 자문업, 산후 조리원, 시계 및 귀금속 소매업, 피부 미용업, 손·발톱 관리 미용업 등 기타 미용업, 비만 관리 센터 등 기타 신체 관리 서비스업, 마사지업(발 마사지업 및 스포츠 마사지업으로 한정), 실내건축 및 건축마무리 공사업(도배업만 영위하는 경우는 제외), 인물사진 및 행사용 영상 촬영업, 결혼 상담 및 준비 서비스업, 의류 임대업, 화물자동차 운송주선사업(이사화물에 관한 운송주선사업으로 한정), 자동차 부품 및 내장품 판매업, 자동차 종합 수리업, 자동차 전문 수리업, 전세버스 운송업, 가구 소매업, 전기용품 및 조명장치 소매업, 의료용 기구 소매업, 페인트, 창호 및 기타 건설자재 소매업, 주방용품 및 가정용 유리, 요업 제품 소매업, 안경 및 렌즈 소매업, 운동 및 경기용품 소매업, 예술품 및 골동품 소매업, 중고자동차 소매업 및 중개업, 악기 소매업, 자전거 및 기타 운송장비 소매업, 체력단련 시설 운영업, 화장터 운영, 묘지 분양 및 관리업(묘지 분양 및 관리업으로 한정), 특수여객자동차 운송업, 가전제품 소매업, 의약품 및 의료용품 소매업, 독서실 운영업(스터디카페를 포함), 두발 미용업, 철물 및 난방용구 소매업, 신발 소매업, 애완용 동물 및 관련용품 소매업, 의복 소매업, 컴퓨터 및 주변장치, 소프트웨어 소매업, 통신기기 소매업, 건강보조식품 소매업, 자동차 세차업, 벽지, 마루덮개 및 장판류 소매업, 공구 소매업, 가방 및 기타 가죽제품 소매업, 중고가구 소매업, 사진기 및 사진용품 소매업, 모터사이클 수리업, 가전제품 수리업, 가정용 직물제품 소매업, 가죽, 가방 및 신발 수리업, 게임용구, 인형 및 장난감 소매업, 구두류 제조업, 남자용 겉옷 제조업, 여자용 겉옷 제조업, 모터사이클 및 부품 소매업(부품 판매업으로 한정), 시계, 귀금속 및 악기 수리업, 운송장비용 주유소 운영업, 의복 및 기타 가정용 직물제품 수리업, 중고 가전제품 및 통신장비 소매업, 백화점, 대형마트, 체인화편의점, 기타 대형 종합소매업, 서적, 신문 및 잡지류 소매업, 곡물, 곡분 및 가축사료 소매업, 육류 수매업, 자동차 중개업, 주차장 운영업, 여객 자동차 터미널 운영업, 통신장비 수리업, 보일러수리 등 기타 가정용품 수리업, 컴퓨터 및 주변 기기 수리업, 의복 액세서리 및 모조 장신구 소매업, 여행사업, 기타 여행보조 및 예약 서비스업, 실내 경기장 운영업, 실외 경기장 운영업, 스키장 운영업, 종합 스포츠시설 운영업, 수영장 운영업, 볼링장 운영업, 스쿼시장 등 그 외 기타 스포츠시설 운영업, 애완동물 장묘 및 보호 서비스업

🌿 현금영수증 발급의무

부가가치세를 포함한 건당 거래금액이 10만원 이상의 재화 또는 용역을 공급하고 그 대금을 현금으로 받은 경우에는 소비자의 요청에 관계없이 무조건 현금영수증을 발급하여야 한다(자진발급번호 010-000-1234).

🌿 현금영수증을 미발급시 불이익

구분	발급의무 위반	불이익
미발급	10만원 이상 거래에 대해 발급요구와 관계없이 발급을 하지 않은 경우	미발급금액의 20% 가산세부과
발급거부	10만원 미만 거래에 현금영수증 발급요구를 거부한 경우	발급거부금액의 5% 가산세 부과 등
허위(가공)발급	현금영수증을 허위 또는 가공으로 발급한 경우	허위·가공 발급금액의 20% 가산세 부과

※ 거래대금을 받은 날부터 10일 이내(종전7일이내)자신 신고. 자진발급시 가산세율 10%적용 ('22.1.1. 이후 거래하는 분부터 적용)

15. 업종별로 수입금액이 일정 금액 이상이면 성실신고확인서를 제출하여야 한다.

Part 1. 사업자편 - **소득세**

성실신고확인제도란 과세관청이 자영업자의 성실신고를 유도하기위해 당해 연도의 일정 규모 이상의 사업자가 종합소득세 신고납부하기 전에 신고내용과 증빙서류 등 내용의 적정성 여부를 의무적으로 세무대리인에게 확인받도록 마련된 제도이다.

성실신고확인서 제출 대상자

업종별 구분	기준수입금액
농업·임업·광업·도·소매업(상품중개업제외), 부동산매매업 등	15억원 이상
제조, 숙박 및 음식업, 전기 가스 수도업, 하수 폐기 처리업, 건설업, 운수업, 출판방송통신업, 금융보험업, 상품중개업 등	7억 5,000만원 이상
부동산임대업, 교육서비스업, 보건업, 기타개인서비스업 등	5억원 이상

※ 업종별로 기준수입금액 산정시 2 이상의 업종을 겸영하는 경우 주 업종 기준금액으로 환산한다.

성실신고확인서 제출 시 혜택

성실신고서확인서를 제출하는 사업자는 종합소득세 신고기한이 다음해 5.31.에서 6.30.으로 연장되며, 의료비, 교육비 세액공제액을 사업소득에 대한 소득세에서 공제할 수 있다. 또한 성실신고확인에 직접 사용한 비용에 대하여 60%(한도액 120만원)를 세액공제 받을 수 있다.

성실신고확인서 미제출시 불이익

성실신고확인 대상 사업자가 성실신고확인서를 미제출 시에는 종합소득세에 대한 산출세액의 5%와 수입금액의 2/10,000 중 큰 금액의 가산세가 부과되고 국세청의 세무조사 대상자로 선정될 수도 있다.

성실신고 확인자에 대한 제재

세무조사 등을 통해 세무대리인이 성실신고확인을 제대로 하지 못한 사실이 밝혀지는 경우 성실신고확인을 한 세무대리인은 세무사법에 따라 징계를 받을 수 있다.

여 성 세 무 사 들 의   세 금 이 야 기

Part 1. 사업자편 - **소득세**

16. 저소득 가구는 연간 최대 330만원의 근로장려금을 받을 수 있다.

근로 장려금 제도는 일은 하지만 소득이 낮아 생활이 어려운 근로자 또는 사업자 가구(전문직 제외)와 종교소득이 있는 거주자에 대하여 총소득요건과 가구요건, 재산요건 등에 따라 산정된 장려금을 지급하는 제도이며, 연간 최대지급액은 330만원이다. 근로장려금의 지급으로 저소득 근로자 및 자영업자와 종교인 가구의 실질소득을 증가시킴으로써 근로의욕을 높이며 소득재분배 효과를 기대할 수 있다.

신청요건

근로소득 또는 사업소득(전문직 제외)과 종교소득이 있는 가구로서 아래 요건을 모두 충족하는 경우에 신청할 수 있다.

① 총소득 요건

연간 부부합산 총소득이 가구 구분에 따라 정한 총소득기준금액 미만이어야 한다.

구분	단독가구	홑벌이가구	맞벌이가구
총소득기준금액	2,200만원	3,200만원	4,400만원

- 단독가구 : 배우자, 부양자녀, 70세 이상 직계존속이 없는 가구
- 홑벌이가구 : 배우자, 부양자녀, 70세이상 직계존속 중 1명 이상 있는 가구
  (배우자 총급여 300만원 미민)
- 맞벌이가구 : 거주자의 배우자가 총급여액 등이 300만원 이상인 가구

② 재산 요건

2024. 6.1.기준으로 가구원 모두가 소유하고 있는 재산합계액이 2억 4천만원 미만이어야 한다. 단, 재산합계액 1억 7천만원 이상인 경우 근로장려금의 50%만 지급한다.

🌿 신청기한 및 방법

① 신청기간

2024년 하반기분 신청 : 2025. 3. 1. ~ 2025. 3. 17.
2024년 정기분 신청　 : 2025. 5. 1. ~ 2025. 6. 2.
2025년 상반기분 신청 : 2025. 9. 1. ~ 2025. 9. 15.

② 신청방법

ARS 1544-9944 통화, 국세청 손택스(모바일), 홈택스 또는 가까운 세무서 방문신청이 가능하다.

Part 1. 사업자편 - **소득세**

17. 부양자녀가 있는 경우는 1인당 최대 100만원(최소50만원)의 자녀장려금을 받을 수 있다.

자녀장려금 제도는 출산 장려 및 자녀 양육을 지원하기 위해 부부 합산 연간 총소득 7,000만원 미만이면서 18세 미만의 부양 자녀가 있는 경우 자녀 1명당 최대 100만원(최소50만원)의 자녀장려금을 지급하는 제도이다.

사업소득, 근로소득, 종교인소득이 있는 거주자로서 자녀장려금 신청 요건을 모두 충족하는 가구가 5월 주소지 관할세무서에 신청하면 부양 자녀 수에 따라 산정된 자녀장려금을 받을 수 있다. 자녀장려금은 자녀세액공제와 중복하여 적용할 수 없다.

🌱 신청 요건(2024.12.31. 기준 가족관계등록부에 따라 판단)

① 부양자녀 요건
만 18세 미만(연간 소득금액이 100만원이하)의 부양자녀가 있어야 한다(중증장애인은 연령제한 없음).

② 총소득 요건
사업소득, 근로소득 또는 종교인소득이 있는 대한민국 국적을 가진 거주자로서 부부 합산 연간 총소득의 합계액이 7,000만원 미만이어야 한다.

③ 재산 요건
2024. 6. 1. 기준 가구원 모두가 소유하고 있는 재산합계액이 2억 4천만원 미만이어야 한다. 재산의 합계액이 1억 7천만원이상 2억 4천만원 미만인 경우에는 자녀장려금의 50%만 지급한다.

🌿 신청 제외

다음 중 어느 하나에 해당하는 경우에는 장려금을 신청할 수 없다.
- 대한민국 국적을 보유하지 아니한자(대한민국 국적을 가진 자와 혼인한 자, 대한민국 국적의 부양자녀가 있는 자는 제외)
- 다른 거주자의 부양자녀인 자
- 거주자(배우자 포함)가 전문직 사업을 영위하고 있는 자

🌿 신청기간 및 방법

① 신청기간

정기신청 : 2025. 5. 1. ~ 2025. 6. 2.

기한후신청 : 2025. 6. 3. ~ 2025. 12. 1

(기한후신청시 자녀장려금의 10%를 감액하고 지급함)

② 신청방법

ARS 1544-9944 통화, 국세청 손택스(모바일), 홈택스 또는 가까운 세무서 방문신청이 가능하다.

여성세무사들의 세금이야기

Part 1. 사업자편 - **소득세**

18. 거주자와 비거주자는 세부담이 다르다.

거주자는 국내에 주소를 두거나 183일 이상 거소를 둔 개인을 말하며, 원칙적으로 국적과는 관계가 없다. 거주자는 국내외에서 발생한 소득세가 과세되는 모든 소득에 대해서 과세하는 반면, 비거주자는 국내원천소득에 대해서만 과세한다.

비거주자의 과세소득 범위

비거주자는 국내원천소득에 대해서만 과세하며, 그 국내원천소득으로 이자소득, 배당소득, 부동산임대업으로 인한 소득, 선박·항공기·자동차 및 건설기계의 임대소득, 사업소득, 인적용역소득, 근로소득, 퇴직소득, 연금소득, 토지·건물 등의 양도소득, 사용료소득, 유가증권의 양도소득, 기타소득으로 구분·열거하여 규정하고 있다.

비거주자의 과세방법

소득종류별로 구분·열거한 비거주자의 국내원천소득에 대한 소득세 는 국내사업장 유무 등에 따라 해당 국내원천소득을 종합과세와 분류과세 및 분리과세 한다.

① 국내사업장이 있는 경우
   국내사업장이 있는 비거주자 또는 부동산소득이 있는 비거주자의 국내원천소득은 종합하여 과세한다. 다만, 퇴직소득과 부동산 등의 양도소득이 있는 비거주자는 거주자와 같은 방법으로 분류하여 과세한다.

② 국내사업장이 없는 경우
   국내사업장이 없거나 부동산소득이 없는 비거주자에 대해서는 국내원천소득별로 분리(퇴직소득, 토지·건물등의 양도소득 제외)하여 과세한다.

201

〈비거주자의 국내원천소득에 대한 과세방법 요약〉

국내원천소득	국내사업장이 있는 비거주자	국내사업장이 없는 비거주자	분리과세 원천징수 세율(소득세법상)
이자소득	종합과세, 종합소득세 신고·납부 (특정소득은 국내사업장 미등록 시 원천징수)	분리과세 (완납적 원천징수)	20% (채권이자 14%)
배당소득			20%
선박 등 임대소득			2%
사업소득			2%
사용료소득			20%
유가증권양도소득			Min (양도가액×10%, 양도차익×20%)
기타소득			20% (15%)
근로소득			거주자와 동일
연금소득			
인적용역소득		분리과세 (종합소득 확정 신고 가능)	20% (3%)
부동산소득		종합소득세 신고·납부	-
양도소득	거주자와 동일 (분류과세)	거주자와 동일 (다만, 양수자가 법인인 경우 예납적 원천징수)	Min (양도가액×10%, 양도차익×20%)
퇴직소득	거주자와 동일(분류과세)		거주자와 동일

※ 1. 국내사업장이 있는 비거주자에는 부동산소득이 있는 비거주자 포함
  2. 국내사업장 또는 부동산소득이 있는 비거주자의 경우에도 일용근로자 급여, 분리과세이자소득, 분리과세배당소득, 분리과세기타소득 등에 대하여는 거주자의 경우와 동일하게 분리과세·원천징수함
  3. 소득세법상의 원천징수세율이 조세조약상의 제한세율보다 높은 경우에는 조세조약상의 제한세율을 적용하여야 함
  4. 건축·건설, 기계장치 등의 설치·조립 기타의 작업이나 그 작업의 지휘·감독 등에 관한 용역의 제공 또는 인적용역의 제공 대가는(조세조약상 사업소득으로 구분하는 경우 포함) 국내사업장을 구성하더라도 사업자등록을 하지 않은 경우에는 원천징수하여야 함
  5. 양수자가 법인인 경우 부동산 등 양도소득은 양수자가 양도가액의 10% 또는 양도차익의 20% 중 적은 금액을 예납적으로 원천징수·납부한 후에, 양도자는 별도의 절차에 의하여 양도소득을 신고 납부하는 것임. 양수자가 개인인 경우 원천징수의무 면제
  6. 인적용역소득이 있는 비거주자는 본인이 선택하는 때에는 분리과세·완납적 원천징수 대신 종합소득 확정신고 가능

③ 비거주자의 종합과세 시 과세표준과 세액계산, 신고와 납부, 과세표준 및 세액의 결정 및 경정과 징수 및 환급 등에 관하여는 소득세법 중 거주자에 대한 규정을 준용한다. 다만, 인적공제(기본공제, 추가공제) 중 비거주자 본인 외의 자에 대한 공제와 특별소득공제, 자녀세액공제 및 특별세액공제는 하지 아니한다.

원천징수이행상황 신고·납부 및 지급명세서 제출

① 원천징수이행상황 신고 및 납부
비거주자에게 국내원천소득을 지급한 경우에는 거주자와 동일한 방법으로 원천징수이행상황 신고 및 납부한다.

② 지급명세서 제출
국내원천소득을 비거주자에게 지급하는 자는 해당 지급명세서를 거주자와 동일한 방법으로 납세지 관할세무서장에게 그 지급일이 속하는 연도의 다음 연도 2월 말일(비거주자의 근로소득 또는 퇴직소득의 경우에는 다음 연도 3월 10일, 휴업하거나 폐업한 경우에는 휴업일 또는 폐업일이 속하는 달의 다음 다음 달 말일)까지 이를 제출한다.

③ 가산세
원천징수세액을 납부하지 아니하거나, 지급명세서 미제출 또는 불성실하게 하는 경우에는 거주자와 동일하게 가산세를 납부한다.

원천징수 납부 불성실가산세	미납부세액 × 3% + 미납부세액 ×경과일수× 2.2/10,000 (단, 법정납부기한의 다음날부터 고지일까지 기간에 해당하는 금액의 10%를 한도로 함)
지급명세서 제출 불성실가산세	기한 내에 미제출하거나 불분명한 경우, 혹은 기재 금액이 사실과 다른 경우 해당 금액의 1%

지급명세서 제출 제외 대상	1) 소득세법, 법인세법 또는 조세특례제한법에 의하여 소득세가 과세되지 아니하거나 면제되는 국내원천소득 (단, 비과세·면제신청서를 제출하지 않은 경우, 비거주자 등의 국내원천 이자소득, 외국투자자의 국내원천 배당소득은 지급명세서 제출 대상임) 2) 국내원천 이자, 배당, 선박·항공기 등 임대, 사용료, 유가증권양도, 기타소득으로서 국내사업장과 실질적으로 관련되거나 그 국내사업장에 귀속되는 소득 (단, 소득세법 제46조, 법인세법 제73조 또는 법인세법 제98조의3에 따라 원천징수되는 소득은 지급명세서 제출 대상임) 3) 국내원천소득 부동산소득,사업 및 인적용역소득 (단, 소득세법 제156조 및 법인세법 제98조의 규정에 의하여 원천 징수 되는 소득은 지급명세서 제출대상임) 4) 국내에서 발행된 복권, 경품권 등의 당첨금품 등에 해당하는 소득, 비과세 또는 면제신청을 한 국내원천소득, 원천징수세액이 1천원 미만인 소득 (단, 국내원천 양도소득과 유가증권 양도소득은 지급명세서 제출 대상임)

여성세무사들의 세금이야기

Part 1. 사업자편 - **소득세**

19. 해외에 금융재산이 있을 경우 해외금융계좌 신고를 해야 한다.

해외금융계좌 신고제도는 거주자 또는 내국법인이 보유한 모든 해외금융계좌 잔액의 합이 해당연도 매월 말일 중 어느 하루라도 5억원을 초과하는 경우에 그 해외금융계좌의 정보를 다음해 6월에 세무서에 신고하는 제도이다. 과세관청은 자금의 불법적인 해외유출과 역외소득 탈루의 사전예방 및 세원확보를 위하여 이 신고 제도를 시행하고 있다.

신고의무자 및 면제자

① 신고의무자
- 신고대상연도 종료일 현재 국내거주자 및 내국법인
  - 재외국민 : 신고대상연도 종료일 1년 전부터 국내에 거소를 둔 기간이 183일 이상인 자
  - 외국인 : 신고대상연도 종료일 10년 전부터 국내에 주소·거소를 둔 기간의 합계가 5년을 초과하는 자
- 계좌의 명의자와 실질적 소유자가 다른 경우 둘 다 신고의무가 있으며, 공동명의자의 경우 각각 신고의무가 있다. 이 경우 계좌의 잔액 전부를 각각 보유한 것으로 본다.

② 신고의무 면제자
- 국가, 지방자치단체, 공공기관, 금융회사 등
- 금융투자업관계기관, 집합투자기구, 집합투자기구평가회사 및 채권평가회사, 금융지주회사, 외국환업무취급기관 및 외국환중개회사, 신용정보회사 및 채권추심회사

- 소송·상호합의 등의 결과 조세조약에 따라 체약상대국 거주자로 인정된자
- 해외신탁명세를 제출할 때 해외금융계좌정보를 제출한 자

🌱 신고기준금액

신고대상연도의 매월 말일 중 어느 하루라도 보유계좌 전체잔액의 합계액이 5억원을 초과하는 경우

🌱 신고대상 해외금융계좌

신고대상연도의 매월 말일 중 보유계좌 잔액의 합계액이 가장 큰 날 현재 보유하고 있는 해외금융계좌의 모든 자산 (예금·적금, 증권, 보험, 펀드, 가상자산 등을 모두 포함)

단, 해외금융회사는 국외에 소재하는 금융회사로 우리나라의 은행, 증권회사 등이 설립한 해외 지점은 포함하지만, 외국계 은행 등이 우리나라에 설립한 국내 지점은 제외

🌱 신고방법

신고의무자는 신고대상연도의 다음해 6월(6.1 ~ 6.30)에 보유계좌 정보를 홈택스(또는 손택스)로 전자신고하거나, 신고서에 기재하여 납세지 관할 세무서에 제출하면 된다.

🌱 신고의무 위반자에 대한 제재

우리나라는 2014년부터 '다자간 금융정보 자동교환협정'에 가입하여 110여개 국가와 금융정보를 교환하고 있어, 위반자 적발이 용이해짐에 따라 과태료 등 제재가 증가하고 있으므로 해외금융계좌 신고에 유의하여야 한다.

① 과태료
  - 미신고·과소신고시 : MIN(미(과소)신고금액의 10%, 10억원)

- 미(과소)신고금액에 대한 출처 소명요구 불응 또는 거짓 소명시 : 미(거짓) 소명금액의 10%
② '①'에따른 과태료는 위반횟수, 위반행위 등을 고려하여 50%를 감경
③ 명단공개 : 미(과소)신고금액이 50억원을 초과하는 경우 인적사항 등이 공개
④ 형사처벌 : 미(과소)신고금액이 50억원을 초과하는 경우 2년 이하의 징역 또는 미(과소)신고금액의 13%이상 20%이하의 벌금(병과가능)

신고포상금

다른 사람의 해외금융계좌 미(과소)신고 내용을 적발하는데 중요한 자료(계좌번호 등)를 제공한 경우에는 최고 20억원의 포상금을 지급한다. 이 경우 탈세 제보 포상금 또는 체납자 은닉재산 신고포상금을 지급받는 경우에도 중복하여 지급된다.

신고의무 사례

① 신고대상
 - 미국 주재원당시 현지에서 개설한 은행계좌를 통하여 테슬라 주식 6억원 구입한 경우
 - 미국의 코인베이스(해외가상자산 거래소)를 통해 비트코인을 7억원 보유하고 있는 경우
 - 해외금융자산 7억원과 해외금융부채 4억원이 있는 경우, 해외금융자산 7억원 신고(해외금융자산과 부채는 서로 상계할 수 없고, 부채는 신고대상이 아님)

② 신고대상이 아닌 경우
 - 국내증권사를 통해 테슬라 주식을 6억원 보유하고 있는 경우
 - 한국거래소에서 비트코인을 7억원을 보유하고 있는 경우

Part 1. 사업자편 - **소득세**

20. 해외에 법인 지분 및 부동산 취득시 제출해야 하는 서류가 있다.

일정 가액 이상의 해외부동산 및 해외 법인 지분 취득시 해당 재산의 취득, 보유, 수익 발생, 처분 등의 사실이 발생한 과세연도 다음해에 종합소득세 신고를 하고, 6월 말까지 관련 서류를 제출 하여야 한다.

해외부동산

해외에 주거용 주택을 취득하고 실제로 취득자가 해외주택에서 거주하여 임대소득이 발생하지 아니하는 경우 국세청에 신고해야 할 세금 항목은 없다.

그러나 임대소득이 발생하지 않더라도 취득한 해외부동산이 물건별 취득가액 2억원 이상일 경우, 취득·보유·처분시까지 해당 사실이 발생한 다음 해의 6월 말까지「해외부동산 취득·보유·투자 운용(임대) 및 처분 명세서」,「해외영업소 설치현황표(해당 부동산을 개인사업장으로 사용할 경우에만 해당)」을 주소지 관할세무서에 매년 제출해야 한다.

해외부동산을 통한 임대소득이 발생시 해당 소득을 국내 소득과 합산하여 기존 종합소득세 주택임대소득 과세기준에 준하여 신고·납부한다.
해외부동산 소재지국에서 임대소득과 관련하여 납부한 외국납부세액은 세액공제 또는 필요경비 산입처리하는 방식으로 공제할 수 있다.

다만, 해당 과세기간 종료일 10년 전부터 국내에 주소나 거소를 둔 기간의 합계가 5년 이하인 '외국인 거주자'의 경우 해외부동산 임대소득 중 국내로 송금된 소득에 대해서만 신고의무가 있다.

🌱 해외 법인 지분

해외 법인 주식(지분) 취득시 본인의 자산으로 취득할 경우 국내에 납부할 세금 항목은 없다.

외국환거래법 제3조 제1항 제18호에 따른 해외직접투자(FDI)를 한 경우 해외주식 취득·보유·처분 사실이 발생한 다음 해에 해당 수익에 대하여 각 소득세법에 준해 5월 종합소득세 신고를 마친 후 일련의 서류를 6월 말까지 주소지 관할 세무서장에게 제출 의무가 있다.

해외직접투자(FDI : Foreign Direct Investment)란 해외에 신규 법인·공장 설립 및 지분인수를 통해 현지 투자대상 기업의 직접 경영 및 사업관리에 참여를 목적으로 하는 투자행위를 뜻한다. 우리나라에서 허용하는 해외직접투자방법은 ①외화증권취득, ②외화대부채권취득(금전대여), ③해외영업소 설치 등 크게 세 가지가 있다.

이 투자행위들에 대해 각 해당 요건에 따라 추가적인 서식을 제출해야 한다.

〈해외직접투자 관련 제출대상 자료〉

서식명	제출요건
① 해외현지법인 명세서	「외국환거래법」제3조제1항제18호가목의 해외직접투자를 한 경우
② 해외현지법인 재무상황표	'①'에 해당하고 다음 요건에 해당하는 해외직접투자를 한 경우 ⓐ지분율 10% 이상이고 투자금액 1억원 이상인 경우 ⓑ직·간접 지분율 10% 이상이고 피투자법인과 특수관계에 있는 경우
③ 손실거래 명세서	'②중의ⓑ'에 해당하고 단일 사업연도 거래 건별 10억 원 이상 손실금액이 발생하거나, 최초 손실거래 발생 후 5년간 누적 손실금액이 20억 원 이상인 경우
④ 해외영업소 설치현황표	「외국환거래법」제3조제1항제18호나목의 해외직접투자를 한 경우

투자대상 기업의 경영활동에 참여하지 않고 단순히 투자자본에 대응하는 배당금이나 이자수입의 획득만을 목적으로 국내증권사 등을 통해 간접적으로 해외주식·채권에 투자하는 해외간접투자(FII : Foreign Indirect Investment)의 경우에는 해당 의무가 없다.

해외투자(해외부동산 포함) 관련 세법상 과태료

거주자가 해외투자(해외부동산 포함) 관련 제출대상 자료를 정당한 사유 없이 제출기한까지 미(거짓)제출하거나, 세무서장의 제출(보완) 요구기한까지 미(거짓)제출할 경우 아래와 같이 과태료가 부과된다.

구분	금액
해외현지법인 명세서	건별 5백만원 (한도 5천만원)
해외현지법인 재무상황표	
손실거래 명세서	
해외영업소 설치현황표	
해외부동산 명세서	물건별 취득·운용·처분가액 10% (한도 1억원)
미신고 해외자산 적발 시 취득자금 출처 소명	미(거짓) 소명금액 20%

여 성 세 무 사 들 의   세 금 이 야 기

지방세

차례

여 성 세 무 사 들 의   세 금 이 야 기

Part 1. 사업자편 - **지방세**

1. 부동산 등을 취득할 때 취득세를 신고·납부하여야 한다.

지방세법상 취득이란 매매, 교환, 상속, 증여, 기부, 법인에 대한 현물출자 등과 그밖에 이와 유사한 취득으로서 원시취득, 승계취득 또는 유·무상의 사실상의 취득을 말한다.

🌱 취득세 과세대상

일반취득 : 부동산, 차량, 기계장비, 선박·항공기, 입목, 어업권·양식업권·광업권, 회원권(골프, 승마, 콘도, 종합체육시설 이용, 요트)

간주취득 : 토지의 지목변경, 건축물 개수, 선박, 차량, 기계장비 종류변경, 과점주주의 주식취득

🌱 취득세 과세표준

1) 유상취득

사실상 취득가격(부당행위계산부인 적용시 : 시가인정액)

2) 무상취득

상속 : 시가표준액
증여 : 시가인정액(시가인정액을 알 수 없는 경우 시가표준액)

3) 원시취득

사실상 취득가격(사실상 취득가격을 알 수 없는 경우 시가표준액)

🌿 취득시기

취득 원인		취득시기
유상취득	매매	사실상 잔금 지급일
무상취득	증여	증여계약일
	상속	상속개시일
원시취득	신축	사용 승인일, 임시 사용 승인일, 사실상 사용일 중 빠른 날

🌿 취득세 신고·납부기한

매매의 경우 사실상 잔금지급일로부터 60일 이내, 증여로 취득한 경우 증여계약일이 속하는 달의 말일로부터 3개월 이내, 상속으로 취득한 경우 상속개시일이 속하는 달의 말일로부터 6개월 이내, 신축의 경우 사용 승인일, 임시 사용 승인일, 사실상 사용일 중 빠른 날로부터 60일 이내 신고, 납부해야 한다.

과소신고 할 경우 부족세액의 10%, 무신고할 경우 산출세액의 20%의 가산세와 납부지연가산세(미납일수×2.2/10,000)를 부담해야 한다.

🌿 부동산 등의 취득세율

부동산의 종류		구분	취득세	농어촌 특별세	지방교육세	합계세율
주택 (유상)	6억원 이하	85㎡이하	1%	비과세	0.1%	1.1%
		85㎡초과	1%	0.2%	0.1%	1.3%
	6억원~9억원	85㎡이하	1.01~3%	비과세	0.1~0.3%	1.11~3.3%
		85㎡초과		0.2~0.3%	0.1~0.3%	1.31~3.5%
	9억원 초과	85㎡이하	3%	비과세	0.3%	3.3%
		85㎡초과	3%	0.2%	0.3%	3.5%

부동산의 종류		구분	취득세	농어촌 특별세	지방교육세	합계세율
주택 (중과)	법인, 단체, 사단, 재단 등		12%	1%	0.4%	13.4%
	조정 1세대 2주택, 비조정 1세대 3주택		8%	0.6%	0.4%	9.0%
	조정 1세대 3주택, 비조정 1세대 4주택 이상		12%	1%	0.4%	13.4%
	다주택자 보유 조정지역 공시가 3억원 이상 주택 증여 취득		12%	1%	0.4%	13.4%
주택외	매매	토지/건물	4%	0.2%	0.4%	4.6%
	재개발 / 재건축 멸실 후 토지만 취득					
상속	1가구1주택	상속인, 주된상속인	0.8%	비과세	0.16%	0.96%
	농지	일반	2.3%	0.2%	0.06%	2.36%
		2년이상 자경농지	0.15%	비과세	0.03%	1.28%
	일반 건물토지	85㎡이하	2.8%	비과세	0.16%	2.96%
		85㎡초과	2.8%	0.2%	0.16%	3.16%
원시취득, 재개발·재건축 준공후(건물)			2.8%	0.2%	0.16%	3.16%
증여	농지, 상가, 비조정, 조정 3억원 이하 주택	일반	3.5%	0.2%	0.3%	4%
		85㎡이하	3.5%	비과세	0.3%	3.8%
재건축	원조합원	85㎡이하	2.8%	비과세	0.16%	2.96%
		85㎡초과	2.8%	0.2%	0.16%	3.16%

여성세무사들의 세금이야기

Part 1. 사업자편 - **지방세**

2. 과밀억제권역 내의 법인등기나 부동산 취득 등에 대해 중과세가 있다.

지방세법에서는 대도시의 인구팽창 억제, 환경의 순화보전 및 지역 간의 균형적 발전 등을 도모하기 위하여 세목별·유형별로 중과세규정이 있다.

과밀억제권역 내 법인 본점 등의 부동산 등 취득세 중과

1) 본점 사업용 부동산 중과

법인이 과밀억제권역 내에서 본점 주사무소와 부대시설로 사용하기 위해 원시취득한 신·증축 건축물과 그 부속토지에 대하여 일반 부동산을 취득 후 5년 이내에 본점 사업용 부동산이 된 경우 종업원 복리후생시설용을 제외하고 업종에 구분 없이 중과한다.

2) 과밀억제권역 내 공장 신·증설에 대해 중과

법인이 산업단지·유치지역·공업지역을 제외한 과밀억제권역에서 공장을 신·증설하기 위해 취득하는 공장건물과 부속토지, 차량 및 기계장비 취득에 대하여 업종에 구분 없이 중과한다.

과밀억제권역

1) 서울특별시
2) 인천광역시
　(강화군, 옹진군, 서구 대곡동·불로동·마전동·금곡동·오류동·왕길동·당하동·원당동, 인천 경제자유구역(경제자유구역에서 해제된 지역 포함) 및 남동국가산업단지는 제외)

> **과밀억제권역**
>
> 3) 경기도
>   의정부시, 구리시, 남양주시(호평동, 평내동, 금곡동, 일패동, 이패동, 삼패동, 가운동, 수석동, 지금동, 도농동에 한함), 하남시, 고양시, 수원시, 성남시, 안양시, 부천시, 광명시, 과천시, 의왕시, 군포시, 시흥시 [반월특수지역(반월특수지역에서 해제된 지역 포함)은 제외]

대도시 내 법인의 부동산·법인 등기에 대한 취득세 중과

대도시(과밀억제권역 내에 산업단지를 제외한 지역)에서 중과제외 업종이 아닌 법인을 설립 또는 지점·분사무소 설치, 휴면법인을 인수 및 본점·지점을 대도시로 전입함에 따라 대도시 내의 부동산을 취득하는 경우 취득세를 3배 중과한다.

1) 법인의 설립·설치·전입일 이전 5년 이내

법인설립·설치·전입하기 이전 5년 이내에 대도시에서 법인의 본점·지점 용도로 직접 사용하기 위해 취득한 부동산에 대하여 취득세를 중과한다.

2) 법인의 설립·설치·전입일 이후 5년 이내

법인설립·설치·전입 또는 휴면법인 인수 이후 5년 이내에 대도시에서 취득하는 모든 부동산은 그 목적에 상관없이 취득세를 중과한다.

Part 1. 사업자편 - **지방세**

3. 법인 및 다주택자의 주택 취득시 취득세가 중과될 수 있다.

주택 실수요자를 보호하고 투기수요를 근절하기 위하여 법인이 주택을 취득하는 경우 및 1세대가 2이상의 주택을 취득하는 경우 취득세를 중과하고 있다. 해당 규정은 2020년 8월 신설되었다. 따라서, 1세대가 2주택 이상을 취득하는 경우 취득세가 중과될 수 있으니 유의하여야 한다.

취득세 중과대상

1) 주택 유상 거래시

다음의 자가 주택을 유상 거래로 취득하는 경우 중과세율을 적용한다.
① 조정대상지역에 2주택 이상을 취득하려는 자
② 조정대상지역에 상관없이 3주택 이상을 취득하려는 자
③ 주택을 취득하려는 법인

2) 주택 무상 거래시

조정대상지역에 있는 시가표준 3억원 이상의 주택을 무상 취득하는 경우 중과세율을 적용한다.
다만, 1세대 1주택자가 소유한 주택을 배우자 또는 직계존비속이 무상 취득하는 경우, 재산분할로 인한 취득의 경우에는 중과되지 않는다.

3) 조합원입주권, 주택분양권, 주거용 오피스텔 적용

2020.08.12. 이후 취득분부터 주택수에 포함한다. 다만, 2020.07.10. 이전 계약분은 주택수에 포함하지 않는다.

🌱 취득세 중과세율

주택 수	비조정대상지역	조정대상지역
1주택	1 ~ 3%	1 ~ 3%
2주택	1 ~ 3%	8%
3주택	8%	12%
4주택 / 법인 취득	12%	
증여 3억원 이상	3.5%	12%

Part 1. 사업자편 - **지방세**

4. 부담부 증여 시 실제 유상·무상 취득을 고려해야 한다.

증여자의 채무를 인수하는 부담부 증여의 경우에는 그 채무액에 상당하는 부분은 부동산 등을 유상 취득한 것으로 본다. 다만, 배우자·직계존비속간 부담부 증여의 경우에는 사실상의 채무부담 능력에 따라 무상취득한 것으로 볼 수 있다.

배우자 또는 직계존비속간의 부담부 증여

1) 채무부담 능력이 입증된 경우

배우자 또는 직계존비속에 해당하는 특수관계자간의 부담부 증여에서는 취득자의 소득을 증명하거나, 소유재산을 처분 또는 담보한 금액으로 해당 부동산을 취득한 경우, 또는 해당 건에 대해 이미 상속 또는 증여 재산가액으로 그 대가를 지급하거나 이에 준하는 사유로 그 대가를 지급한 사실이 입증되는 경우에 한하여 유상취득으로 본다.

2) 채무부담 능력을 입증하지 못한 경우

그 계약이 부담부 증여계약에 해당하더라도 배우자 또는 직계존비속에 해당하는 특수관계자간의 부담부 증여는 취득자의 재산으로 채무의 대가를 지급한 사실 또는 그 채무를 부담할 능력을 입증하지 못할 경우 부담부 증여 계약서의 채무승계 여부에 불구하고 무상취득으로 보아 증여취득으로 의제한다.

여 성 세 무 사 들 의 세 금 이 야 기

Part 1. 사업자편 - **지방세**

5. 부동산 등의 보유시 재산세와 종합부동산세를 납부하여야 한다.

재산세는 주택, 건물, 토지 소유자에게 부동산 소재지 관할 지방자치단체가 부과하는 세금이며, 종합부동산세는 주소지 관할세무서에서 재산세 과세대상 주택, 토지 소유자 중 일정가격 이상에 대해서 누진세율을 적용하여 부과하는 국세이다.

매년 6월 1일을 기준으로 재산을 사실상 소유하는 자에게 재산세와 종합부동산세 납세의무가 있다.

재산세

재산세는 관할 지방자치단체의 장이 세액을 산정하여 보통징수의 방법으로 부과·징수한다.

과세기준일	1기분(7월16일 ~ 7월31일)	2기분(9월16일 ~ 9월31일)
매년 6월 1일	건물, 주택(해당연도에 부과·징수할 세액의 1/2), 선박·항공기	토지, 주택(해당연도에 부과·징수할 세액의 1/2)

종합부동산세

종합부동산세는 과세기준일(매년 6월 1일) 현재 주택 및 토지를 납세의무자별로 해당 과세대상 부동산의 공시가격을 합산한 금액에서 일정 금액을 공제한 후 이에 대해 공정가액비율을 곱한 금액에 대해 과세한다.

공제금액 적용시 1세대 1주택 판단은 세대별 보유주택수로 산정하나, 1세대 1주택 이상인 경우의 주택수 계산은 소유자 개인별로 산정한다. 종합부동산세의 세율 및 세부담상한율 적용시 주택수 계산은 소유자 개인별로 합산하며, 산출된 종합부동산세액에서 재산세 상당액은 공제된다.

① 종합부동산세 계산시 공제금액

유형별 과세대상	공제금액
개인 소유 주택(주택부수토지 포함)	9억원(1세대1주택자12억원)
법인 소유 주택(주택부수토지 포함)	-
종합합산토지(나대지, 잡종지등)	5억원
별도합산토지(상가, 사무실부속토지등)	80억원

② 종합부동산세 세율

일반세율(2주택이하)		중과세율(3주택이상)		종합합산토지분		별도합산토지분	
과세표준	세율	과세표준	세율	과세표준	세율	과세표준	세율
3억원이하	0.5%	3억원이하	0.5%	15억원이하	1%	200억원이하	0.5%
6억원이하	0.7%	6억원이하	0.7%				
12억원이하	1.0%	12억원이하	1.0%	45억원이하	2%	400억원이하	0.6%
25억원이하	1.3%	25억원이하	2.0%				
50억원이하	1.5%	50억원이하	3.0%				
94억원이하	2.0%	94억원이하	4.0%	45억원초과	3%	400억원초과	0.7%
94억원초과	2.7%	94억원초과	5.0%				

개인의 주택에 대한 중과세율은 3주택 이상을 소유한 경우 적용한다.
법인 주택의 경우 2.7%(2주택 이하), 5%(3주택 이상)로 단일 세율 적용한다.

③ 공정시장가액비율

2022년 이후 주택분 60%, 토지분 100%

④ 세액공제

세액공제로는 1세대 1주택자에 한해 고령자세액공제와 장기보유자 세액공제를 적용 받을 수 있으며, 중복적용한도는 80%이다.

고령자세액공제	60세이상 ~ 65세미만	65세이상 ~ 70세미만	70세이상
공제율	20%	30%	40%
장기보유자세액공제	5년이상~10년미만	10년이상~15년미만	15년이상
공제율	20%	40%	50%

⑤ 세부담상한율 : 150%(법인 제외)

⑥ 부과징수
관할세무서장은 납부하여야 할 종합부동산세를 결정하여 해당 연도 12월 1일부터 12월 15일까지 부과·징수한다. 다만, 신고·납부할 수 있다.

종합부동산세 합산배제 및 과세특례 신고

매년 6월 1일 현재 종합부동산세 과세대상 부동산을 보유하고 있더라도 용도 등 일정 요건을 충족하는 부동산의 경우에는 매년 9월 16일부터 30일까지 합산배제 및 주택 수 산정제외 특례적용 신청을 할 수 있다.

합산배제 신청 대상

1) 민간주택임대사업자의 임대주택 등
2) 종업원에게 제공하는 사원용 주택 및 기숙사
3) 주택건설사업자의 미분양주택 등
4) 어린이집용, 연구원용, 등록문화유산, 노인복지 주택 등
5) 장기일반민간 임대주택의 부속토지 등
6) 주택건설사업 멸실목적 주택
7) 공공주택사업자의 지분적립형 분양주택

주택 수 산정제외 특례

1) 합산배제 신고한 임대주택, 사원용주택 등
2) 1주택과 다른 주택의 부속토지를 함께 소유하는 경우
3) 일시적 2주택
4) 1주택과 상속개시일로부터 5년 이내 주택, 상속지분이 전체 주택 지분의 40% 이하, 상속지분 상당 공시가격이 수도권 6억원, 수도권 밖 3억원 이하인 경우
5) 1주택과 공시가격 4억원 이하인 지방저가주택
6) 부부 공동명의 1주택자

Part 1. 사업자편 - **지방세**

6. 주식이동시 간주취득세를 고려해야 한다.

부동산 등 취득세 과세대상자산을 보유하고 있는 법인의 주주라면 법인의 주식을 이동할 때 간주취득세를 고려해야 한다.

납세의무자

법인의 주식 또는 지분을 취득함으로써 과점주주(특수관계자 포함 50% 초과)가 되었을 때에는 그 과점주주가 법인의 부동산 등을 취득한 것으로 보아 과점주주가 된 날로부터 60일 이내에 간주취득세를 신고·납부하여야 한다. 단, 법인 설립 시에 발행하는 주식 또는 지분을 취득함으로써 과점주주가 된 경우에는 간주취득세를 부담하지 않는다.

과세요건

법인의 과점주주가 아닌 주주가 최초로 과점주주가 된 경우에는 최초로 과점주주가 된 날 현재 해당 과점주주가 소유하고 있는 법인의 주식 등을 모두 취득한 것으로 보아 취득세가 과세된다. 과점주주가 가진 주식 등의 비율이 증가된 경우에는 그 증가분을 취득으로 보아 취득세가 과세된다. 다만, 증가된 후의 주식 등의 비율이 해당 과점주주가 이전에 가지고 있던 주식 등의 최고비율보다 증가되지 아니한 경우에는 취득세를 과세하지 아니한다. 특수관계자 간의 주식거래가 발생하여 과점주주가 소유한 총주식의 비율에 변동이 없다면 과점주주 간주취득세의 납세의무는 없다.

예) 일반주주(45%) → 과점주주 (55%) : 55%에 대해 과세
　　과점주주(55%) → 과점주주 (65%) : 10%에 대해 과세
　　과점주주(65%) → 일반주주(45%) → 과점주주(55%) : 과세×

과세표준과 세율

과세표준은 취득세 과세대상 자산의 총 가액에 지분율을 곱한 금액이 된다. 총 가액은 과점주주가 된 당시의 장부가액이며, 세율은 2%이다.

Part 1. 사업자편 - **지방세**

7. 개인과 법인은 지방자치단체에 지방소득세를 신고·납부 하여야 한다.

개인과 법인이 소득과 관련된 국세를 신고·납부하는 경우 지방소득세를 별도로 지방자치단체장에게 신고·납부하여야 한다.

개인의 지방소득세

거주자가 종합소득 또는 퇴직소득에 대한 과세표준확정신고를 하는 경우에는 해당 신고기한까지 종합소득 또는 퇴직소득에 대한 개인지방소득세 과세표준과 세액을 납세지 관할 지방자치단체의 장에게 확정신고·납부하여야 한다. 즉, 5월 말 또는 6월 말(성실신고사업자)까지 확정신고·납부하여야 한다.

거주자가 양도소득과세표준 예정신고를 하는 경우에는 해당 신고기한에 2개월을 더한 날까지 양도소득에 대한 개인지방소득세 과세표준과 세액을 납세지 관할 지방자치단체의 장에게 신고하여야 한다. 즉, 양도일이 속하는 날의 말일로부터 4개월 이내 신고·납부하여야 한다.

법인의 지방소득세

내국법인은 각 사업연도의 종료일이 속하는 달의 말일부터 4개월 이내에 법인지방소득세의 과세표준과 세액을 납세지 관할 지방자치단체의 장에게 신고·납부하여야 한다.

세액감면와 세액공제

법인지방소득세의 경우 각종 세액감면과 세액공제는 지방세법에서 정하여 있지 않으나 개인지방소득세의 경우 일부 세액감면과 세액공제가 가능하다.

Part 1. 사업자편 - **지방세**

8. 취득세, 재산세 등에 대한 감면이 있다.

국세와 마찬가지로 지방세에서도 국가 정책적 목적을 수행하기 위하여 농어민, 사회복지, 교육 및 과학기술, 국토 및 지역 개발 등을 위한 감면 등이 있다. 대표적인 감면을 알아보기로 한다.

생애최초 주택 구입에 대한 취득세 감면

주택(지방세법에 따른 주택)을 소유한 적이 없는 1세대가 주택을 유상거래로 12억원 이하의 주택을 취득하는 경우 2025년 12월 31일까지 산출세액의 200만원을 공제한다. 취득세를 경감받은 사람이 정당한 사유 없이 주택을 취득한 날부터 3개월 이내에 상시거주를 시작하지 아니하는 경우 등에는 경감된 취득세를 추징한다.

창업중소기업 등에 대한 감면

① 2026년 12월 31일까지 수도권과밀억제권역 외의 지역에서 창업(업종제한 있음)하는 중소기업이 창업일로부터 4년 이내(청년창업 5년)에 취득하는 부동산에 대해서는 다음과 같이 지방세를 감면한다.
창업업종 영위 사업용 부동산 : 취득세 75% 경감, 창업일로부터 3년간 재산세 면제와 그 다음 2년간 재산세 50% 경감

② 2026년 12월 31일까지 창업일로부터 3년이내 벤처기업으로 확인받은 기업이 최초로 확인받은 날(확인일)부터 4년 이내(청년창업벤처기업 5년)에 취득하는 부동산에 대해서는 다음과 같이 지방세를 감면한다.

창업업종 영위 사업용 부동산 : 취득세 75% 경감, 확인일로부터 3년간 재산세 면제와 그 다음 2년간 재산세 50% 경감

🌱 토지수용 등으로 인한 대체 취득에 대한 감면

토지 등을 수용할 수 있는 사업인정을 받은 자에게 부동산이 매수, 수용, 철거된 자가 대체 취득할 부동산을 1년 이내(농지 2년)에 취득한 경우 취득세를 면제한다.
감면제외 : 보상금액 초과 취득 부동산, 사치성 재산과 부재부동산 소유자 등

🌱 법인의 지방 이전에 대한 감면

대통령령이 정하는 대도시에 본점 또는 주사무소를 설치하여 사업을 직접 하는 법인이 본점 또는 주사무소를 매각하거나 임차를 종료하고 수도권과밀억제권역 외로 이전하는 경우 2027년 12월 31일까지 취득세를 면제하고 재산세는 최초 5년간 면제, 그 다음 3년간 50% 경감한다.
이전요건 : 대도시 내에서 6개월 이상(임차한 경우 2년 이상) 사업을 영위하고, 이전 후 6개월 이내 대도시 내 본점 또는 주사무소 폐쇄 등

🌱 공장의 지방 이전에 따른 감면

대도시에서 공장시설을 갖추고 사업을 직접하는 자가 그 공장을 폐쇄하고 수도권 과밀억제권역 외의 지역으로 이전하는 경우 2027년 12월 31일까지 취득세를 면제하고 재산세는 최초 5년간 면제, 그 다음 3년간 50% 경감한다.
이전요건 : 대도시 내에서 6개월 이상(임차한 경우 2년 이상) 사업을 영위하고, 이전 후 6개월 이내 대도시 내 공장시설을 완전히 철거하거나 폐쇄 등

Part 1. 사업자편 - **지방세**

9. 주민세 종업원분을 신고·납부해야 한다.

주민세는 개인분, 사업소분, 종업원분으로 구분된다. 이 중 종업원분은 사업주가 지급하는 종업원 급여 총액을 과세표준으로 산정하여 신고·납부해야 한다.

과세대상 및 납세의무자

주민세 종업원분의 과세대상은 사업주가 지급한 모든 급여(임금, 상여, 수당 등)에서 비과세 항목(예 : 식대, 출산·육아휴직급여 등)을 제외한 금액이다. 단, 최근 1년 월평균 급여가 1억 8천만 원 이하인 소규모 사업장은 면세 기준에 따라 신고·납부 의무가 면제된다. 납세의무자는 해당 급여를 지급하는 사업주(법인·개인 모두)로, 여러 사업장을 운영하는 경우 각 사업장별로 별도 신고·납부해야 한다.

신고 및 납부 기한과 방법

사업주는 매월 해당 급여 지급 후, 다음 달 10일까지 관할 지방자치단체에 주민세 종업원분을 신고·납부해야 하다. 현재는 대부분 온라인 신고 시스템(예 : 위택스, 이택스 등)을 통해 전자신고가 가능하며, 오프라인 신고도 허용된다. 원천징수 세액과는 별도로 신고가 필요하므로, 급여 지급 시 두 세목을 구분하여 관리해야 한다.

과세표준, 세율 및 계산 예시

주민세 종업원분의 과세표준은 급여 총액(비과세항목 제외)이며, 세율은 0.5%로 일률 적용된다. 예를 들어, 한 달 급여 총액이 2억 원일 경우, 2억원 × 0.5%

= 100만원의 주민세가 산출된다. 면세 기준에 해당하면 과세 대상에서 제외되므로, 면밀한 급여액 검토가 필요하다.

🌿 신고 누락 및 지연 시 불이익

신고기한을 어길 경우, 무신고가산세(20%) 또는 과소신고에 따른 신고불성실가산세(10%)와 납부지연가산세(미납일수×2.2/10000)가 부과된다. 기한 내 신고·납부하지 않을 경우 가산세 부담이 커지므로, 사업주는 매월 정해진 기한을 엄수하여 신고·납부하는 것이 중요하다.

🌿 실무 사례 및 유의사항

사업초기에는 신고 의무가 없던 사업장이, 사업 확장으로 급여 지급액이 증가하면서 신고 대상이 된 사례가 있다. 또한, 원천징수 신고에만 집중하여 주민세 신고를 누락하는 경우도 빈번하므로, 두 세목을 함께 관리할 필요가 있다. 매년 초 전년도 급여 총액을 점검하고, 면세 기준 초과 여부를 확인하여 적시에 신고를 준비하는 것이 바람직하다.

Part 1. 사업자편 - **지방세**

10. 주민세 사업소분에 대해 신고·납부해야 한다.

주민세 사업소분이란 지방자치단체에 소재한 사업소 및 그 사업소 연면적을 과세표준으로 하여 부과하는 주민세를 말하며, 사업소란 인적 및 물적 설비를 갖추고 계속하여 사업 또는 사무가 이루어지는 장소를 말한다.

납세의무자

과세기준일(매년 7월1일)현재 지방자치단체에 사업소를 둔 개인과 법인이 대상이며 개인의 경우 직전 연도의 부가가치세 과세표준액(면세사업자는 총수입금액) 8,000만 원 이상인 사업주가 대상이 된다.

신고 및 납부기간 : 매년 8월 1일 ~ 8월 31일

신고세율 및 세액계산

1) 사업소분 세액계산 : 기본 세율 + 연면적에 대한 세율

2) 기본세율*
- 사업주가 개인인 사업소 : 5만원
- 사업주가 법인인 사업소
    ① 자본금액 또는 출자금액이 30억 원 이하인 법인 : 5만원
    ② 자본금액 또는 출자금액이 30억 원 초과 50억 원 이하인 법인 : 10만원
    ③ 자본금액 또는 출자금액이 50억 원을 초과하는 법인 : 20만원
    ④ 그 밖의 법인 : 5만원

3) 연면적에 대한 세율*

(사업소 연면적이 330㎡ 초과하는 경우에만 가산)

- 사업소 연면적 1㎡당 250원. 다만, 오염물질 배출 사업소 1㎡당 500원
    * 지방자치단체의 장은 조례로 정하는 바에 따라 사업소분의 세율을 각각 100분의 50범위에서 가감할 수 있다.

납세지

과세기준일 현재 사업소 소재지를 관할하는 지방자치단체에서 사업소별로 각각 신고·납부해야 한다.

사업소용 건축물이 둘 이상의 시군에 걸쳐 있는 경우 사업소분은 건축물의 연면적에 따라 나누어 해당 시장 군수에게 각각 신고·납부하여야한다.

2. 양도·상속·증여편

- ▶ 양도소득세
- ▶ 상속·증여세

여 성 세 무 사 들 의   세 금 이 야 기

양도소득세

Part 2. 양도·상속·증여편 - **양도소득세**

1. 자산이 유상으로 이전되면 거래 형식을 불문하고 양도소득세가 과세된다.

소득세법상 양도란 자산에 대한 등기 또는 등록에 관계없이 매도, 교환, 법인에 대한 현물출자 등으로 인하여 그 자산이 유상으로 사실상 이전되는 것을 말하며 양도소득세는 매매 등 자산 이전의 대가가 수반되는 경우에 한해 과세되기 때문에 소유권이 무상으로 이전되는 상속 및 증여와는 구분된다. 양도의 유형으로 대표적인 것은 다음과 같다.

매매와 교환

매매는 자산과 금전을 교환하는 가장 일반적인 형태의 계약이며, 교환은 금전 이외의 재산권을 서로 이전하기로 약정한 계약이다. 다만, 매매 또는 교환계약에 따라 자산이 유상으로 이전되었다가 계약의 해제로 인해 소유권이 다시 원소유자에게 돌아가는 경우에는 당초부터 자산의 이전이 없었던 것으로 보기 때문에 양도에 해당되지 않는다.

부담부증여

자산을 증여하면서 해당 증여자산에 담보된 임대보증금, 대출 등의 채무를 수증자가 인수하는 경우에는 증여가액 중 그 채무액에 상당하는 부분만 그 자산이 유상으로 사실상 이전되는 것으로 보고 양도소득세를 과세하고, 채무를 제외한 부분에 대해서는 증여세가 과세된다.

🌱 법인 또는 공동사업에의 현물출자

법인이나 공동사업·조합에 자산을 현물출자하고 그 대가로 주식 또는 지분을 취득하면 자산이 유상으로 이전된 것이나 마찬가지이기 때문에 양도소득세가 과세된다. 그러나 개인이 본인의 개인 단독 사업에 현물출자하는 경우에는 재산의 소유권이 타인에게 이전되지 않았기 때문에 양도에 해당하지 않는다.

🌱 협의매수, 수용, 공매·경매 등

공익사업을 위한 토지 등의 취득 및 보상에 관한 법률에 따라 협의매수 또는 수용되는 경우와 공매 또는 경매가 진행되는 경우에도 소유자의 의사나 자력과 관계없이 자산이 유상으로 이전된 것이므로 양도에 해당한다.

🌱 대물변제

채무를 금전이 아닌 다른 재산으로 대신 변제하는 것을 대물변제라고 한다. 대물변제 시 재산권이 이전되고 그 대가로 채무가 소멸되므로 이 또한 양도에 해당한다. 대물변제의 대표적인 예로는 이혼 시 위자료를 부동산과 같은 양도소득세 과세대상 자산으로 지급하는 경우를 들 수 있다.

※ 이혼시 재산분할, 환지처분 및 보류지 충당, 토지의 경계변경을 위한 분할, 명의신탁, 공유물 분할은 양도에 해당하지 않는다.

Part 2. 양도·상속·증여편 - **양도소득세**

2. 양도소득세는 부동산·주식 등 법에 열거된 자산을 양도하는 경우에만 과세된다.

양도소득세가 과세되는 자산은 토지와 건물, 부동산에 관한 권리, 주식 등으로 소득세법에 열거되어 있다. 열거되지 않은 자산의 양도차익에는 소득세가 과세되지 않는다.

토지와 건물

양도소득세의 가장 대표적인 과세대상은 토지와 건물이다. 토지는 전, 답, 임야 등 지목을 불문한 사실상의 모든 토지이며 건물 또한 주택, 공장 등 용도를 가리지 않고 모든 건물이 해당된다. 건물에 부속되는 시설물과 구축물 또한 건물에 해당하여 양도소득세 과세대상에 포함된다.

부동산에 관한 권리

부동산에 관한 권리 중 가장 대표적인 것이 아파트 분양권과 조합원입주권이다. 따라서 건축물이 완공되기 전 분양권이나 조합원입주권을 매도한 경우 양도소득세가 과세된다. 그 밖에도 지상권, 전세권, 등기된 부동산임차권이 부동산에 관한 권리에 포함된다.

주식 등

주식 또는 출자지분은 양도소득세 과세대상 자산으로, 신주인수권과 일정한 증권예탁증권(DR)도 여기에 포함된다. 또한 국외주식 역시 양도소득세 과세대상이다. 다만, 주식은 지분율에 따라 과세대상 여부가 달라질 수 있다.

① 비상장주식

비상장주식은 지분율에 관계없이 단 1주만 양도한 경우에도 양도소득세가 과세된다.

② 상장주식

유가증권상장, 코스닥상장, 코넥스상장 법인의 주식의 경우 둘 중 하나에 해당할 경우에만 매매차익에 양도소득세가 과세된다. 첫째로 법정 대주주 거래분이며, 둘째로 대주주 외 소유자의 장외거래분이다. 대주주는 주식을 양도하는 사업연도의 직전 사업연도 종료일을 기준으로 판정하며 구체적인 기준은 아래와 같다.

※ 양도소득세가 과세되는 대주주의 기준

상장주식의 소유주식비율 혹은 직전 사업연도 종료일 기준으로 판정한 시가총액 중 하나라도 아래의 기준 이상일 경우에 양도소득세가 과세되는 대주주에 해당하며, 대주주 판정 시 주주 1인과 그 배우자 및 직계존비속 보유분을 모두 합산하여 기준을 적용한다. 다만, 2023.1.1.이후 양도분부터는 대주주 판정시 최대주주가 아닌 경우 가족 등 기타주주 합산을 폐지하여 본인 보유 주식만으로 판단한다.

법인의 구분		지분율 및 시가총액
유가증권시장 상장법인	2020. 3. 31. 이전 양도분까지	1% 이상 또는 15억원 이상
	2020. 4. 1. 이후 양도분까지	1% 이상 또는 10억원 이상
	2024. 1. 1. 이후 양도분부터	1% 이상 또는 50억원 이상
코스닥시장 상장법인 장외거래되는 벤처기업	2020. 3. 31. 이전 양도분까지	2% 이상 또는 15억원 이상
	2020. 4. 1. 이후 양도분부터	2% 이상 또는 10억원 이상
	2024. 1. 1. 이후 양도분부터	2% 이상 또는 50억원 이상
코넥스시장 상장법인	2020. 3. 31. 이전 양도분까지	4% 이상 또는 10억원 이상
	2020. 4. 1. 이후 양도분부터	
	2024. 1. 1. 이후 양도분부터	4% 이상 또는 50억원 이상

그 밖의 자산

① 사업용 자산과 함께 양도하는 영업권
② 골프장·스키장·콘도 등 특정시설물 이용권·회원권 등
③ 법인의 보유 자산 중 부동산 비율이 50% 이상인 법인의 과점주주가 지분율 50% 이상의 주식을 양도하는 경우의 해당 주식 등
④ 부동산과 함께 양도하는 이축권 (2020.1.1. 이후 양도하는 분부터)
⑤ 신탁의 이익을 받을 권리 (2021.1.1. 이후 양도하는 분부터)
⑥ 파생상품

Part 2. 양도·상속·증여편 - **양도소득세**

3. 양도소득세는 양도가액에서 취득가액 등 관련 비용을 차감한 양도차익에 대하여 과세한다.

취득시부터 양도시까지 장기간에 걸쳐 누적된 소득이 양도행위로 인해 일시에 실현되는 양도소득은 1년 단위로 계산하는 종합소득과 별도로, 양도소득세 과세대상 각 자산별로 양도소득금액을 계산한 다음, 각각의 양도소득금액을 과세기간, 세율별로 합산하여 과세한다.

양도소득세 계산구조

양도차익은 양도가액에서 필요경비(취득가액 + 기타 필요경비)를 공제하여 계산한다. 양도가액과 필요경비는 실지거래가액에 의하여 산정하도록 하고 있다. 이 때 필요경비에 해당하는 자본적지출액, 양도비용 및 쟁송비용 등에 대한 지출증빙은 신용카드매출전표, 현금영수증, 세금계산서(계산서) 등 법적증빙을 구비하여야 필요경비로 인정받을 수 있다. 다만, 2018.4.1.이후 양도분부터는 실제 지출이 확인되는 경우는 계좌이체 등의 금융거래증빙도 인정된다.

양도차익에서 장기간 보유에 대한 특별공제액과 양도소득 기본공제를 차감하여 양도소득 과세표준을 계산한 후 세율을 곱하여 산출세액을 계산한다.

계산산식	정의	필요서류
양도가액	부동산 등의 양도당시 실지거래가액	계약서 등
- 취득가액	부동산 등의 취득당시 실지거래가액(감가상각비 차감) ▶ 실지거래가액을 확인할 수 없는 경우 매매사례가액, 감정가액, 환산취득가액 적용 가능함 (감가상각비 차감)	취득당시 계약서, 취득시비용(법무사수수료, 부동산중개수수료) 영수증, 취득세 영수증 등

계산산식	정의	필요서류
− 필요경비	실지거래가액 : 설비비, 개량비, 자본적 지출액, 양도비 ▶ 매매사례가액, 감정가액, 환산취득가액은 취득 시 기준시가의 3% 적용	자본적지출 : 용도변경, E/V설치, 냉난방기 설치 등 영수증 양도관련비용 : 부동산중개수수료, 세무신고수수료 등 영수증
= 양도차익	양도가액 − 취득가액 − 필요경비	
− 장기보유 특별공제*	(토지·건물의 양도차익) × 공제율	

보유기간	3년~	4년~	5년~	6년~	7년~	8년~	9년~	10년~	11년~	12년~	13년~	14년~	15년~
1세대 1주택 외	6%	8%	10%	12%	14%	16%	18%	20%	22%	24%	26%	28%	30%
1세대 1주택 (보유)	12%	16%	20%	24%	28%	32%	36%	40%					
1세대 1주택 (거주)	12%	16%	20%	24%	28%	32%	36%	40%					

= 양도소득금액	양도차익 − 장기보유특별공제	
− 양도소득 기본공제	250만원(미등기 양도자산은 미적용), 연간(1.1 ~ 12.31) 공제	
= 양도소득 과세표준	양도소득금액 − 양도소득기본공제	
× 세율	양도소득세율표 참조	
= 산출세액	양도소득과세표준 × 세율	
− (세액공제 + 감면세액)	외국납부세액공제와 조세특례제한법 상 감면세액	
자진납부할세액	산출세액 − (세액공제 + 감면세액)	

* 1세대1주택 장기보유특별공제 적용하는 경우 거주기간별 40% 및 보유기간별 40%를 각각 분리하여 적용함.
※ 양도소득에 대한 개인지방소득세를 별도로 신고·납부해야 함

여성세무사들의 세금이야기

Part 2. 양도·상속·증여편 - **양도소득세**

4. 양도소득세의 세율은 보유기간, 자산의 종류 등에 따라 각각 다른 세율이 적용된다.

양도소득산출세액은 해당 과세기간의 과세표준에 양도소득세율을 곱하여 산출한다. 세율은 과세대상 자산별, 보유기간, 보유현황, 등기 여부에 따라 각각 적용세율이 달라진다. 하나의 자산이 둘 이상의 세율에 해당될 경우 각각의 세율을 적용하여 계산한 세액 중 큰 것으로 한다.

토지·건물, 부동산에 관한 권리, 기타자산의 세율

자산	구 분		세 율	
토지·건물, 부동산에 관한 권리	보유기간	1년미만	주택 외 부동산	50%
			주택·조합원입주권	70%
			분양권	70%
		2년미만	주택 외 부동산	40%
			주택·조합원입주권	60%
			분양권	60%
		2년이상	주택 외 부동산, 기타자산	기본세율 (6% ~ 45%)
			주택·조합원입주권	기본세율 (6% ~ 45%)
			분양권	60%
	1세대2주택이상(1주택+1조합원입주권·1분양권 포함)인 경우의 주택		기본세율 (단, 조정대상지역은 기본세율 + 20%)*	
	1세대3주택 이상(주택+조합원입주권·분양권 합이 3이상 포함)인 경우의 주택		기본세율 (단, 조정대상지역은 기본세율 + 30%)*	
	비사업용토지		기본세율+10%	
	미등기양도자산		70%	
	기타자산		보유기간에 관계없이 기본세율	

* 보유기간 2년이상인 조정지역내 주택을 '22.5.10.부터 '26.5.9.까지 양도시 기본세율 적용(중과배제) 및 장기보유특별공제 적용

기본세율

과세표준액	세율	누진공제
1,400만원 이하	6%	-
1,400만원 초과 5,000만원 이하	15%	126만원
5,000만원 초과 8,800만원 이하	24%	576만원
8,800만원 초과 1억 5,000만원이하	35%	1,544만원
1억 5,000만원 초과 3억 이하	38%	1,994만원
3억원 초과 5억 이하	40%	2,594만원
5억 초과 10억이하	42%	3,594만원
10억 초과	45%	6,594만원

주식세율

구분	상장·코스닥법인(코넥스포함)				비상장법인		
	대주주		소액주주		대주주		소액주주
	1년미만 보유	1년이상 보유	장외거래	장내거래	1년미만 보유	1년이상 보유	
대기업	30%	20% (25%)*	20%	비과세	30%	20% (25%)*	20%
중소기업	20% (25%)*		10%		20% (25%)*		10%

* 과세표준 3억초과분에 대해서 25% 세율적용

여성세무사들의 세금이야기

Part 2. 양도·상속·증여편 - **양도소득세**

5. 공부상 주택이 아닌 건물도 소득세법상 주택에 해당될 수 있다.

1세대가 주택과 주택외의 건물을 보유한 경우 주택수 판단에 유의하여야 한다. 세법은 공부상 주택이 아니더라도 사실상 주거용으로 사용하면 주택으로 보므로 자칫 1세대1주택 비과세를 적용받지 못할 수도 있다.

소득세법상 "주택"이란 허가 여부나 공부(公簿)상의 용도구분과 관계없이 세대의 구성원이 독립된 주거생활을 할 수 있는 구조로서 사실상 주거용으로 사용하는 건물을 말한다.

독립된 주거생활을 할 수 있는 구조란 세대별로 구분된 각각의 공간마다 별도의 출입문, 화장실, 취사시설이 설치되어 있는 구조를 말한다.

🌱 주택으로 보는 경우

① 오피스텔, 레지던스, 근린생활시설 등을 독립된 주거가 가능한 구조를 갖추고 사실상 주거용으로 사용한 경우

② 일시적으로 주거가 아닌 다른 용도로 사용되고 있다고 하더라도 그 구조·기능이나 시설 등이 본래 주거용으로서 주거용에 적합한 상태에 있고 주거기능이 그대로 유지·관리되고 있어 언제든지 본인이나 제3자가 주택으로 사용할 수 있는 건물의 경우

③ 건축허가를 받지 않거나, 불법으로 건축된 주택이라 하더라도 주택으로 사용할 목적으로 건축된 건축물인 경우

④ 주택으로 사용하던 건물이 장기간 공가 상태로 방치된 경우에도 공부상의 용도가 주거용으로 등재되어 있는 경우

⑤ 전기와 수도시설이 철거된 경우에도 주거용으로서의 잠재적 기능을 여전히 보유한 상태인 재건축아파트인 경우

⑥ 세대원이 펜션의 일부로 거소 등을 이전하여 주택으로 사용하는 경우에는 겸용주택으로 봄

⑦ 개인사업자가 사원용 숙소를 사용하기 위하여 아파트를 취득하는 경우

⑧ 오피스텔의 내부시설 및 구조 등을 주거용으로 변경하여 항상 주거용으로 사용 가능한 경우

주택으로 보지 않는 경우

① 장기간 공가 상태로 방치한 건물이 건축법에 의한 건축물로 볼 수 없을 정도로 폐가가 된 경우

② 펜션을 숙박업 용도로만 제공하는 경우

③ 사용인의 생활을 위하여 공장에 딸린 건물을 합숙소로 사용하고 있는 경우

④ 주택 양도일 현재 공실로 보유하는 오피스텔의 경우 내부시설 및 구조 등을 주거용으로 사용할 수 있도록 변경하지 아니하고 건축법상의 업무용으로 사용승인된 형태를 유지하고 있는 경우

유의사항

주택에 해당하는지 여부는 양도일 현재를 기준으로 판단하며, 매매특약에 의하여 매매계약일 이후 주택을 상가등 주택 외 용도로 변경한 경우 매매계약일을 기준으로 판단한다.

또한 오피스텔등을 비주거용으로 임대하더라도 임차인이 사실상 주거용으로 사용하는 경우 소득세법상 주택에 해당될 수 있음을 유의하여야한다.

여성세무사들의 세금이야기

Part 2. 양도·상속·증여편 - **양도소득세**

6. 1세대란 같은 주소에서 생계를 같이 하는 자와 함께 구성하는 가족단위를 말한다.

1세대란 거주자 및 그 배우자가 그들과 같은 주소 또는 거소에서 생계를 같이 하는 자와 함께 구성하는 가족단위를 말한다.

이 때 배우자는 법률상 이혼을 하였으나 생계를 같이 하는 등 사실상 이혼한 것으로 보기 어려운 관계에 있는 사람을 포함하고, 생계를 같이 하는 자란 거주자와 그 배우자의 직계존비속(그 배우자를 포함) 및 형제자매를 말하며, 취학·질병의 요양·근무상 또는 사업상의 형편으로 본래의 주소 또는 거소에서 일시 퇴거한 사람을 포함한다.

형식상의 주민등록 내용에 불구하고 실질적으로 생계를 같이하는 자를 말하는 것으로 실질적으로 생계를 같이하는지 여부는 세대별 생활관계 등을 종합하여 판단한다.

배우자가 없어도 1세대로 보는 경우

기본적인 세대단위는 거주자와 배우자로 구성되지만 다음의 경우는 배우자가 없어도 1세대로 보는 경우에 해당한다.

① 해당 거주자의 나이가 30세 이상인 경우
② 배우자가 사망하거나 이혼한 경우
③ 소득이 국민기초생활 보장법에 따른 기준 중위소득의 40% 수준 이상으로서 소유하고 있는 주택 또는 토지를 관리·유지하면서 독립된 생계를 유지할 수 있는 경우
  - 미성년자(19세미만)는 제외하나, 미성년자의 결혼, 가족의 사망으로 1세대의 구성이 불가피한 경우에는 1세대로 본다(2025년 1인가구의 기준

중위소득은 월 2,392,013원, 기준 중위소득의 40%는 월 956,805원).
- 소득은 비과세 소득은 제외하고 근로소득, 사업소득, 일부 기타소득(저작권료, 인세, 강연료 등) 및 이에 준하는 계속적 반복적 성격의 소득으로 국세청장이 인정하는 소득을 말하며, 사업소득과 기타소득은 필요경비를 공제한 금액을 말한다.

동일세대원 판단방법

생계를 같이 한다는 것은 동일한 주소 또는 거소에서 생활을 같이 하는 것으로 동일한 생활자금으로 생활하는 단위를 말한다. 부모와 자녀가 각각의 생활근거지에서 별도로 생활하면서 주민등록만 함께 등재한 경우에는 사실상 생계를 달리한 것으로 동일세대가 아니다. 반대로 30세 이상의 자녀와 주민등록을 다르게 해 놓아도 실제로 같이 생활하며 동일한 생활자금으로 생활하였다면 동일세대로 본다.

실질적으로 생계를 같이하는지의 여부를 판단할 때 거주하였거나 거주하지 않았다는 사실을 입증할 수 있는 구체적이고 합리적인 증빙이 있어야 한다. 예를 들어 교통카드 사용내역, 신용카드 사용내역, 병원진료기록, 거주자 우선주차장 사용영수증, 해당거주지로 배달된 핸드폰요금 청구서 등 각종 우편물, 아파트 입주자 관리카드, 이삿짐센터 확인서 및 영수증, 케이블TV 또는 인터넷 설치 및 사용요금 명세서, 집전화 가입서류(이전 설치등), 우유, 신문대금 영수증, 도시가스 설치비 영수증, 택배 송장 등을 참고자료로 볼 수 있다.

동일세대의 판정은 양도일 현재를 기준으로 하므로, 계약시점에 동일세대원이었더라도 양도일 전에 사실상 세대를 분리하였고, 각각 독립세대 요건에 해당한다면 각각 별도의 세대로 본다. 그러나 양도일 전에 주민등록만 옮겨놓고 실제로는 생계를 같이하고 있다면 동일세대로 본다.

부부가 각각 단독세대를 구성하거나 가정불화로 별거중이라도 법률상 배우자는 같은 세대로 본다.

여 성 세 무 사 들 의 세 금 이 야 기

Part 2. 양도·상속·증여편 - **양도소득세**

7. 1세대 1주택을 2년 이상 보유하였다고 해서 반드시 비과세 혜택을 받는 것은 아니다.

1세대가 양도일 현재 국내에 1주택을 보유하고 있는 경우로서 해당 주택의 보유기간이 2년 이상인 경우에는 양도소득세가 비과세된다. 2017. 8. 3. 이후 조정대상지역내에 있는 주택을 취득한 경우에는 거주요건이 추가되어 해당 주택의 보유기간이 2년 이상이고, 그 보유기간 중 거주기간이 2년 이상인 경우 양도소득세가 비과세된다.

🌱 보유기간

1세대 1주택 비과세 주택의 보유기간은 2년 이상이어야 한다. 보유기간은 원칙적으로 주택의 취득일부터 양도일까지 계산한다.

다만, 주택이 아닌 건물을 사실상 주거용으로 사용하거나 공부상의 용도를 주택으로 변경하는 경우 그 보유기간은 해당 자산을 사실상 주거용으로 사용한 날(사실상 주거용으로 사용한 날이 분명하지 않은 경우에는 그 자산의 공부상 용도를 주택으로 변경한 날)부터 양도한 날까지로 한다.

🌱 거주기간

2017. 8. 3.이후부터 조정대상 지역에 있는 주택(상생임대주택 제외)을 취득하는 경우에는 보유기간 중에 거주기간이 2년 이상인 경우에 비과세 혜택을 받을 수 있다. 이때 2017. 8. 2.이전에 매매계약을 체결하고 계약금을 지급한 사실이 확인되는 경우에는 거주요건을 충족하지 않아도 된다.

거주기간의 계산은 주민등록표상의 전입일부터 전출일까지의 기간에 의해 계산하는 것이 원칙이다.

🌱 고가주택

1세대 1주택이라도 고가주택에 해당하는 경우 양도소득세가 과세된다. 고가주택이란 주택과 그 부수토지의 양도 당시 실지거래가액의 합계액이 12억원을 초과하는 것을 말한다. 고가주택이 1세대 1주택 비과세요건을 갖추었다면 양도차익 전체에 대하여 양도소득세가 과세되는 것이 아니라 12억원을 초과하는 부분에 대한 양도차익에 대해서만 양도소득세가 과세된다.

🌱 비과세 배제

① 미등기 양도주택

1세대 1주택이라도 취득 등기를 하지 않고 매도하는 이른바 미등기전매는 양도소득세가 과세된다. 미등기자산을 양도할 경우 양도차익의 70%에 해당되는 세금을 부담하여야 한다.

② 허위계약서 작성(업계약서, 다운계약서)

2011. 7. 1. 이후 최초로 매매계약하는 분부터 매매계약서의 거래가액을 실지거래가액과 다르게 적은 경우에는 양도소득세의 비과세 규정을 적용할 때 비과세 받을 세액에서 다음 아래 ⓐ, ⓑ 중 작은 금액을 빼야 한다.
ⓐ 비과세에 관한 규정을 적용하지 아니하였을 경우의 양도소득 산출세액
ⓑ 매매계약서의 거래가액과 실지거래가액과의 차액

※ 허위계약서를 작성하는 경우 지방자치단체에서 취득가액의 10% 이하에 해당하는 과태료를 부과 처분한다.

여성세무사들의 세금이야기

Part 2. 양도·상속·증여편 - **양도소득세**

8. 1세대 1주택 비과세 판정시 보유기간 및 거주기간의 제한을 받지 않는 경우가 있다.

2017. 8. 2. 부동산 대책의 일환으로 조정지역 내 1세대 1주택자가 비과세를 적용받기 위해서는 기존의 2년 이상 보유 요건에 추가로 2년 이상의 거주기간 요건이 도입되었다. 그러나 다음의 경우는 그 보유기간 및 거주기간의 제한을 받지 않으므로 잘 숙지하여 활용하여야 한다.

보유기간 및 거주기간의 제한을 받지 않는 경우

① 민간건설임대주택 또는 공공건설임대주택 또는 공공매입임대주택을 취득하여 양도하는 경우로서 해당 임대주택의 임차일부터 해당 주택의 양도일까지의 기간 중 세대 전원이 거주(취학, 근무상의 형편, 질병의 요양, 그 밖에 부득이한 사유로 세대의 구성원 중 일부가 거주하지 못하는 경우 포함)한 기간이 5년 이상인 경우

② 사업인정 고시일 전에 취득한 주택 및 그 부수토지의 전부 또는 일부가 공익사업을 위한 토지 등의 취득 및 보상에 관한 법률에 의한 협의매수·수용 및 그 밖의 법률에 의하여 수용되는 경우(그 양도일 또는 수용일부터 5년 이내에 양도하는 그 잔존주택 및 그 부수토지를 포함)

③ 해외이주법에 따른 해외이주로 세대 전원이 출국하는 경우. 다만, 출국일 현재 1주택을 보유하고 있는 경우로서 출국일부터 2년 이내에 양도하는 경우에 한한다. 해외이주법에 따른 현지이주의 경우 출국일은 영주권 또는 그에 준하는 장기체류 자격을 취득한 날을 말한다.

④ 1년 이상 계속하여 국외거주를 필요로 하는 취학 또는 근무상의 형편으로 세대 전원이 출국하는 경우. 다만, 출국일 현재 1주택을 보유하고 있는 경우로서 출국일부터 2년 이내에 양도하는 경우에 한한다.

⑤ 1년 이상 거주한 주택을 취학, 근무상의 형편, 질병의 요양, 학교폭력 등으로 인해 전학이 필요하다고 인정되는 경우 등 그 밖에 부득이한 사유로 세대전원이 다른 시·군으로 주거를 이전하기 위하여 양도하는 경우. 다만, 위의 사유가 발생한 당사자 외의 세대원 중 일부가 취학, 근무 또는 사업상의 형편 등으로 당사자와 함께 주거를 이전하지 못하는 경우에도 세대전원이 주거를 이전한 것으로 본다.

거주기간의 제한을 받지 않는 경우

거주자가 조정대상지역의 공고가 있은 날 이전에 매매계약을 체결하고 계약금을 지급한 사실이 증빙서류에 의하여 확인되는 경우로서 해당 거주자가 속한 1세대가 계약금 지급일 현재 주택을 보유하지 아니하는 경우 거주기간의 제한을 받지 않는다.

조정대상지역 지정 및 해제 연혁

기간	지정/해제 여부		지역
2017.08.03. ~ 2018.08.27.	지정	서울특별시	전 지역
		부산광역시	해운대구·연제구·동래구·남구·부산진구·수영구·기장군
		경기도	과천시·광명시·성남시·고양시·남양주시·하남시 및 화성시 (반송동·석우동, 동탄면 금곡리·목리·방교리·산척리·송리·신리·영천리·오산리·장지리·중리·청계리 일원에 지정된 택지개발지구로 한정한다)
		기타	「신행정수도 후속대책을 위한 연기·공주지역 행정중심복합도시 건설을 위한 특별법」 제2조 제2호에 따른 예정지역

기간	지정/해제 여부	지역	
2018.08.28.	해제	부산광역시	기장군 (일광면 제외)
2018.08.28. ~ 2018.12.31.	지정	서울특별시	전 지역
		부산광역시	해운대구·연제구·동래구·남구·부산진구·수영구·기장군(일광면)
		경기도	과천시·광명시·성남시·고양시·남양주시·하남시 및 화성시 (반송동·석우동·동탄면 금곡리·목리·방교리·산척리·송리·신리·영천리·오산리·장지리·중리·청계리 일원에 지정된 택지개발지구로 한함)·구리시·안양시 동안구·광교택지개발지구(수원시 영통구 이의동·원천동·하동·매탄동·팔달구 우만동·장안구 연무동·용인시 수지구 상현동·기흥구 영덕동 일원)
		세종특별자치시	세종특별자치시 (행정중심복합도시 건설 예정지역)
2018.12.31.	해제	부산광역시	연제구·남구·부산진구·기장군(일광면)
2018.12.31. ~ 2019.11.08.	지정	서울특별시	전 지역
		부산광역시	해운대구·수영구·동래구
		경기도	과천시·광명시·성남시·고양시·남양주시·하남시·동탄2택지개발지구[1])·구리시·안양시 동안구 ·광교택지개발지구[2])·수원시 팔달구·용인시 수지구·용인시 기흥구
		세종특별자치시	세종특별자치시[3]) (행정중심복합도시 건설 예정지역)
2019.11.08.	해제	경기도	고양시[삼송택지개발지구, 원흥·지축·향동 공공주택지구, 덕은·킨텍스(고양국제전시장) 1단계·고양관광문화단지(한류월드) 도시개발구역 제외]·남양주시(다산동·별내동 제외)
		부산광역시	해운대구·동래구·수영구

1) 화성시 반송동·석우동·동탄면 금곡리·목리·방교리·산척리·송리·신리·영천리·오산리·장지리·중리·청계리 일원에 지정된 동탄2택지개발지구로 한정한다.
2) 수원시 영통구 이의동·원천동·하동·매탄동·팔달구 우만동·장안구 연무동·용인시 수지구 상현동·기흥구 영덕동 일원에 지정된 광교택지개발지구에 한정한다.
3) 세종특별자치시는 「신행정수도 후속대책을 위한 연기, 공주지역 행정중심복합도시 건설을 위한 특별법」 제2조 제2호에 따른 예정지역에 한함

기간	지정/해제 여부	지역	
2019.11.08. ~ 2020.02.21.	지정	서울특별시	전 지역
		경기도	과천시·광명시·성남시·고양시4)·남양주시(다산동·별내동)·하남시·동탄2택지개발지구(주석1)·구리시·안양시 동안구 ·광교택지개발지구(주석2)·수원시 팔달구·용인시 수지구·용인시 기흥구
		세종특별자치시	세종특별자치시(주석3) (행정중심복합도시 건설 예정지역)
2020.02.21. ~ 2020.06.19.	지정	서울특별시	전 지역
		경기도	과천시·광명시·성남시·고양시(주석4) ·남양주시(다산동·별내동)·하남시·동탄2택지개발지구(주석1)·구리시·안양시 동안구 ·광교택지개발지구(주석2)·수원시 팔달구5) ·용인시 수지구6)·용인시 기흥구7) ·수원시 영통구8)·권선구·장안구9)·안양시 만안구·의왕시
		세종특별자치시	세종특별자치시(주석3) (행정중심복합도시 건설 예정지역)
2020.06.19. ~ 2020.11.20.	지정	서울특별시	전 지역
		경기도	과천시·광명시·성남시·고양시·남양주시(화도읍·수동면·조안면 제외)·하남시·동탄2택지개발지구(주석1)·구리시·안양시 동안구·광교택지개발지구(주석2)·수원시 팔달구·용인시 수지구·용인시 기흥구 ·수원시 영통구·권선구·장안구·안양시 만안구·의왕시·화성시·군포시·안성시 (일죽면, 죽산면 죽산리, 용설리, 장릉리, 매산리, 장릉리, 장원리, 두현리 및 삼죽면 용월리, 덕산리, 율곡리, 내장리, 배태리 제외)·부천시·안산시·시흥시·용인시 처인구(포곡읍, 모현면, 백암면, 양지면 및 원삼면 가재월리, 사암리, 미평리, 좌항리, 맹리, 두창리 제외)·오산시·평택시 ·광주시(초월읍, 곤지암읍, 도척면, 퇴촌면, 남종면 및 남한산성면 제외)·양주시 ·의정부시
		세종특별자치시	세종특별자치시(주석3) (행정중심복합도시 건설 예정지역)

4) 삼송택지개발지구, 원흥·지축·항동 공공주택지구, 덕은·킨텍스(고양국제전시장) 1단계 ·고양관광문화단지(한류월드) 도시개발구역

5) 6) 7) 8) 해당지역 내 광교택지개발지구의 경우 기존('18.08.28. 지정공고)의 조정대상지역 지정효력을 따름

9) 해당지역 내 광교택지개발지구의 경우 기존('18.08.28. 지정공고)의 조정대상지역 지정효력을 따름

기간	지정/해제 여부	지역	
2020.11.20. ~ 2020.12.18.	지정	인천광역시	중구·동구·미추홀구·연수구·남동구·부평구·계양구·서구
		대전광역시	동구·중구·서구·유성구·대덕구
		충청북도	청주시(낭성면, 미원면, 가덕면, 남일면, 문의면, 남이면, 현도면, 강내면, 옥산면, 내수읍 및 북이면 제외)
		서울특별시	전 지역
		경기도	과천시·광명시·성남시·고양시·남양주시(화도읍, 수동면 및 조안면 제외)·하남시·화성시·구리시·안양시·수원시·용인시10)·의왕시·군포시·안성시11)·부천시·안산시·시흥시·오산시·평택시·광주시12)·양주시·의정부시·김포시13)
		세종특별자치시	세종특별자치시(주석3) (행정중심복합도시 건설 예정지역)
		인천광역시	중구·동구·미추홀구·연수구·남동구·부평구·계양구·서구
		대전광역시	동구·중구·서구·유성구·대덕구
		충청북도	청주시14)
		부산광역시	해운대구, 수영구, 동래구, 연제구, 남구
		대구광역시	수성구
2020.12.18. ~ 2021.08.30.	지정	서울특별시	전 지역
		경기도	과천시·광명시·성남시·고양시·남양주시(화도읍, 수동면 및 조안면 제외)·하남시·화성시·구리시·안양시·수원시·용인시 (주석10)·의왕시·군포시·안성시15)·부천시·안산시·시흥시·오산시·평택시·광주시(주석12)·양주시16)·의정부시·김포시(주석13)·파주시17)

---

10) 처인구 포곡읍, 모현읍, 백암면, 양지면 및 원삼면 가재월리, 사암리, 미평리, 좌항리, 맹리, 두창리 제외
11) 일죽면, 죽산면 죽산리, 용설리, 장계리, 매산리, 장릉리, 장원리, 두현리 및 삼죽면 용월리, 덕산리, 율곡리, 내장리, 배태리 제외
12) 초월읍, 곤지암읍, 도척면, 퇴촌면, 남종면, 남한산성면 제외
13) 통진읍, 대곶면, 월곶면 및 하성면 제외
14) 낭성면, 미원면, 가덕면, 남일면, 문의면, 남이면, 현도면, 강내면, 옥산면, 내수읍 및 북이면 제외
15) 일죽면, 죽산면, 삼죽면, 미양면, 대덕면, 양성면, 고삼면, 보개면, 서운면 및 금광면 제외
16) 백석읍, 남면, 광적면 및 은현면 제외
17) 문산읍, 파주읍, 법원읍, 조리읍, 월롱면, 탄현면, 광탄면, 파평면, 적성면, 군내면, 장단면, 진동면, 진서면 제외

기간	지정/해제 여부	지역	
		세종특별자치시	세종특별자치시18)
		인천광역시	중구19)·동구·미추홀구·연수구·남동구·부평구·계양구·서구
		대전광역시	동구·중구·서구·유성구·대덕구
		충청북도	청주시(주석14)
		부산광역시	해운대구·수영구·동래구·연제구·남구·서구·동구·영도구·부산진구·금정구·북구·강서구·사상구·사하구
		대구광역시	수성구·중구·동구·서구·남구·북구·달서구·달성군20)
		광주광역시	동구·서구·남구·북구·광산구
		울산광역시	중구·남구
		충청남도	천안시 동남구21)·서북구22)·논산시23), 공주시24)
		전라북도	전주시 완산구·덕진구
		전라남도	여수시25)·순천시26)·광양시27)
		경상북도	포항시 남구28)·경산시29)
		경상남도	창원시 성산구

18) 건설교통부고시 제2006-418호에 따라 지정된 행정중심복합도시 건설 예정지역으로, 「신행정수도 후속대책을 위한 연기, 공주지역 행정중심복합도시 건설을 위한 특별법」 제15조 제1호에 따라 해제된 지역을 포함

19) 을왕동, 남북동, 덕교동 및 무의동 제외

20) 가창면, 구지면, 하빈면, 논공읍, 옥포읍, 유가읍 및 현풍읍 제외

21) 목천읍, 풍세면, 광덕면, 북면, 성남면, 수신면, 병천면 및 동면 제외

22) 성환읍, 성거읍, 직산읍 및 입장면 제외

23) 강경읍, 연무읍, 성동면, 광석면, 노성면, 상월면, 부적면, 연산면, 벌곡면, 양촌면, 가야곡면, 은진면 및 채운면 제외

24) 유구읍, 이인면, 탄천면, 계룡면, 반포면, 의당면, 정안면, 우성면, 사곡면 및 신풍면 제외

25) 돌산읍, 율촌면, 화양면, 남면, 화정면 및 삼산면 제외

26) 승주읍, 황전면, 월등면, 주암면, 송광면, 외서면, 낙안면, 별량면 및 상사면 제외

27) 봉강면, 옥룡면, 옥곡면, 진상면, 진월면 및 다압면 제외

28) 구룡포읍, 연일읍, 오천읍, 대송면, 동해면, 장기면 및 호미곶면 제외

29) 하양읍, 진량읍, 압량읍, 와촌면, 자인면, 용성면, 남산면 및 남천면 제외

기간	지정/해제 여부	지역	
2021.08.30. ~ 2022.07.05.	지정	서울특별시	전 지역
		경기도	과천시·광명시·성남시·고양시·남양주시(화도읍, 수동면 및 조안면 제외)·하남시·구리시·안양시·수원시·용인시(주석10)·안양시·의왕시·화성시·군포시·안성시(주석15)·부천시·안산시·시흥시·오산시·평택시·광주시(주석12)·양주시(주석16)·의정부시·김포시(주석13)·파주시(주석17)·동두천시[30]
		세종특별자치시	세종특별자치시(주석18)
		인천광역시	중구(주석19)·동구·미추홀구·연수구·남동구·부평구·계양구·서구
		대전광역시	동구·중구·서구·유성구·대덕구
		충청북도	청주시(주석14)
		부산광역시	해운대구·수영구·동래구·연제구·남구·서구·동구·영도구·부산진구·금정구·북구·강서구, 사상구, 사하구
		대구광역시	수성구·중구·동구·서구·남구·북구·달서구·달성군(주석20)
		광주광역시	동구·서구·남구·북구·광산구
		울산광역시	중구·남구
		충청남도	천안시 동남구(주석21)·서북구(주석22)·논산시(주석23)·공주시(주석24)
		전라북도	전주시 완산구·덕진구
		전라남도	여수시(주석25)·순천시(주석26), 광양시(주석27)
		경상북도	포항시 남구(주석28), 경산시(주석29)
		경상남도	창원시 성산구
2022.07.05.	해제	경기도	화성시 서신면·안산시(단원구 대부동동·대부남동·대부북동·선감동·풍도동)
		대구광역시	중구·동구·서구·남구·북구·달서구·달성군
		경상북도	경산시
		전라남도	여수시·순천시·광양시

30) 광암동, 걸산동, 안흥동, 상봉암동, 하봉암동, 탑동동 제외

기간	지정/해제 여부	지역	
2022.07.05. ~ 2022.09.26.	지정	서울특별시	전 지역
		경기도	과천시·성남시·하남시·동탄2택지개발지구 (주석1)·광명시·구리시·안양시(동안구, 만안구)·광교택지개발지구(주석2)·수원시(팔달구, 영통구, 권선구, 장안구)·고양시·남양주시(화도읍, 수동면 및 조안면 제외)·용인시(수지구, 기흥구, 처인구(주석10))·의왕시·화성시·군포시·안성시(주석15)·부천시·안산시31)·시흥시·오산시·평택시·광주시(주석12)·양주시(주석16)·의정부시·김포시(주석13)·파주시(주석17)·동두천시(주석30)
		세종특별자치시	세종특별자치시(주석18)
		인천광역시	중구(주석19)·동구·미추홀구·연수구·남동구·부평구·계양구·서구
		대전광역시	동구·중구·서구·유성구·대덕구
		충청북도	청주시(주석14)
		부산광역시	해운대구·수영구·동래구·연제구·남구·서구·동구·영도구·부산진구·금정구·북구·강서구·사상구·사하구
		대구광역시	수성구
		광주광역시	동구, 서구, 남구, 북구, 광산구
		울산광역시	중구, 남구
		충청남도	천안시 동남구(주석21)·서북구(주석22)·논산시(주석23)·공주시(주석24)
		전라북도	전주시 완산구, 덕진구
		경상북도	포항시 남구(주석28)
		경상남도	창원시 성산구
2022.09.26.	해제	경기도	안성시·평택시·양주시·파주시·동두천시
		부산광역시	해운대구·수영구·동래구·연제구·남구·서구·동구·영도구·부산진구·금정구·북구·강서구·사상구·사하구
		대구광역시	수성구
		광주광역시	동구·서구·남구·북구·광산구
		울산광역시	중구·남구
		충청남도	천안시 동남구·서북구·논산시·공주시
		전라북도	전주시 완산구·덕진구
		경상북도	포항시 남구
		경상남도	창원시 성산구

31) 단원구 대부동동, 대부남동, 대부북동, 선감동, 풍도동 제외

기간	지정/해제 여부	지역	
2022.09.26. ~ 2022.11.14.	지정	서울특별시	전 지역
		경기도	과천시·성남시·하남시·동탄2택지개발지구 (주석1)·광명시·고양시·남양주시(화도읍, 수동면 및 조안면 제외)·구리시·안양시 (동안구, 만안구)·광교택지개발지구(주석2)·수원시(팔달구, 영통구, 권선구, 장안구)·용인시(수지구, 기흥구, 처인구)·의왕시·화성시·군포시·부천시·안산시(주석31)·시흥시·오산시·광주시(주석12)·의정부시·김포시(주석13)
		세종특별자치시	세종특별자치시(주석18)
		인천광역시	중구(주석19)·동구·미추홀구·연수구·남동구·부평구·계양구·서구
2022.11.14.	해제	인천광역시	중구·동구·미추홀구·연수구·남동구·부평구·계양구·서구
		세종특별자치시	세종특별자치시
		경기도	성남시 중원구·동탄2택지개발지구·고양시·남양주시(화도읍, 수동면 및 조안면 제외)·구리시·안양시(동안구, 만안구)·광교택지개발지구(주석2)·수원시·용인시·의왕시·화성시·군포시·부천시·안산시·시흥시·오산시·광주시·의정부시·김포시
2022.11.14. ~ 2023.01.05.	지정	서울특별시	전 지역
		경기도	과천시·광명시·성남시(중원구 제외)·하남시
2023.01.05.	해제	서울특별시	전 지역(서초구, 강남구, 송파구, 용산구 제외)
		경기도	과천시·광명시·성남시·하남시
2023.01.05. ~ 현재	지정	서울특별시	서초구, 강남구, 송파구, 용산구

여성세무사들의 세금이야기

Part 2. 양도·상속·증여편 - **양도소득세**

9. 일시적으로 1세대 2주택이 되는 경우 비과세하는 경우가 있다.

양도소득세는 원칙적으로 1세대 1주택자에 한해 비과세 규정을 적용하고 있으나 이사목적으로 일시적으로 2주택이 되거나 상속에 의하여 본인의 의사와 무관하게 2주택이 된 경우 및 노부모 봉양, 혼인 등으로 2주택이 된 경우 등에 대해서 비과세 특례를 인정한다.

일시적으로 1세대 2주택에 해당되는 경우

국내에 1주택을 소유한 1세대가 그 주택(종전주택)을 양도하기 전에 다른 주택(신규주택)을 취득하여 일시적으로 2주택이 된 경우 즉, 종전주택을 취득한 날부터 1년 이상이 지난 후 신규주택을 취득하고 신규주택을 취득한 날부터 3년 이내에 1세대 1주택 비과세 요건을 갖춘 종전주택을 양도하는 경우에는 1세대 1주택으로 보아 양도소득세를 비과세한다.

〈일시적 1세대 2주택 중복보유허용기간의 개정내용〉

양도시기	중복보유허용기간
2012.6.29. 이후 양도분	• 3년
2018.10.23. 이후 양도분	• 조정대상지역 : 2년 • 기타지역 : 3년
2020.2.11. 이후 양도분	• 조정대상지역 : 1년(1년이내 전입) • 기타지역 : 3년
2022.5.10. 이후 양도분	• 조정대상지역 : 2년 • 기타지역 : 3년
2023.1.12. 이후 양도분	• 지역에 상관없이 3년

🌱 상속주택과 일반주택을 각각 1개씩 보유하는 경우

국내에 상속주택과 상속개시시점에 일반주택을 각각 1개씩 소유하고 있는 1세대가 상속개시시점에 보유하던 일반주택을 양도하는 경우에는 1개의 주택을 소유하고 있는 것으로 보아 비과세 여부를 판정한다. 즉, 상속개시 당시 상속인이 보유하던 일반주택 양도에 대해서만 특례 규정을 적용한다.

다만 동일세대원으로부터 상속받은 경우와 상속주택을 먼저 양도하는 경우 비과세규정을 적용하지 아니한다.

🌱 동거 봉양 및 혼인으로 인한 2주택의 경우

① 노부모 봉양을 위한 합가

각각 1주택을 보유한 세대가 60세 이상인 직계존속을 봉양하기 위하여 세대를 합치는 경우에는 2주택이 되지만 그 합가일로부터 10년 이내에 먼저 양도하는 주택은 1세대 1주택으로서 비과세된다. 이때 양도일 현재 양도하는 주택만 보유기간등 비과세 요건을 갖추면 비과세된다. 직계존속은 배우자의 직계존속을 포함하며, 합가일 기준으로 중증질환자로 등록된 경우에는 60세 미만의 직계존속까지 확대된다.

② 혼인으로 인한 합가

1주택자가 다른 1주택자와 혼인으로 인하여 2주택이 된 경우에는 혼인으로 합가한 날로부터 10년 이내에 먼저 양도하는 주택이 비과세요건 충족시 비과세된다. 이 때 주택의 양도일 현재가 아닌 혼인 합가 당시 주택 수를 기준으로 한다.

여 성 세 무 사 들 의   세 금 이 야 기

Part 2. 양도·상속·증여편 - **양도소득세**

10. 고가주택인 경우에도 1세대 1주택인 경우 세제혜택을 받는다.

고가주택이란 주택 및 이에 부수되는 토지의 양도당시 실지거래가액의 합계액이 12억원을 초과하는 주택을 말하며, 이 경우 1세대1주택 비과세요건을 충족하더라도 12억원을 초과하는 양도차익에 대해서 양도소득세를 납부하여야 한다. 또한, 2년이상 거주하고 양도하는 경우, 보유기간별 연간 4%와 거주기간별 연간 4%를 합산하여 최대 80%까지 장기보유특별공제가 적용된다.

고가주택 판단기준

① 다가구주택을 하나의 매매단위로 양도하는 경우
   그 전체를 하나의 주택(주택으로 사용하는 층이 3개층 이하, 바닥면적 660m²이하, 19세대이하 요건 모두 충족할 것)으로 보아 고가주택 여부 판단
② 겸용주택의 경우
   주택부분의 가액으로만 고가주택 여부 판단
③ 입주권도 주택으로 보아 고가주택 여부 판단
④ 공동소유 및 부담부증여를 하는 경우는 1주택의 전체가액으로 고가주택 여부 판단

Part 2. 양도·상속·증여편 - **양도소득세**

11. 1세대 1주택 양도의 경우 2년이상 거주해야 최대 80% 장기보유특별공제를 적용받을 수 있다.

일반적으로 장기보유특별공제는 양도소득세 과세대상 자산 중 토지·건물 및 조합원입주권(승계조합원 입주권 제외)으로서 보유기간이 3년 이상인 경우 연간 2% 씩 최대 30%(15년 이상 보유시)까지 양도차익에서 공제를 해준다(조합원입주권은 관리처분계획인가전 토지분 또는 건물분의 양도차익에 대해서만 공제).

한편 과세되는 1세대1주택의 경우 보유기간별 연4%(40%한도)와 거주기간별 연4%(40%한도)로 구분하여 적용한다.

보유기간		3년~4년	4년~5년	5년~6년	6년~7년	7년~8년	8년~9년	9년~10년	10년이상
1주택	합계	24%	32%	40%	48%	56%	64%	72%	80%
	보유	12%	16%	20%	24%	28%	32%	36%	40%
	거주	12%	16%	20%	24%	28%	32%	36%	40%

※ 거주기간이 2년이상 3년미만인 경우에는 거주기간에 대한 공제율은 8%가 적용되고, 보유기간별 공제율을 합하여 장기보유특별공제를 받을 수 있다.
※ 장기보유특별공제율 적용을 위한 보유기간은 당해 주택의 취득일부터 기산하며, 거주기간은 주택의 취득일 이후 실제 거주한 기간에 따른다.

Part 2. 양도·상속·증여편 - **양도소득세**

12. 오피스텔은 주택일 수도 있고 주택이 아닐 수도 있다.

주택이란 상시 주거용으로 사용하는 건물을 말한다. 다만 오피스텔처럼 실질사용 용도에 따라 주택으로 보는 경우도 있다. 아래의 경우 주택수에 포함하여야 할지 제외하여야 할지 주의하여야 한다.

오피스텔

상시 주거용이 아닌 업무용으로 사용한 오피스텔은 주택에 해당하지 않지만 상시 주거용으로 사용하는 오피스텔은 주택으로 본다. 주택 양도일 현재 공실로 보유하는 오피스텔의 경우 내부시설 및 구조 등을 주거용으로 사용할 수 있도록 변경하지 아니하고 건축법상 업무용으로 사용승인 된 형태를 유지하고 있는 경우에는 주택으로 보지 않는다. 그러나 내부시설 및 구조 등을 주거용으로 변경하여 항상 주거용으로 사용 가능한 경우에는 주택으로 본다.

무허가주택

무허가주택도 주택에 해당하므로 무허가주택을 1주택만 소유한 경우에는 비과세 주택에 해당하고, 다른 주택을 양도한 경우에는 무허가주택도 주택수로 계산하여 비과세여부를 판단하여야 한다.

사업용 재고주택

주택신축판매업이나 부동산매매업(주거용건물개발공급업)의 재고자산인 주택은 1세대1주택 비과세규정을 적용할 때 거주자의 주택수에 포함하지 않는다. 이와는 별도로 다주택자의 주택 수 판정에 있어서는 부동산매매업의 재고자산인 주택을 주택수에 포함하므로 유의하여야 한다.

공동상속주택

공동상속주택은 상속지분이 가장 큰 상속인의 소유로 하여 주택수를 계산하되, 상속지분이 가장 큰 자가 2인 이상인 경우에는 당해 주택에 거주하는 자, 최연장자의 순서에 의한 자가 당해 공동상속주택을 소유한 것으로 본다.

주택임대사업자의 임대주택

소득세법상 장기임대주택은 1세대가 거주주택을 양도할 때 1세대 1주택 비과세 규정을 적용함에 있어서 거주자의 주택 수에서 제외한다.

다가구주택

다가구주택은 한 가구가 독립하여 거주할 수 있도록 구획된 부분을 각각의 주택으로 본다. 다만, 거주자가 선택하는 경우에 한정하여 하나의 매매단위로 양도하는 경우에는 그 전체를 하나의 주택(주택으로 사용하는 층이 3개층 이하, 바닥면적 $660m^2$이하, 19세대이하 요건 모두 충족할 것)으로 본다.

분양권

2021년부터 취득하는 분양권의 경우 주택수에 포함하여 양도소득세 비과세 및 중과여부를 판단한다.

도시형 생활주택

도시형 생활주택은 주택법의 적용을 받는 주택으로 주택수에 포함된다.

생활형 숙박시설

건축법상 숙박시설로 분류되는 생활숙박시설(Serviced Residence)을 취득하여 숙박업으로 사용하는 경우에는 주택에 해당되지 않는다.

조합원 입주권

주택을 소유한 자가 조합원입주권도 소유하고 있는 경우 주택수에 포함된다. 주택수에 포함되는 조합원입주권은 2006.1.1.이후 관리처분계획인가를 받거나 승계조합원으로 취득한 조합원입주권을 말한다.

Part 2. 양도·상속·증여편 - **양도소득세**

13. 주택임대사업자의 거주주택에 대한 비과세 조건을 알면 양도소득세 안 낼 수도 있다.

2년이상 보유 및 거주한 거주주택과 법소정 요건을 충족하는 장기임대주택을 소유하고 있는 경우 거주주택 양도시 장기임대주택은 주택수에서 제외되므로 1세대1주택 비과세를 적용받을 수 있다.

거주주택 양도소득세 비과세 요건

1) 장기임대주택 요건

① 임대개시일 당시 기준시가가 6억원(수도권밖 3억원)이하일 것
② 의무임대기간동안 임대할 것

임대주택 등록시점	2020.7.10.이전	2020.7.11. ~ 2020.8.17	2020.8.18.이후
임대유형	단기·장기	장기(아파트제외)	장기(아파트제외)
의무임대기간	5년이상	8년이상	10년이상

③ 임대료 증액 제한 (5%이하)을 준수할 것
 (19.2.12.이후 임대차계약을 갱신하거나 새로 체결하는 분부터 적용)
④ 지방자치단체 및 세무서에 각각 주택임대자사업자로 등록할 것

2) 거주주택 요건

① 비과세 받으려는 거주주택은 조정대상지역 소재여부 불문하고 양도일 현재 2년 이상 보유 및 2년 이상 거주할 것 (거주주택 취득일부터 양도일까지 기간 중 거주한 기간은 모두 통산)
② 2025.02.28.이후 거주주택을 양도하는 경우 횟수 제한 없이 거주주택 비과세 적용

🌱 거주기간과 임대기간을 채우지 못한 경우

① 임대용주택(10년이상 임대)외에 거주주택이 1채 있을 때 거주주택에 2년 이상 거주하지 않았다면 거주주택에 대한 양도세가 과세된다.
② 주택임대사업자 등록을 하고 의무임대기간을 충족하지 못한 경우에는 거주주택과 임대주택에 대하여 다주택자로 과세된다.

🌱 자진말소 및 자동말소의 경우 거주주택 비과세 요건

① 적용대상 : 단기임대주택 및 장기임대주택으로 등록한 아파트
② 임대기간 : 의무임대기간의 1/2 이상 임대한 경우 자진말소 가능하고, 의무임대기간 만료시에 자동말소된다.
③ 양도기한 : 자진(자동)말소일로부터 5년이내 양도시 거주주택 비과세가 적용된다.

Part 2. 양도·상속·증여편 - **양도소득세**

14. 장기일반민간임대주택의 경우 양도소득세 세제혜택을 받을 수 있다.

장기보유특별공제율 특례적용

거주자가 2020년 12월 31일 까지 매입임대주택등록(건설임대주택은 2027. 12.31.까지 등록)하여 요건을 모두 갖춘 장기일반민간임대주택을 8년 이상 임대하고 양도하는 경우, 임대기간 중 발생한 양도차익에 대해 50%(10년 이상 임대시 70%)의 장기보유특별공제를 받을 수 있다.

양도소득세 100%감면

거주자가 2018년 12월 31일까지 매입임대주택으로 등록한 장기일반민간임대주택을 10년 이상 계속하여 임대한 후 양도하는 경우에는 임대기간 중에 발생한 양도소득에 대한 양도소득세를 100% 감면받을 수 있다. 다만, 감면세액의 20%를 농어촌특별세로 납부해야 한다.

구분	장기일반민간임대주택	
	장기보유특별공제율 특례	양도소득세 감면
관련조항	조특법 제97조의 3	조특법 제 97조의 5
취득구분	건설·매입	매입
등록기한 (지자체 + 세무서)	매입 : 2020.12.31.까지 건설 : 2027.12.31.까지	2018.12.31.까지
면적	국민주택규모 이하	국민주택규모 이하
가액 (2018.9.14. 이후 취득분부터 적용)	임대개시일 당시 기준시가 6억원 (수도권 밖 3억원)이하	임대개시일 당시 기준시가 6억원 (수도권 밖 3억원)이하
임대료제한	임대료 증가율 연5% 이내	임대료 증가율 연5% 이내
의무임대기간	8년(10년) 이상	10년 이상

구분	장기일반민간임대주택	
	장기보유특별공제율 특례	양도소득세 감면
세제혜택	장기보유특별공제율 8년이상 : 50% 10년이상 : 70%	10년이상 임대시 양도소득세 100% 감면 (단, 감면세액의 20% 농어촌특별세 납부)

〈자진말소 및 자동말소시 특례적용 가능여부〉

구 분	의무임대기간 중 자진말소	자동말소
장기보유특별공제율 특례적용	적용불가	50% 적용가능, 70% 적용불가
양도소득세 100% 감면	적용불가	적용불가

의무임대기간 중 자진말소의 경우는 적용 불가하며, 8년 의무임대기간 종료 후 자동말소되는 아파트의 경우는 장기보유특별공제율 50% 적용가능하나, 70%는 적용받을 수 없다(아파트를 제외한 단독주택, 다세대주택, 오피스텔 등은 10년 이상 임대시 장기보유특별공제율 70% 적용 또는 양도소득세 100%감면 가능).

장기보유특별공제율 추가적용(비거주자도 적용)

아래의 요건을 충족한 임대주택을 6년 이상 임대하고 양도하는 경우 보유기간별 장기보유특별공제율에 추가공제율 2% ~ 10%가 가산된다.
① 임대개시일 당시 기준시가 6억원(수도권밖 3억원)이하일 것
② 단기임대주택 및 장기임대주택으로 등록하여 6년 이상 임대할 것
③ 임대료(임대보증금) 증액 제한 5% 이하 조건을 준수할 것
    (19.2.12.이후 임대차계약을 갱신하거나 새로 체결하는 분부터 적용)
④ 2018.3.31.까지 지방자치단체 및 세무서에 임대사업 등록할 것

여성세무사들의 세금이야기

Part 2. 양도·상속·증여편 - **양도소득세**

15. 특수관계인과의 거래시 거래가액에 유의하자.

특수관계자에게 양도를 하는 경우 실제 유상양도임이 입증되는 경우에는 양도거래를 인정한다. 그러나 제3자 간의 거래와 비교해 볼 때 낮은 가격으로 양도가 이루어진다면 조세의 부담이 부당하게 감소할 수 있다. 현행 세법은 특수관계자 간에 저가양도로 인하여 조세의 부담이 부당하게 감소되었다고 인정되는 경우에는 거래 자체는 인정하지만 시가로 양도소득세를 과세한다.

특수관계인의 범위

① 4촌이내 혈족
② 3촌이내 인척
③ 배우자(사실혼포함)
④ 친생자로서 다른 사람에게 친양자 입양된 자 및 그 배우자·직계비속
⑤ 혼외자의 생부·생모로서 본인의 금전 등으로 생계를 유지하는 자 또는 생계를 함께하는 자
⑥ 경제적 연관관계(임원·사용인, 본인의 금전 등으로 생계를 유지하는 자)
⑦ 주주·출자자 등 경영지배 관계

조세부담을 부당하게 감소시킨 것으로 인정되는 경우

다음의 어느 하나에 해당하는 경우를 말한다. 다만, 시가와 거래가액의 차액이 3억원 이상이거나 시가의 5%에 상당하는 금액 이상인 경우만 해당된다.
① 특수관계인으로부터 시가보다 높은 가격으로 자산을 매입하거나 특수관계인에게 시가보다 낮은 가격으로 자산을 양도한 때

② 그 밖에 특수관계인과의 거래에 따라 해당 과세기간의 총수입금액 또는 필요경비를 계산할 때 조세의 부담을 부당하게 감소시킨 것으로 인정되는 때

🌱 시가의 범위

불특정 다수인 사이에 자유롭게 거래가 이루어지는 경우에 통상적으로 성립된다고 인정되는 가액으로 양도일(취득일) 전후 각 3개월의 기간 중 매매, 감정, 수용, 경매, 공매가 있는 경우에 확인되는 가액(특수관계인과의 거래 등 객관적으로 부당한 경우 제외), 유사매매사례가액을 말하며 시가를 확인할 수 없을 경우 상속세 및 증여세법의 보충적 평가가액(개별주택가격, 공동주택가격, 공시지가, 기준시가 등)을 적용한다.

🌱 적용사례

다주택자인 A씨가 3억원에 취득한 주택(현시가는 6억원) 1채를 동생에게 5억원에 양도하였다면 실제 양도차익은 2억원(5억원-3억원)이지만 거래가액 5억원과 시가 6억원의 차이금액인 1억원이 시가의 5%인 3천만원 이상이므로 시가와의 양도차액 3억원에 대해서 양도소득세가 과세된다.

> (시가 - 거래가액) ≥ 3억원 또는 {(시가-거래가액)÷시가} ≥ 5%

여성세무사들의 세금이야기

Part 2. 양도·상속·증여편 - **양도소득세**

16. 배우자 및 직계존비속으로부터 토지 등을 증여받은 경우 10년 후에 양도하자.

배우자 및 직계존비속(이하 '배우자 등'으로 한다)으로부터 토지 등을 증여받아 10년 이내 양도하거나 주식을 증여받아 1년 이내 양도시 양도소득세 이월과세가 적용된다.

🌱 배우자 등으로부터 토지 등을 증여받아 10년 이내 양도시 이월과세 적용

배우자 또는 직계존비속으로부터 토지, 건물, 부동산을 취득할 수 있는 권리(분양권, 조합원입주권), 특정시설물이용권(법인의 주식 등을 소유하는 것만으로 시설물을 배타적으로 이용하거나 일반이용자보다 유리한 조건으로 시설물 이용권을 부여받게 되는 경우 그 주식 등을 포함)을 증여받은 후 10년 이내에 양도하여 그 양도한 자산에 대한 양도소득세를 계산할 때 이월과세가 적용됨을 유의해야 한다.

이월과세란 증여자의 취득시점을 기준으로 취득가액, 보유기간을 적용하여 양도소득세를 계산하는 것을 말한다. 우회양도를 통한 세부담회피를 방지하기 위한 목적의 제도이므로 증여받은 후 10년 이내 양도 시에는 이월과세를 적용한 양도소득세와 이월과세를 적용하지 않고 수증자의 취득가액과 보유기간을 반영한 양도소득세를 비교하여 큰 금액으로 계산하게 된다. 배우자의 경우 증여 당시에는 배우자였으나 증여받은 재산을 양도할 당시 이혼한 경우에도 이월과세가 적용된다(사망으로 혼인 관계가 소멸된 경우 제외).

이월과세에 따른 양도소득세 계산 시 배우자 또는 직계존비속으로부터 토지 등을 증여받을 당시 그 증여재산에 대하여 납부하였거나 납부할 증여세 상당액이 있는 경우에는 필요경비(양도차익 한도)로 공제받을 수 있다.

🌿 배우자 등으로부터 주식을 증여받아 1년이내 양도시 이월과세 적용

2025. 1. 1. 이후 증여받은 분부터 거주자가 양도일부터 소급하여 1년 이내에 그 배우자(양도 당시 혼인관계가 소멸된 경우를 포함하되, 사망으로 혼인관계가 소멸된 경우는 제외한다) 등으로부터 증여받은 주식 등의 양도차익을 계산할 때 취득가액을 그 배우자 등의 취득당시 가액으로 하며, 이 경우 거주자가 증여받은 주식 등에 대하여 납부하였거나 납부할 증여세 상당액이 있는 경우에는 필요경비로 공제받을 수 있다.

다만, 이월과세 규정을 적용하지 아니하고 계산한 주식 등의 양도소득금액보다 적은 경우에는 이월과세가 적용되지 않는다.

여 성 세 무 사 들 의   세 금 이 야 기

Part 2. 양도·상속·증여편 - **양도소득세**

17. 8년 이상 재촌 자경한 농지를 양도하는 경우 양도소득세를 감면한다.

8년 이상 재촌 자경한 농지의 양도소득세 감면규정은 자경농민에 대한 조세우대 조치로서 과세당국은 점차 자경농민의 요건을 강화하는 한편 실무상 자경농민의 판단 시 감면요건을 엄격히 적용하고 있다.

🌱 감면요건

1) 8년 이상

① 농지의 취득일부터 양도일까지의 사이에 통산하여 8년 이상이면 되고 계속하여 8년 이상일 것은 아니다.
② 상속인이 상속받은 농지를 1년 이상 계속하여 경작하는 경우 피상속인이 취득하여 경작한 기간은 상속인이 경작한 기간으로 본다.
③ 상속인이 상속받은 농지를 1년 이상 계속하여 경작하지 아니하더라도 상속받은 날로부터 3년이 되는 날까지 양도하는 경우 피상속인의 경작기간을 상속인의 경작기간으로 본다.
④ 사업소득(농업, 임업, 부동산임대소득, 비과세 농가부업소득 제외)과 총급여액의 합계가 3,700만원 이상인 과세기간, 사업소득 총수입금액이 복식부기의무자 수입금액기준(도소매업, 부동산매매업 : 3억원, 제조업 등 : 1.5억원)이상의 과세기간은 경작 기간에서 제외한다.

2) 재촌

다음 어느 하나에 해당하는 지역에 거주하여야 한다.
① 농지가 소재하는 시·군·구(자치구)안의 지역

② 상기 ①의 지역과 연접한 시·군·구(자치구) 안의 지역
③ 해당 농지로부터 직선거리 30㎞ 이내의 지역

3) 자경

자경이란 거주자가 그 소유농지에서 농작물의 경작 또는 다년생식물의 재배에 상시 종사하거나 농작업의 2분의 1이상을 자기의 노동력에 의하여 경작 또는 재배하는 것을 말한다.

4) 양도일 현재 농지

① 농지는 전·답으로서 지적공부의 지목에 관계없이 실지로 경작에 사용되는 토지로 하며 농지경영에 직접 필요한 농막, 퇴비사, 양수장 등을 포함한다.
② 양도일 이전에 매매계약조건에 따라 매수자가 형질변경, 건축물 착공 등을 한 경우에는 매매계약일 현재의 농지를 기준으로 판정한다.
③ 도시지역의 주거·상업·공업지역에 편입된 경우 편입된 날부터 3년이 지난 농지는 감면을 배제한다(편입된 날부터 3년 이내 양도시 편입일까지 발생한 양도소득에 대해서 감면)

🌱 농어촌특별세의 비과세

8년 이상 재촌 자경한 농지를 양도하고 양도소득세를 감면받은 경우에는 농어촌특별세가 비과세 된다.

🌱 감면한도 및 신청

다른 감면세액과 합하여 과세기간별로 1억원, 5개 과세기간의 합계액 2억원을 한도로 감면한다. 한편, 24년 이후 양도분부터는 토지를 분할(해당 토지의 일부를 양도한 날부터 소급하여 1년 이내에 토지를 분할한 경우)하여 일부를 양도하거나 토지의 지분을 양도한 후 2년 이내에 나머지 토지나 그 지분의 전부 또는 일부를 동일인이나 그 배우자에게 양도하는 경우에는 1개 과세기간에 해당 양도

가 모두 이루어진 것으로 보아 감면 한도를 적용한다.

자경농지에 대한 양도소득세 감면을 적용받기 위해서는 양도한 날이 속하는 과세연도의 과세표준신고와 함께 증빙서류를 첨부하여 세액감면신청서를 제출하여야 한다.

▶ 증빙서류
등기부등본, 주민등록초본, 농업경영체 등록증, 농지원부, 직불금 수령내역, 농약·기타 농자재 구입 영수증 등 자경 입증서류

Part 2. 양도·상속·증여편 - **양도소득세**

18. 토지 등이 수용되는 경우 양도소득세를 감면한다.

토지의 수용도 양도에 해당한다. 이때 공익사업의 원활한 수행을 지원하기 위해 공익사업용으로 부득이한 점을 감안하여 세부담을 완화해주기 위해 공익사업용 토지 등에 대하여 양도소득세를 감면한다.

감면요건

1) 감면대상소득

세액이 감면되는 양도소득은 공익성이 있어야 하므로 관련 법률에 따른 공익사업을 위한 토지의 수용으로 한정한다. 구체적인 범위는 아래와 같다.

① 공익사업을 위한 토지 등의 취득 및 보상에 관한 법률이 적용되는 공익사업에 필요한 토지 등을 그 공익사업의 시행자에게 양도함으로써 발생하는 소득
② 도시 및 주거환경정비법에 따른 정비구역(정비기반시설을 수반하지 아니하는 정비구역은 제외)의 토지 등을 정비사업의 시행자에게 양도함으로써 발생하는 소득
③ 공익사업을 위한 토지 등의 취득 및 보상에 관한 법률이나 그 밖의 법률에 따른 토지 등의 수용으로 인하여 발생하는 소득

2) 양도시기

사업인정고시일(사업인정고시일 전에 양도하는 경우는 양도일)부터 소급하여 2년 이전에 취득한 토지 등을 2026년 12월 31일 이전에 양도하는 경우 감면받을 수 있다.

3) 감면신청서 제출

사업시행자 또는 양도자가 양도한 날이 속하는 과세연도의 과세표준신고와 함께 세액감면신청서를 제출하여야 한다.

🌱 감면율

요건을 충족하는 토지 수용분에 대한 양도소득세에 다음의 비율을 적용하여 산출한 세액을 감면한다.

구분	현금보상	채권보상 (만기특약無)	채권보상(만기특약有)	
			만기 3년 이상	만기 5년 이상
감면율	15%	20%	35%	45%

🌱 감면한도

과세기간별로 2억원, 5년간 감면한도 3억원이 있음에 유의해야 한다. 감면한도는 공익사업용 토지 등에 대한 감면과 대토 보상 감면, 개발제한구역내 매수대상 토지 감면을 합산하여 산정한다.

🌱 농어촌특별세 과세

공익사업용 토지 양도로 양도소득세를 감면받는 경우, 감면받은 세액의 20%를 농어촌특별세로 신고·납부해야 한다.

🌱 감면세액의 추징

다음의 경우에는 감면된 세액에 이자상당액을 가산하여 추징한다.

① 공익사업의 시행자가 사업시행인가 등을 받은 날로부터 3년 이내에 그 공익사업을 시작하지 않는 경우
② 정비사업의 시행자가 사업시행자의 지정을 받은 날로부터 1년이 되는 날 이내에 사업시행 인가를 받지 않거나, 인가받은 공사완료일까지 사업을 완료하지 아니한 경우

③ 보상채권을 만기까지 보유하기로 특약을 체결하고 양도소득세를 감면받은 자 (35%, 45%)가 그 특약을 위반하게 된 경우. 이 때 추징하는 양도소득세는 양도소득세의 15%(만기가 5년 이상인 경우에는 25%)에 상당하는 금액을 징수한다.

Part 2. 양도·상속·증여편 - **양도소득세**

19. 비사업용토지를 양도하는 경우 누진세율에 10%를 가산한 세율로 과세한다.

비사업용토지에 대한 양도소득세 중과제도는 개인이 토지를 실수요에 따라 생산적인 용도로 사용하지 않고 재산 증식의 수단으로 보유하였다가 양도하는 경우를 규제하기 위한 목적의 제도이다. 비사업용토지의 판정은 해당 토지를 보유하는 기간 동안 법령에서 정한 일정 기간 동안 토지의 지목에 맞게 이용하는지 여부로 판정한다.

🌱 지목별 사용용도

공부상 지목에 따른 토지의 본래 용도를 기준으로 사용한 토지는 사업용토지에 해당한다.

① 농지(전·답·과수원)
　　가. 재촌·자경 요건 : 소유자가 농지 소재지(동일 및 연접 시·군·구 또는 농지로부터 직선거리 30킬로미터 이내)에 거주하면서 농작물의 재배에 상시 종사하거나 1/2 이상을 본인의 노동력으로 경작한 농지
　　나. 소득요건 : 사업소득(농업·임업소득·부동산임대소득·농가부업소득은 제외)과 근로소득 총급여액의 합계액이 3,700만원 이상인 경우는 경작기간에서 제외하며, 2020.02.11. 이후 과세기간부터 복식부기 의무자 수입 금액기준 이상의 수입금액이 있는 경우 해당 과세기간을 자경기간에서 제외

② 임야 : 임야소재지에서 거주하는 자가 소유한 임야 등

③ 목장용지 : 축산업을 경영하는 자가 소유하는 목장용지로서 축산용 토지 기준 면적 내
④ 주택 부수토지 : 주택정착면적에 지역별 배율을 곱하여 산정한 면적
   - 수도권 내 도시지역(주거·상업·공업지역) : 3배
   - 수도권 내 도시지역(녹지지역) 및 수도권 밖 도시지역 : 5배
   - 그 밖의 토지 : 10배
⑤ 공장용지 : 공장입지 기준면적 이내, 용도지역별 적용배율 이내의 토지

기간기준

보유기간 중 일정한 기간 동안 사업용으로 사용하여야 하며, 다음 ①, ②, ③중 어느 하나에 해당하는 경우 비사업용토지로 본다.

소유기간	소유기간 중 비사업용으로 사용한 기간이 다음 모두에 해당
① 5년 이상	양도일 직전 5년 중 2년을 초과하는 기간
	양도일 직전 3년 중 1년을 초과하는 기간
	소유기간의 40%에 상당하는 기간을 초과하는 기간
② 3년~5년	소유기간에서 3년을 차감한 기간을 초과하는 기간
	양도일 직전 3년 중 1년을 초과하는 기간
	소유기간의 40%에 상당하는 기간을 초과하는 기간
③ 3년 미만	소유기간에서 2년을 차감한 기간을 초과하는 기간
	소유기간의 40%에 상당하는 기간을 초과하는 기간

무조건 사업용으로 보는 토지 (판정제외 토지)

특정 용도의 토지를 상속받았거나 실수요 목적, 사업상 부득이한 사유로 보유하였음이 객관적으로 인정되는 다음에 열거한 토지는 비사업용토지에서 제외한다.
① 2005.12.31.이전에 취득한 종중 소유 농지
② 8년 이상 재촌, 자경한 농지·임야·목장용지를 직계존속 또는 배우자로부터 상속 또는 증여받은 토지

③ 2007.1.1.이후 시 이상의 도시지역 중 주거·상업·공업지역 내 소재하는 상속에 의하여 취득한 농지로서 상속개시일로부터 5년 이내에 양도하는 토지
④ 공익사업법에 의해 협의매수 또는 수용되는 다음의 토지
   - 2006.12.31.이전에 사업인정 고시된 지역의 토지
   - 사업인정고시일로부터 2년 이전에 취득한 토지
   - 사업인정고시일로부터 5년 이전에 취득한 토지(21.5.4. 이후 사업인정고시일분부터)
⑤ 공장의 가동에 따른 소음, 분진. 악취 등에 의하여 생활환경의 오염피해가 발생되는 지역 안의 토지로서 당해 토지 소유자의 요구에 따라 취득한 공장용 부속토지의 연접 토지

비사업용 토지에 대한 과세

① 추가과세 : 토지에 대한 투기수요 억제 및 토지 초과이익을 환수하기 위하여 토지의 양도차익에 대해서는 기본세율에 10%를 가산한 세율을 적용한다.
② 비사업용 토지에 대해서 보유기간에 대한 장기보유특별공제가 적용된다.

유의사항

2009.3.16. ~ 2012.12.31. 기간 중에 취득한 토지는 비사업용토지에 해당되더라도 10%를 추가과세하지 않고 일반세율을 적용한다.

Part 2. 양도·상속·증여편 - **양도소득세**

20. 다주택자 양도소득세는 한시적으로 중과되지 않는다.

다주택자가 보유기간 2년 이상인 주택을 2022.05.10. ~ 2026.05.09. 사이에 양도하면, 양도소득세 중과가 배제되어 기본세율이 적용되고 장기보유특별공제가 가능하다.

다주택자에게 적용되는 양도소득세율

다주택 여부는 세대 기준으로 산정하며, 조합원입주권을 포함해 주거용 오피스텔, 무허가주택, 지분소유주택, 부동산매매업자의 재고주택, 주택임대사업자의 임대주택, 다가구주택 및 겸용주택이 중과 대상 주택 수에 포함된다.

2019.12.16. 발표된 주택시장안정화 방안에 따라 2021.1.1. 이후 다주택자가 조정대상지역 내 주택을 양도 시 양도소득세 중과를 위한 주택 수 계산에 분양권(2021.1.1. 이후 취득분)도 포함된다.

2021.6.1.이후 양도분부터는 2주택자인 경우는 양도소득세 기본세율에 20%를 추가 과세하고, 3주택자 이상인 경우에는 양도소득세 기본세율에 30%를 추가 과세한다.

2022.5.9. 다주택자에 대한 중과세를 완화하는 방안으로 보유기간 2년 이상인 주택을 2022.5.10.부터 2026.5.9.까지 양도하는 경우 양도소득세 중과를 한시적으로 배제하여 기본세율이 적용된다.

〈다주택자에게 적용되는 양도소득세 세율〉

시행시기	중과세 방법	해당지역
2017.8.3.	3주택이상자 10%중과세 장기보유특별공제 적용	투기지역
2018.4.1.	2주택자 : 기본세율 + 10% 3주택자 : 기본세율 + 20% 장기보유특별공제 배제	조정대상지역
2021.6.1. ~	2주택자 : 기본세율 + 20% 3주택자 : 기본세율 + 30% 장기보유특별공제 배제	조정대상지역
한시적 2022.5.10. ~ 2026.5.9.	다주택자 기본세율 장기보유특별공제 적용	조정대상지역

조정대상지역

조정대상지역은 주택법에 따라 국토교통부장관이 지정하는 지역이다. 부동산시장 과열을 막기 위해 수시로 지정 및 해제되므로 부동산을 양도할 당시 조정대상지역에 소재한 주택인지 여부를 잘 확인하여야 한다.

〈2023.1.5. 이후 기준 조정대상지역〉

구분	조정대상지역
서울	강남, 서초, 송파, 용산
경기, 인천	전부 해제
기타	전부 해제

🌿 1세대의 주택수 계산

아래의 주택 및 조합원입주권을 대상으로 하고, 2021.1.1.이후 양도하는 분부터 주택 수 계산에 2021.1.1.이후 취득한 분양권도 포함된다.

지역		주택수 포함대상
서울시	전 지역	모든 주택 및 조합원 입주권,분양권
6대 광역시 (인천, 대전, 광주, 대구, 울산, 부산)	군지역 외	모든 주택 및 조합원 입주권,분양권
	군지역	3억 원 초과 주택 및 조합원 입주권,분양권
경기도, 세종특별자치시	읍, 면 지역 외	모든 주택 및 조합원 입주권,분양권
	읍, 면 지역	3억 원 초과 주택 및 조합원 입주권,분양권
경기도 외 도 지역	전 지역	3억 원 초과 주택 및 조합원 입주권,분양권

※ 3억원 초과여부 판단 시 주택은 양도당시 기준시가로, 조합원입주권은 사업시행계획인가 고시일 기준 종전주택가격으로 판단한다.

🌿 다주택자 양도소득세 중과세여부 판단절차 (양도당시 기준)

1단계	양도주택이 조정대상 지역에 있는지	부 ⇨	기본세율 적용

여 ⇩

2단계	주택 수 계산에 산입하지 않은 주택*을 제외하고 2주택 이상인지	부 ⇨	기본세율 적용

여 ⇩

3단계	중과대상에서 제외되는 주택에 해당하는지	여 ⇨	중과제외주택(장기임대주택 등) 양도 시 기본세율 적용

부 ⇩

4단계	중과세율 적용	=	2주택 : 기본세율 + 20% 3주택이상 : 기본세율 + 30%

* 광역시 군지역 기준시가 3억원 이하 주택 등
‡ 2022.5.10.부터 2026.5.9.까지 양도시 기본세율 적용

다주택자 중 양도소득세 중과세 제외 주택

다음의 주택은 2주택 또는 3주택 이상자에 해당되어도 중과세율 적용에서 제외된다.

3주택 이상자의 중과 제외 주택	2주택 보유자의 중과 제외 주택
① 수도권(읍·면지역제외) 및 광역시(군지역제외), 세종시(읍·면지역제외)외의 지역에 소재하는 양도당시 주택 및 이에 부수되는 토지의 기준시가 합계액이 3억원이하인 주택 ② 소득세법상 장기임대주택 ③ 조세특례제한법상 감면 대상 주택 ④ 10년 이상 무상제공한 사원용 주택 ⑤ 문화재보호법에 규정한 문화재주택 ⑥ 상속받은 주택 (5년 이내 양도) ⑦ 저당권 실행으로 인하여 취득하거나 채권변제를 대신하여 취득한 주택으로서 취득일로부터 3년이 경과하지 아니한 주택 ⑧ 시, 군, 구로부터 인가를 받고 세무서에 사업자등록을 한 다음 5년 이상 사용한 장기가정어린이집 ⑨ 1세대가 ②~⑧의 주택을 제외하고 일반주택 1채만 소유한 경우 ⑩ 조정대상지역 공고 전 해당지역의 주택을 양도하기 위하여 매매계약을 체결하고 계약금을 지급받은 주택 ⑪ 보유기간이 2년 이상인 주택을 2026년 5월 9일까지 양도하는 경우 그 해당주택 ⑫ 1세대 1주택 비과세 특례대상 주택(등록임대사업자의 거주주택 등)이 일시적 2주택에 해당하는 경우 해당 주택	① 수도권(읍·면지역제외) 및 광역시(군지역제외), 세종시(읍, 면지역제외)외의 지역에 소재하는 양도당시 주택 및 이에 부수되는 토지의 기준시가 합계액이 3억원이하인 주택 ② 3주택 이상 보유자의 중과 제외 주택 ③ 취학, 근무상 형편, 질병 요양 등으로 취득한 수도권 밖 다른 시,·군 소재 주택 등 (취득가액 3억원 이하 주택으로서 취득 후 1년 이상 거주하고 사유 해소 후 3년 이내 양도) ④ 취학, 근무상 형편, 질병 요양 등의 사유로 취득한 수도권 밖에 소재하는 주택(사유 해소 후 3년 이내 양도) ⑤ 혼인합가일로부터 10년 이내, 동거봉양합가일부터 10년 이내 양도하는 주택 ⑥ 소송 진행 중인 주택 또는 소송결과에 따라 취득한 주택(확정판결일로부터 3년 이내 양도) ⑦ 일시적 2주택인 경우 종전주택 ⑧ 양도당시 기준시가 1억원 이하인 주택(도시 및 주거환경정비법상 정비구역 내 주택은 제외) ⑨ 상기 ①~⑧의 주택외에 1개의 주택만을 소유하는 경우 해당주택 ⑩ 조정대상지역 공고 전 해당지역의 주택을 양도하기 위하여 매매계약을 체결하고 계약금을 지급받은 주택 ⑪ 상속주택과 일반주택을 소유하고 있는 1세대가 일반주택을 양도하는 경우 ⑫ 보유기간이 2년 이상인 주택을 2026년 5월 9일까지 양도하는 경우 그 해당주택 ⑬ 장기임대주택과 거주주택을 소유하고 있는 1세대가 거주주택을 양도하는 경우

주택임대사업자 양도소득세 중과배제

1) 다음의 요건을 모두 충족한 장기임대주택이어야 한다.

① 임대개시일 당시 기준시가가 6억원(수도권밖 3억원)이하일 것
② 의무임대기간동안 임대할 것

임대주택 등록시점	2018.3.31.이전	2018.4.1. ~ 2020.8.17.	2020.8.18.이후
의무임대기간	5년 이상	8년 이상	10년 이상

③ 임대료 증액 제한 (5% 이하)을 준수할 것
   (19.2.12.이후 임대차계약을 갱신하거나 새로 체결하는 분부터 적용)
④ 지방자치단체 및 세무서에 각각 주택임대사업자로 등록할 것

2) 2018.09.14. 이후 취득한 조정대상지역 소재 주택은 중과배제 적용불가하다.
   (2018.09.14. 이후 신축한 조정대상지역 소재 건설임대주택은 제외)

3) 2020.7.11. 이후 부터는 민간임대주택에 관한 특별법이 개정되어 단기임대주택 및 장기일반민간임대주택 중 아파트 임대는 폐지되었다.
   (신규 등록은 불가하고, 기존 임대사업자는 등록 말소시까지 유지한다.)

여 성 세 무 사 들 의   세 금 이 야 기

Part 2. 양도·상속·증여편 - **양도소득세**

21. 아파트 분양권을 전매하는 경우 양도세 중과세율이 적용된다.

양도소득세 과세 대상 자산에는 부동산을 취득할 수 있는 권리를 포함한다. 부동산을 취득할 수 있는 권리란, 계약 또는 법률에 따라 부동산의 취득원인은 발생하였으나, 실제 취득시기가 도래하지 않은 상태의 권리를 의미한다. 이는 건물이 완성될 때 해당 건물과 부수되는 토지를 취득할 수 있는 권리를 포함하며 아파트 분양권 등이 이에 해당한다.

분양권 전매시 양도소득세율

분양권 양도시 조정대상지역 내·외 구분 없이 보유기간이 1년 미만은 70%, 1년 이상은 60%를 적용한다. 다만, 다주택자가 조정대상 지역 내 분양권을 양도하는 경우에는 중과적용세율(조정대상지역 기본세율+ 20% or 30%)과 비교하여 산출세액이 큰 세율을 적용한다.

〈분양권 전매시 세율〉

구 분	2021.5.31. 이전 양도			2021.6.1. 이후 양도
	보유기간	비조정	조정	조정·비조정
세 율	1년 미만	50%	50%	70%
	1년 ~ 2년 미만	40%		60%
	2년 이상	기본세율		

※ 조정 대상지역 내 2주택자(3주택이상)의 세율은 기본세율+20%(30%)적용 한 산출세액과 비교하여 큰 세액을 적용한다.

Part 2. 양도·상속·증여편 - **양도소득세**

22. 해외주식 양도시 양도소득세 신고·납부 의무가 있다.

거주자가 해외주식을 양도한 경우 양도소득세 신고·납부의무가 있다.

해외주식(회사형 펀드 포함)을 양도한 경우 예정신고 없이 양도소득세 확정신고 기간에 주소지 관할세무서에 양도소득과세표준 확정신고·납부해야 하며, 이때 현지국가에 납부한 해외주식 양도소득 관련 외국납부세액은 세액공제를 받거나 필요경비에 산입하여 이중과세를 조정한다.

우리나라가 체결한 대부분의 조세조약은 유가증권 양도소득에 대하여 국내 거주자의 경우 국내에서 과세하도록 규정되어 있다.

2020년도 양도분부터 해외주식의 거래에서 발생한 양도차익(손)과 국내주식*의 양도차손(익)을 통산하여 신고할 수 있다.
* 상장법인의 대주주 양도분 및 비상장주주의 양도분에 한함

해외주식 양도소득세 계산구조

구 분	내 용
양도가액	실지거래가액
(-) 취득가액	실지거래가액
(-) 기타필요경비	양도비 등 실제경비 ▸ 법적증빙 구비의무 : 2016.2.17.이후 ▸ 금융거래 증빙자료 : 2018.4.1.이후 양도분부터 적용
(=) 양도소득금액	국내 상장법인 대주주·비상장법인 주주의 양도손익 통산허용 (2020.1.1.이후)
(-) 양도소득기본공제	국내·국외주식 통산하여 연 250만원

구 분	내 용
(=) 양도소득과세표준	
(×) 세율	주식 : 20%(해외상장 중소내국법인주식 10%) 부동산주식 등 : 소득세법상 누진세율(6%~45%) ▸ 법인 자산의 50% 이상이 부동산으로 구성된 법인의 주식 등 ▸ 국내·외 주식 통산 대상 아님
(=) 산출세액	
(−) 세액공제·감면세액	외국납부세액공제
(=) 납부할 세액	

해외주식 동일종목을 수차례 취득 및 양도한 경우 양도차익 산정

먼저 취득한 것을 먼저 처분한 것으로 보고(선입선출법) 양도차익을 산출한다.

다만, 매매 또는 단기투자목적 주식으로서 증권회사가 이동평균법을 적용한 경우 이동평균법도 가능하며 연도별로 선입선출법과 이동평균법 중 선택이 가능하다.

해외주식 양도차익 산정시 환율적용시기

구분	환율적용시기
양도가액	양도대금이 입금된 날의 환율 분할 수령하는 경우에는 각각 입금된 날의 기준환율 또는 재정환율
필요경비	결제대금이 출금된 날의 환율 수차례에 걸쳐 지출된 경우 각각 출금된 날의 기준환율 또는 재정환율

제출 서류

① 양도소득세과세표준 신고 및 납부계산서
② 주식등 양도소득금액 계산명세서
③ 첨부서류
  - 주식거래내역서
  - 양도 및 취득비용 증빙
  - 외국과세당국에 신고한 양도소득세 신고서 사본등

단, 거주자가 해외상장주식 등을 금융기관(주로 국내증권회사)을 통하여 양도한 경우로서 금융기관이 확인한 '주식양도소득금액 계산보조자료'를 제출하는 경우 ②와 ③의 제출을 생략할 수 있다.

여 성 세 무 사 들 의 세 금 이 야 기

Part 2. 양도·상속·증여편 - **양도소득세**

23. 양도소득세는 예정신고·납부하지 않으면 가산세가 있다.

양도소득세는 납세자가 스스로 신고납부하는 세금이다. 세무서에서 세금을 계산하여 알려주지 않는다. 따라서, 양도소득세가 과세되는 자산을 양도한 경우에는 그 양도일이 속하는 달의 말일부터 2개월(주식은 반기의 말일로부터 2개월, 부담부증여는 증여일이 속하는 달의 말일로부터 3개월) 이내에 신고일 현재 주소지 관할세무서에 신고와 납부를 해야 한다. 이를 양도소득세 예정신고라고 한다. 기한 내에 신고하지 않으면 가산세를 내야 한다.

가산세 종류

가산세의 종류로는 신고를 기한 내에 하지않은 경우 부과되는 신고불성실 가산세와 납부를 기한 내에 하지않은 경우 부과되는 납부지연 가산세가 있다.

1) 신고불성실가산세

① 일반무신고 가산세
양도소득세가 과세되는 자산을 양도하고 세법이 정한 기간까지 자진신고하지 않으면 신고해야할 세액의 20%를 일반무신고 가산세로 추가하여 납부해야 한다.

② 일반과소신고 가산세
양도소득세가 과세 되는 자산을 양도하고 신고를 하였으나 착오로 적게 신고한 경우에는 적게 신고한 금액의 10%에 해당되는 금액을 일반과소신고 가산세로 납부하여야 한다.

③ 부당무신고 가산세

부당무신고가산세는 위에서 설명한 두가지 가산세와는 달리 40%의 무거운 세액을 가산해서 납부하게 되는데 사유는 부정한 방법으로 신고하지않거나 적게 신고하는 경우를 말한다.

2) 납부지연가산세

'미납세액 × 미납일수 × 2.2/10000'로 계산한 금액을 납부지연가산세로 납부하게 된다.

🌿 가산세 감면

자산 등을 양도하고 세법이 정한대로 신고를 하지 못하였으나, 기한이 지나서라도 자진 신고하는 경우에는 가산세를 감면해 준다. 감면비율은 기간별로 다르게 적용된다. 즉, 신고기한을 지켜서 신고하는 것이 가장 좋고, 신고기한이 지났더라도 빨리 신고하는 것이 세부담을 줄일 수 있다.

1) 기한후신고시 감면율

구분	감면율
1개월 이내	50%
1개월 초과 3개월 이내	30%
3개월 초과 6개월 이내	20%

2) 수정신고시 감면율

구분	감면율
1개월 이내	90%
1개월 초과 3개월 이내	75%
3개월 초과 6개월 이내	50%
6개월 초과 1년 이내	30%
1년 초과 1년6개월 이내	20%
1년 6개월 초과 2년 이내	10%

Part 2. 양도·상속·증여편 - **양도소득세**

24. 5년 이상 국내에 거주하지 않은 자는 국외자산의 양도에 대해 세금을 납부하지 않아도 된다.

일반적인 거주자인 경우에는 국내 소재 자산뿐만 아니라, 국외 자산의 양도에 대하여도 양도소득세 납세의무가 있다.

거주자 판단 기준

거주자의 판단은 국내에 주소를 두거나 183일 이상 거소를 둔 개인을 말하며, 비거주자는 거주자가 아닌 개인을 말한다.

국외자산을 양도한 거주자라 하더라도 해당 자산의 양도일까지 계속하여 5년 이상 국내에 주소 또는 거소를 두지 않은 경우에는 국외자산의 양도소득에 대해서는 양도소득세를 납부하지 않아도 된다.

통상 국외에 자산이 있는 경우를 보면 일정기간 국외에서 거주한 사례에 해당하는 경우를 많이 볼 수 있다. 따라서, 국외자산을 양도한 경우에는 5년 이상 거주 요건을 채우고 있는지 여부를 반드시 확인할 필요가 있다. 단, 국내에 주소 또는 거소를 두고 있었는지 여부를 판단 시, 국외에서 생활하였다고 하여 반드시 국내에 주소 또는 거소를 두지 않은 것으로 보는 것은 아니다.

만일 국외에 거주하였더라도 계속하여 1년 이상 국내에 거주할 것을 통상 필요로 하는 직업을 가진 때에 해당하거나, 국내에 생계를 같이하는 가족이 있고 그 직업 및 자산상태에 비추어 계속하여 1년 이상 국내에 거주할 것으로 인정되는 경우에는 국내에 주소 또는 거소를 두고 있는 것으로 보므로 주의하여야 한다.

거주자·비거주자 판단 사례

유학목적으로 출국하였으나 생계를 같이 하는 가족이 국내에 있는 경우나, 전 가족이 출국한 경우라도 국내 대학의 교수로서 단기 체류 목적에 의해 출국한 경우, 내국법인의 국외사업장 등에 파견된 임직원으로서 가족이나 자산상태로 보아 파견기간 종료 후 재입국할 것으로 인정되는 경우에는 국외에서 거주하였다고 하더라도 동 거주기간은 국내에 거소를 둔 기간에 포함되는 것으로 본다.

타국의 영주권, 시민권을 취득하는 경우에는 주로 중대한 이해관계의 중심지가 거주지가 된다.

기업의 대표이사로서 중요한 의사결정을 하고 경영을 한 사실이 있으면 국내 체류기간이 외국체류 기간보다 적더라도 거주자로 판단한 사례가 있으며, 주 수입원이 국내원천소득으로 이루어져 있고, 국내의 다양한 자산상태로 구성되어 있으면 거주자이고, 국내에서 국민건강보험이 가입되어 있는 경우에도 거주자로 판단하는 근거가 되고 있다.

여 성 세 무 사 들 의 세 금 이 야 기

Part 2. 양도·상속·증여편 - **양도소득세**

25. 국내 거주자가 이민 등으로 국외로 전출시 보유하고 있는 국내주식 등에 대해 양도소득세 신고·납부 의무가 있다.

국외 이주를 위해 전출하는 경우에는 국내주식 등을 전출시의 시가로 양도한 것으로 보아 양도소득세를 과세하고 있다.

납세의무자

국외 전출일 전 10년 중 5년 이상 국내에 주소나 거소가 있는 자로서 국외전출일 현재 다음에 해당하는 자이다.

① 대주주에 해당하는 자 (종목별 지분율, 보유액 기준)

적용시기	구분	비상장법인	유가증권시장 상장법인	코스닥상장법인, 장외거래벤처기업	코넥스시장 상장법인
2024.01.01. ~2025.12.31.	지분율	4%이상	1%이상	2%이상	4%이상
	시가총액	50억원이상	50억원이상	50억원이상	50억원이상
2020.04.01. ~2023.12.31.	지분율	4%이상	1%이상	2%이상	4%이상
	시가총액	10억원이상	10억원이상	10억원이상	10억원이상
2018.04.01. ~2020.03.31.	지분율	4%이상	1%이상	2%이상	4%이상
	시가총액	15억원이상	15억원이상	15억원이상	10억원이상
2017.01.01. ~2018.03.31.	지분율	4%이상	1%이상	2%이상	4%이상
	시가총액	25억원이상	25억원이상	20억원이상	10억원이상
2016.04.01. ~2016.12.31.	지분율	4%이상	1%이상	2%이상	4%이상
	시가총액	50억원이상	25억원이상	20억원이상	10억원이상

② 부동산 등(해당 법인이 직접 또는 간접으로 보유한 다른 법인의 주식가액에 그 다른 법인의 부동산등 보유비율을 곱하여 산출한 가액 포함) 의 비율이 50% 이상인 법인의 과점주주

③ 골프장, 스키장 등을 영위하는 법인으로서 부동산(해당 법인이 직접 또는 간접으로 보유한 다른 법인의 주식가액에 그 다른 법인의 부동산 등 보유비율을 곱하여 산출한 가액 포함)이 전체 자산가액 중 차지하는 비율이 80% 이상인 주식을 보유한 주주

과세표준 및 세율

양도가액은 출국일 당시의 시가로 하여 취득가액 등을 공제 후 과세표준 3억원 이하에 대해서는 20%(3억원 초과분은 25%)의 세율을 적용한다.

출국 후 실제 양도시 국외 전출시 과세된 양도가액보다 낮게 양도한 경우

출국 후 해당 주식을 실제 양도하여 미실현이익이 실현되었으나 실제 양도가액이 국외 전출시 과세된 양도가액보다 낮은 경우에는 조정공제액(국외 전출시 과세된 양도가액에서 실제 양도가액을 차감한 금액에 세율을 적용한 금액)을 산출세액에서 공제한다.

주식 양도차익에 대해 국외에서 과세된 경우

국외 전출자가 주식을 양도하여 외국 정부에 세액을 납부한 경우에는 이중과세가 될 수 있으므로 산출세액에서 조정공제액을 공제한 금액을 한도로 외국납부세액공제를 받을 수 있다.
다만, 외국정부가 산출세액에 대하여 외국납부세액공제를 허용하는 경우이거나, 외국정부가 국외전출자 국내주식등의 취득가액을 국외전출시의 양도가액으로 조정하여 주는 경우에는 외국납부세액공제를 받을 수 없다.

신고·납부

국외 전출자는 출국일 전일까지 납세관리인과 주식보유현황(신고일 전일 기준)을 신고(미신고시 액면가액의 2% 가산세 부과)하여야 하며 출국일이 속하는 달의 말일부터 3개월 이내에 납세지 관할세무서장에게 양도소득세 신고·납부를 하여야 한다. 단, 납세관리인을 신고한 경우에는 출국일의 익년 5월 31일까지 신고·납부할 수 있다.

국내전입, 증여·상속시 환급

국외전출자가 출국일로부터 5년 이내에 국내주식 등을 양도하지 아니하고 국내에 주소를 두거나 출국일 후 국내에 거소를 둔 기간이 2과세기간에 걸쳐 183일 이상인 경우, 5년 이내에 거주자에게 증여한 경우, 국외전출자의 상속인이 5년 이내에 상속받은 경우에는 그 사유가 발생한 날로부터 1년 이내에 납세지 관할세무서장에게 국외전출세액의 환급을 신청하거나 납부유예 중인 국외전출세의 취소를 신청하여야 한다.

여 성 세 무 사 들 의   세 금 이 야 기

상속·증여세

Part 2. 양도·상속·증여편 - **상속·증여세**

1. 상속인 등은 물려받은 유산에 대하여 상속세 납부의무가 있다.

상속세는 부모나 배우자 등의 사망에 따라 남은 유족들이 유산을 물려받는 경우에 그 물려받은 재산에 대하여 과세되는 세금이다. 여기서 사망한 사람을 피상속인이라 하고, 민법상 상속순위에 의하여 유산을 물려받는 사람을 상속인이라고 하며, 유증이나 사인증여에 의하여 유산을 물려받은 사람을 수유자라 한다.

또한 사망일을 상속개시일이라 하며, 실종선고로 상속이 개시되는 경우 민법상 상속개시일은 실종기간만료일이 된다. 다만 상속세및증여세법상 상속개시일은 실종선고일이 된다. 상속개시일은 민법상 상속인이 결정되는 시점이 됨과 동시에 상속세및증여세법상 상속세 납세의무가 성립되는 날이 된다.

우리나라의 상속세 과세방법은 상속인의 수나 유산의 배분내용에 관계없이 피상속인이 남긴 유산총액을 과세기준으로 누진세율을 적용하여 상속세를 계산한 후 상속인이나 수유자에게 상속받은 재산 비율대로 상속세 납부의무를 지우는 유산세 과세방식을 적용하고 있다.

피상속인이 거주자인 경우에는 국내외의 모든 재산에 대하여 상속세가 과세되며, 피상속인이 비거주자인 경우에는 국내에 있는 재산에 대하여만 상속세가 과세된다. 상속인과 수유자는 상속 또는 유증·사인증여에 의하여 물려받은 유산에 대하여 상속개시일을 기준으로 계산한 상속세에 대하여 납부의무 및 연대납부의무가 있다.

Part 2. 양도·상속·증여편 - **상속·증여세**

2. 상속이 개시된 경우 상속세 및 취득세 신고 등 후속조치사항이 있다.

부모 등의 사망으로 상속이 개시되어 상속인이 확정되고 상속승인·포기여부의 결정과 상속재산의 협의분할 등에 의하여 상속재산분할이 결정된 경우에는 상속재산에 대하여 취득세 등과 상속세를 신고 및 납부하여야 한다. 이 외에도 각종 후속조치사항이 있음을 유의해야 한다.

상속세 신고 및 납부기한

상속받은 재산에 대해 납부할 상속세가 있는 경우 상속개시일이 속하는 달의 말일부터 6개월 이내에 상속세를 관할세무서장에게 신고·납부하여야 한다. 다만, 피상속인이나 상속인이 외국에 주소를 둔 경우에는 상속개시일이 속하는 달의 말일부터 9개월이내에 상속세를 신고·납부하여야 한다.

취득세 신고·납부기한

상속재산 중 부동산·차량·회원권 등 취득세 과세대상 재산이 있는 경우 상속개시일이 속하는 달의 말일부터 6개월이내(납세자가 외국에 주소를 둔 경우에는 9개월)에 취득세를 신고·납부하여야 한다. 다만 상속인이 아닌 자에게 유언에 의한 상속을 하는 경우 취득원인이 증여에 해당되어 상속개시일부터 3개월 이내에 취득세를 신고·납부하여야 한다. 여러 가지 사유로 재산분할이 확정되지 않아 상속등기를 하지 못하는 경우에도 취득세는 기한내 신고·납부하여야 가산세를 피할 수 있다.

종합소득세 신고 및 납부기한

피상속인이 사망전에 발생한 종합소득(이자·배당·사업·근로·연금·기타소득)이 있는 자에 해당하는 경우 상속인은 상속개시일이 속하는 달의 말일로 부터 6개월이 되는 날(이 기간 중 상속인이 출국하는 경우에는 출국일 전날)까지 종합소득세를 신고·납부하여야 한다.

상속개시일	종합소득세 신고대상기간	신고기한
5월 31일 이전	직전 과세기간, 1.1 ~ 상속개시일	상속개시일이 속하는 달의 말일로부터 6개월이 되는 날
6월 1일 이후	1.1 ~ 상속개시일	

이 경우 피상속인의 종합소득세 및 지방소득세는 상속채무로 공제받을 수 있다.

기타 후속조치사항

이 외에도 각종 영업자의 지위승계 신고, 사업자등록정정신고(상속인이 확정되는 때에 지체없이 신고), 기타 각종 보험청구, 거래계약 해지, 신용카드 해지, 인터넷 서비스 해지, 휴대전화 해지 등을 조치해야 한다.

Part 2. 양도·상속·증여편 - **상속·증여세**

3. 상속을 받는 것이 무조건 유리한 것만은 아니다.

상속을 받는 것이 항상 유리한 것은 아니다. 상속에는 채무도 함께 상속되기 때문이다. 민법은 상속이 개시되면 원칙적으로 피상속인의 상속재산에 관한 권리와 의무를 상속인이 포괄적으로 승계하도록 하고 있다. 이는 상속으로 인한 법률관계를 신속하게 확정함으로써 법적 안정성을 도모하기 위함이다.

상속포기

피상속인이 남긴 상속재산 중 부동산 등 적극적인 상속재산보다 은행 채무 등 상속채무가 더 많은 경우에는 상속인이 상속을 포기하거나 또는 한정승인 상속함으로써 상속인의 의사에 따라 상속의 효과를 귀속시키거나 거절할 수 있는 자유를 두고 있다. 상속인은 상속개시가 있음을 안 날로부터 3개월 이내에 상속의 포기를 할 수 있다. 여기서 상속개시가 있음을 안 날이라 함은 상속개시의 원인이 되는 사실의 발생을 알고 이로써 자기가 상속인이 되었음을 안 날을 말한다. 하지만 법률적으로 상속인이 누구인지 가리는 과정에서 자신이 상속인이 된 사실을 알기 어려운 특별한 사정이 존재하는 경우도 있으므로, 이러한 때에는 법원이 상황을 종합적으로 해석하여 상속개시가 있음을 안 날을 확정하게 된다.

상속인은 상속채무가 상속재산을 초과하는 사실을 중대한 과실 없이 3개월 이내에 알지 못한 경우에는 그 사실을 안 날부터 3개월 이내에 상속 포기를 할 수 있다.

상속인이 상속 포기를 한 경우에는 피상속인의 채무가 상속되지 않지만 기한 내에 상속 포기를 하지 않아 단순승인 상속이 된 경우에는 피상속인의 권리·의무가 아무런 제한 없이 상속인에게 그대로 승계되기 때문에 상속받은 재산으로 변제할 수 없는 채무도 고스란히 상속인의 고유재산으로 변제해야 하는 결과가 발생할 수 있다.

한정승인 상속

상속 포기는 포기한 상속인에게 효력이 있으며, 다른 상속인들에게는 상속의 효력이 계속 되기 때문에 모든 상속인들이 상속포기를 하는 것이 쉽지 않을 수 있다. 또한 경우에 따라 적극적인 상속재산과 소극적인 상속재산이 거의 비슷한 수준이어서 상속이 유리한지 아니면 상속 포기가 나은지 판단이 서지 않는 경우도 있을 수 있다. 이러한 경우 상속인은 한정승인 즉, 상속으로 인하여 취득할 재산의 한도에서 피상속인의 채무와 유증을 변제할 것을 조건으로 상속을 승인하는 제도를 활용할 수 있다. 하지만 한정승인 상속의 경우에도 상속재산 중 양도소득세 과세대상 자산이 있는 경우에는 양도소득세 과세문제가 발생될 수 있다.

상속인들은 상속 포기나 한정승인 상속제도를 반드시 숙지하여 상속 재산 보다 더 큰 피상속인의 채무를 의도하지 않게 부담하게 되는 불상사는 피해야 한다.

상속포기 또는 한정승인 신청시 주의점

상속인들이 피상속인의 채무 등 재정현황을 정확하게 파악하고 있는 경우는 많지 않다. 피상속인의 채무가 정확하게 확인되지 않은 상태에서 원스탑서비스 신청 전 피상속인의 보통예금을 인출해서 사용하거나 차량 등을 처분하는 경우에는 상속을 단순승인한 것으로 보아 상속포기 또는 한정승인이 어려울 수 있으니 주의하여야 한다. 사인간 채권이 있는 경우에 피상속인이 빌려준 돈을 받는 것도 재산을 처분한 것으로 보므로 주의하여야 한다.
또한 상속포기나 한정승인을 받은 후에 한정승인을 받은 자는 상속재산을 우선 채권자에게 나누어주어야 하고, 상속포기한 자는 당초부터 상속인이 아니므로 상속재산을 처분할 수 없으니 주의하여야 한다.

피상속인의 체납세금이 있는 경우 상속포기와 한정승인 효과

피상속인에게 거액의 체납세금이 있거나 법인에 대한 가지급금 채무가 있는 경우에는 상속과 동시에 원칙적으로 피상속인의 체납세금과 가지급금에 대한 소득세 납세의무가 상속인에게 승계된다.

이 경우 상속을 포기하는 경우에는 당초부터 상속인이 아닌 것으로 보기 때문에 피상속인에게 아무리 거액의 체납세금이 있는 경우에도 피상속인의 납세의무를 승계하지 않는다. 다만 10년 이내 사전증여재산이 있는 경우에는 상속을 포기한 경우에도 사전증여재산에 대한 상속세 납세의무가 있다.

반면 한정승인을 한 경우에는 상속인에 해당하므로 피상속인의 체납세금에 대한 납세의무를 상속으로 받은 재산을 한도로 승계하게 된다.

피상속인에게 거액의 체납세금이 있는 경우에는 이러한 부분을 고려하여 계획을 세울 필요가 있다.

여 성 세 무 사 들 의   세 금 이 야 기

Part 2. 양도·상속·증여편 - **상속·증여세**

4. 피상속인의 유언이 없는 경우 법정지분상속·협의분할에 의한 상속을 할 수 있다.

상속인이 2인 이상인 경우로서 공동상속재산에 대한 각 상속인의 몫은 피상속인이 유언에 의하여 지정하거나, 공동상속인간의 협의분할에 의하여 정하거나 또는 법정상속분에 의할 수 있다.

상속순위 및 상속인의 법정상속분

피상속인이 유언으로 상속분을 지정한 경우에는 지정을 받은 자가 수유자로서 상속을 받을 수 있으나 유언이 없는 경우에는 민법에서 정한 법정상속인에게 아래 순서에 따라 상속권이 부여된다. 동순위 상속인이 여러 명일 경우 최근친을 우선순위로 하며 촌수가 같은 상속인이 여러 명일 경우에는 공동상속인이 된다. 배우자는 직계비속이나 직계존속이 있을 경우 공동상속인이 되며 그 상속인이 없을 때에는 단독 상속인이 된다.

순위	피상속인과의 관계	상속지분
1순위	직계비속과 배우자	직계비속 각1, 배우자 1.5
2순위	직계존속과 배우자	직계존속 각1, 배우자 1.5
3순위	형제자매	각 1
4순위	4촌 이내의 방계혈족	각 1

상속재산에 대한 법정상속분은 동순위인 경우 동일한 것으로 하며, 배우자의 상속분은 직계비속이나 직계존속과 공동상속하는 경우 직계존비속 상속분의 50%을 가산한다.

협의분할에 의한 상속

피상속인이 유언 없이 사망한 경우 상속인들은 법정지분대로 상속받거나 공동상속인들끼리 협의분할하여 상속을 받을 수 있다. 최초의 협의분할 상속의 경우 특정상속인이 본인의 법정상속지분을 초과하여 상속재산을 취득한 경우에도 증여세가 과세되지 않는다.

다만, 상속재산에 대하여 법정상속지분 또는 협의분할에 의하여 각 상속인들의 상속분이 확정되어 등기 등이 완료되고 상속세 신고기한이 지난 후에 그 상속재산에 대하여 공동상속인간의 재분할에 의하여 특정상속인이 당초 상속분을 초과하여 취득하게 되는 재산가액은 그 분할에 의하여 상속분이 감소한 상속인으로부터 증여받은 재산에 해당하여 증여세가 과세된다. 또한 상속재산에 대하여 공동상속인간에 협의분할할 때 특정상속인이 상속재산중 본인의 지분을 포기하는 대가로 다른 상속인으로부터 금전 등을 받은 경우에는 양도소득세 과세문제가 발생될 수 있다.

Part 2. 양도·상속·증여편 - **상속·증여세**

5. 상속인에게는 상속·증여재산 중 최소한 상속받을 수 있는 몫(유류분)이 있다.

피상속인의 유언이 없는 경우 배우자, 직계비속, 직계존속, 형제자매는 법이 정한 순위와 상속지분에 따라 재산을 상속받을 수 있지만, 유언에 의해 재산이 상속되는 경우로서 여러 상속인중 특정인에게만 재산이 상속되거나 타인에게 전재산이 유증되는 경우에는 상속인의 상속권이 부당히 침해될 수 있다.

민법에서는 공동상속인들 사이의 형평성을 유지하고 피상속인의 사망 이후 상속인들의 생계를 보장해주기 위해 각 상속인이 최소한도로 받을 수 있는 상속분을 정하고 있는데 이를 유류분(遺留分)이라 한다. 즉, 유류분이란 증여 또는 유증(유언을 통해 재산을 주는 것)에 의해서도 침해되지 않는 상속인의 몫을 말하는 것으로 피상속인의 재산처분(증여, 유증)에 대한 자유를 제한해 상속인에게 일정한 재산을 확보해주는 것을 말한다.

유류분 권리자와 유류분 비율

유류분은 법정상속인중 1순위, 2순위, 3순위까지만 인정되며 비율은 아래와 같다.

순위	피상속인과의 관계	유류분
1순위	직계비속과 배우자	법정상속분의 1/2
2순위	직계존속	법정상속분의 1/3
3순위	형제자매	법정상속분의 1/3

이때 1순위가 있는 경우에는 2순위에 대해서는 유류분이 인정되지 않는다. 상속결격자가 있는 경우 상속결격자의 상속인이 법정상속인이 되며 상속포기자가 있는 경우 후순위 상속인이 법정상속인이 된다. 한편 유류분은 태아와 대습상속인도 인정된다.

유류분 재산가액의 계산 및 유류분반환청구권의 소멸기한

유류분을 산정하는데 중요한 것은 기초재산이다. 기초재산이란 유류분 산정에 기준이 되는 재산으로 이를 얼마로 잡는지에 따라 상속인에게 분배되는 금액이 달라지게 된다.

유류분 기초재산의 계산은 상속개시 시점의 상속재산가액에 증여재산가액(상속개시일 기준 평가한 가액)을 가산하고 채무액을 공제하여 산정한다.

여기서 유류분 산정에 가산하는 증여란 형식적인 증여계약만을 의미하는 것이 아니라 대가 없이 재산을 넘기는 모든 무상처분, 채무를 면제해주는 경우 등 모두를 포함한다. 증여가 공동상속인들에게 이루어졌다면 기간에 관계없이 모든 증여재산이 유류분 산정의 기초재산이 되지만, 증여가 공동상속인이 아닌 제3자에게 이루어졌다면 상속개시 전 1년간에 행한 것에 한하여 그 가액을 산정한다. 다만 당사자 쌍방이 유류분 권리자에게 손해를 가할 것을 알고 증여를 한때에는 1년 전에 한 것도 포함된다.(여기서 1년의 기산점은 증여계약의 이행시기가 아니라 계약의 체결시기를 의미함)

유류분권리자는 피상속인의 증여와 유증으로 인하여 그 유류분에 부족이 생긴 때에 부족한 한도에서 그 재산의 반환을 청구하여 돌려받을 수 있다. 유류분 반환청구권은 권리자가 상속 개시와 반환하여야 할 증여 또는 유증을 한 사실을 안 때로부터 1년 또는 상속이 개시한 때로부터 10년이내에 행사하지 않으면 시효로 인하여 소멸되므로 빠른대처가 필요하다.

6. 상속개시전에 재산을 처분하거나 채무를 부담한 경우로서 사용처 불분명시 상속세가 과세된다.

상속세는 유산을 취득한 자에게 부과하는 세금으로 상속개시(사망)일 현재 피상속인이 소유하고 있는 상속재산을 과세대상으로 하여 계산하나, 이외에도 사망으로 받는 보험금등 간주상속재산과 추정상속재산·사전증여재산도 과세대상 범위 안에 포함시키고 있다.

여기서 추정상속재산이란 상속개시전에 재산을 처분하거나 인출한 경우 또는 채무를 부담한 경우에 그 인출 등을 한 금액이 일정 기간내 일정액 이상인 경우로서 해당 금액이 금융재산 등으로 남아 있지 않고 그 사용처를 상속인이 입증하지 못하는 경우 상속받은 것으로 추정하는 것이다. 이는 피상속인이 상속개시 전에 고액의 재산을 처분하거나 채무를 부담하는 행위로 사전에 상속인에게 증여함으로써 상속세를 부당하게 회피할 수 있기 때문에 이를 방지하기 위하여 해당 금액을 현금상속으로 추정하는 것이다. 다만, 추정규정이므로 상속인이 재산처분대금이나 채무부담액의 사용 용도를 입증하면 상속과세가액에 산입하지 않는다.

상속세과세가액에 산입하는 추정상속재산의 추정요건

구 분	추정요건
재산처분·인출	1년이내에 재산종류별*로 계산하여 2억원 이상인 경우 2년이내에 재산종류별로 계산하여 5억원 이상인 경우
국가·지자체·금융기관에서의 부담재무	1년이내에 부담액이 2억원 이상인 경우 2년이내에 부담액이 5억원 이상인 경우
이외 기타 부담 채무	객관적인 계약서, 이자지급내역 등 증빙불비의 경우

* 재산종류별 : ① 현금·예금·유가증권, ② 부동산 및 부동산에 관한 권리, ③ 기타 재산

상속세과세가액에 산입하는 추정상속재산가액

구 분	과세가액 산입액
재산처분·인출	용도 미소명금액 − Min(처분가액등 × 20%, 2억)
국가·지자체·금융기관에서의 부담채무	용도 미소명금액 − Min(부담채무 × 20%, 2억)
이외 기타 부담 채무	객관적인 입증 자료 미확보시 전액

현실적으로 상속개시 전에 일어난 피상속인의 재산의 처분 및 채무 부담에 대하여는 상속인들이 내용을 잘 모르거나 사용처에 대한 증빙이 잘 갖추어져 있지 않은 경우가 많다. 이 점을 유념하여 신고 이후 추징세액이 나오지 않도록 사전에 꼼꼼히 살펴보아야 할 것이다.

여성세무사들의
세금이야기

여 성 세 무 사 들 의　세 금 이 야 기

Part 2. 양도·상속·증여편 - **상속·증여세**

7. 피상속인이 10년(5년)이내 증여한 재산에 대하여 다시 상속세가 과세될 수 있다.

피상속인의 사망으로 상속이 개시된 경우로서 상속개시일 현재 피상속인에게 귀속되는 모든 재산에 대하여 상속세가 과세된다. 재산의 무상이전에 부과된다는 점에 있어서 상속세는 증여세와 동일하나 상속세가 사후에 재산을 물려줄 때 부담하는 세금이라면, 증여세는 생전에 재산을 물려받을 때 부담하는 세금이라는 점에서 차이가 있다. 이러한 차이를 이용하여 재산의 일부를 미리미리 사전에 분산 증여한다면 상속재산이 줄어들어 상속세 부담이 줄어들 것이라 생각할 수 있다. 그러나 상속세및증여세법에서는 상속재산가액을 계산할 때 일정기간내의 사전증여재산가액을 합산하도록 하고 있으므로 주의를 요한다.

상속세 과세가액에 가산하는 사전증여재산

상속개시일 기준으로 상속개시일 전 10년 이내에 피상속인이 상속인에게 증여한 재산가액과 상속개시일 전 5년 이내에 상속인이 아닌 자에게 증여한 재산가액은 상속세 과세가액에 가산하여 상속세를 계산한다. 다만, 예외적으로 비과세 증여재산 및 영농자녀에게 증여한 농지로서 증여세 감면받은 재산과 장애인에게 증여한 재산으로서 증여세가 면제된 재산 등 가산되지 않는 증여재산도 있다.

피상속인	증여 받은자	사전증여재산가액
거주자	상속인	10년 이내 증여한 국내외 재산
	상속인이 아닌자	5년 이내 증여한 국내외 재산
비거주자	상속인	10년 이내 증여한 국내 재산
	상속인이 아닌자	5년 이내 증여한 국내 재산

🌱 입법취지

상속개시전 일정기간내의 증여재산을 가산하도록 규정한 취지는 상속세와 증여세의 형평을 유지함과 아울러, 상속세 대상인 재산을 미리 증여하여 고율인 누진세율에 의한 상속세 부담을 부당하게 회피하려는 행위를 방지하기 위한 것이다.

🌱 이중과세조정을 위한 증여세액공제

사전증여재산을 단순히 상속세과세가액에 포함하여 상속세를 계산하는 경우에는 동일재산에 대하여 증여당시에 발생한 증여세에 이어 상속세가 또다시 부과되는 이중과세 문제가 발생하게 된다. 이러한 이중과세를 방지하고자 사전증여재산에 과세된 증여세는 한도액 범위내에서 증여세액공제로 공제한다.

🌱 사전증여재산에 대한 상속공제 종합한도 적용

상속재산에 합산되는 증여재산의 평가는 상속시점이 아니라 증여 당시를 기준으로 평가한 가액이 된다. 그러므로 증여시점 이후의 가격 상승분에 대한 상속세는 부담하지 않는 이점이 있는 반면, 상속공제 한도액을 계산할 때에는 상속세 과세가액에서 사전증여재산가액(증여재산공제액을 차감한 후)을 차감한 후의 금액을 한도로 하고 있어 상속공제액(배우자와 자녀가 공동상속 받을 경우 일괄공제 5억원, 배우자 상속공제 5억원 합계액 10억원) 이하의 재산이 사전증여 됨으로 인하여 오히려 상속세를 부담하게 되는 경우가 발생할 수 있음을 유의해야 한다.

세금적인 측면에서 사전증여가 유리한지 상속을 받는 것이 유리한지에 대해서는 일률적으로 적용하기 어려우며, 부모님의 건강상태, 상속인의 구성원 및 이해관계 등을 모두 고려하여 최소 10년을 기준으로 장기적인 계획이 필요하다.

여 성 세 무 사 들 의 세 금 이 야 기

Part 2. 양도·상속·증여편 - **상속·증여세**

8. 재산을 상속받은 경우에도 상속세를 내지 않는 면세점이 있다.

부모 등의 사망으로 재산을 상속받은 경우라도 그 상속재산가액이 일정한 금액 이하에 해당하면 부담할 상속세가 없다.

🌱 일괄공제 5억원

거주자의 사망으로 상속이 개시되는 경우로서 상속세를 신고하는 경우에는 기초공제 2억원 및 그 밖의 인적공제를 합한 금액과 일괄공제 5억원 중 큰 금액을 상속세 과세가액에서 공제받을 수 있다. 다만, 상속세를 무신고한 경우에는 일괄공제 5억원만 적용받을 수 있다.

🌱 배우자 상속공제 5억원 ~ 30억원

거주자의 사망으로 상속이 개시되는 경우에 상속인으로 배우자가 있는 경우에는 그 배우자가 실제 상속받은 금액을 기준으로 다음 ①,②,③ 중 가장 적은 금액을 배우자 상속공제로 적용받을 수 있다. 다만, 가장 적은 금액이 5억원 이하인 경우에도 5억원은 최소 공제가능하므로 배우자가 실제로 재산을 상속받지 않더라도 5억원은 최소 공제받을 수 있다.

① 배우자가 실제 상속받은 금액
② 배우자의 법정상속분 가액 – 상속개시전 10년 이내에 배우자가 사전증여 받은 재산에 대한 과세표준
③ 30억원

배우자 상속공제를 5억원 초과해서 공제받기 위해서는 배우자 상속재산 분할기한(상속세 신고기한 다음날부터 9개월이 되는 날)까지 배우자의 상속재산을 분할하여 등기등이 완료되어야 한다.

🌱 상속세 면세점

거주자의 사망으로 상속이 개시되는 경우로서 선순위 상속인이 상속받은 경우에는 다음의 금액에 대하여는 납부할 상속세가 없다.

① 상속인으로 자녀만 있고 상속세 과세가액이 5억원 이하일 때 : 일괄공제 5억원
② 상속인으로 배우자와 자녀가 있고 상속세 과세가액이 10억원 이하일 때
　: 일괄공제 5억원과 배우자 상속공제 5억원을 합한 금액인 10억원

다만, 사전증여재산이 있거나 상속인 외의 자에게 유증·사인증여한 재산이 있는 경우에는 상속공제 종합한도액에서 해당 금액이 차감되어 상속공제 한도가 낮아지므로 상속세를 납부할 수도 있음을 유의해야 한다.

납부할 상속세가 없는 경우 상속세를 신고할 필요가 없지만 상속받은 재산 중 양도소득세 과세대상 재산이 있는 경우 양도소득세를 줄이기 위해서는 감정가액 또는 유사매매사례가액 등 시가로 평가하여 상속세를 신고하는 것도 절세의 한 방법이다.

Part 2. 양도·상속·증여편 – 상속·증여세

9. 피상속인이 기업을 경영하다 사망한 경우에는 가업상속공제를 받을 수 있다.

가업상속공제란 중소기업 등의 원활한 가업승계를 지원하기 위하여 거주자인 피상속인이 생전에 10년 이상 영위한 중소기업 등을 상속인에게 정상적으로 승계한 경우에 가업영위기간에 따라 최대 600억원까지 상속공제를 허용하여 가업승계에 따른 상속세 부담을 경감시켜 주는 제도를 말한다.

가업상속공제액

① 공제금액 : 가업상속재산의 100%
② 공제한도
 - 피상속인이 10년 이상 경영 : 300억원
 - 피상속인이 20년 이상 경영 : 400억원
 - 피상속인이 30년 이상 경영 : 600억원

가업상속 재산가액에 상당하는 금액

① 개인가업 : 가업에 직접 사용되는 토지, 건축물, 기계장치 등 사업용 자산의 가액에서 해당 자산에 담보된 채무액을 뺀 가액
② 법인가업 : 가업에 해당하는 법인의 주식등의 가액
 즉, 주식등 가액 × (1 – 법인의 총자산가액 중 사업무관자산이 차지하는 비율)

🌱 가업상속공제 요건

아래의 요건을 모두 충족하여야 가업상속공제가 가능하다.

요건	기준	상세내역
가업 범위	중소기업	피상속인이 10년 이상 계속하여 경영한 중소기업으로서 상속개시일이 속하는 사업연도의 직전 사업연도 말 현재 아래 요건을 모두 갖춘 기업 • 상증령 별표에 따른 업종을 주된 사업으로 영위 • 조특령 §2① 1,3호 요건 (중소기업기본법상 매출액, 독립성 기준)을 충족 • 자산총액 5천억원 미만
	중견기업	피상속인이 10년 이상 계속하여 경영한 중견기업으로서 상속개시일이 속하는 사업연도의 직전 사업연도 말 현재 아래 요건을 모두 갖춘 기업 • 상증령 별표에 따른 업종을 주된 사업으로 영위 • 조특령 §9④ 1,3호 요건 (중견기업 성장촉진 및 경쟁력 강화에 관한 특별법 시행령 §2②1호/독립성 기준)을 충족 • 상속개시일의 직전 3개 소득세 과세기간 또는 법인세 사업연도의 매출액의 평균금액이 5천억원 미만 • 다만, 가업상속인의 상속세 납부능력이 있는 경우 적용 제외
피상속인	주식보유 기준	기업의 최대주주인 경우로서 피상속인과 특수관계인이 보유한 지분율이 40%(상장법인 20%)이상을 10년이상 계속하여 보유
	대표이사 재직요건 (3중 1가지 충족)	가업 영위기간의 50%이상
		10년 이상의 기간 (상속인이 피상속인의 대표이사등의 직을 승계한 날부터 상속개시일까지 계속 재직한 경우)
		상속개시일부터 소급하여 10년 중 5년 이상의 기간
상속인	연령	18세 이상
	가업종사 및 대표이사 등 취임	• 상속개시일 전 2년 이상 가업에 종사 • 신고기한까지 임원취임 및 신고기한부터 2년 이내 대표이사 취임 ▶ 상속인의 배우자가 상기 충족 시 상속인 요건 충족으로 봄

피상속인이 2개 이상의 가업을 영위하다가 사망하여 자녀 2명이 각각 다른 가업을 상속받는 경우 각 자녀가 상속인 요건을 모두 갖춘다면 각자의 가업에 대해 가업상속공제를 받을 수 있다

또한, 하나의 기업을 자녀 2명이 공동으로 상속받은 경우에도 각 자녀가 상속인 요건을 모두 갖추고 공동대표이사로 취임하는 등 가업상속요건을 충족하면, 각자의 상속지분에 대해 가업상속공제를 적용받을 수 있다

🌿 5년간 사후관리 및 이월과세 적용

가업상속공제를 적용받았다 하더라도 가업상속인이 상속개시 이후에 정당한 사유 없이 사후의무요건을 이행하지 아니한 경우에는 상속세가 부과된다.

① 사후관리기간 : 5년
- 가업종사 : 해당 상속인이 가업에 종사
- 지분유지 : 해당 상속인의 지분이 감소하지 않아야 함
- 가업유지 : 상속 후 5년간 가업용 자산의 40% 이상 처분금지, 1년 이상 해당 가업을 휴업하거나 폐업하지 않고 주된 업종을 변경하지 않아야 함. 단, 중분류 내에서 업종을 변경하는 경우와 평가심의위원회 심의를 거쳐 중분류 외 변경 허용됨
- 고용확대 : 5년간 정규직 근로자수 평균과 총급여액이 기준고용인원 (기준총급여액, 상속개시일 직전2개 사업연도의 평균)의 90%이상 유지해야 함

② 양도소득세 이월과세 : 향후 가업상속공제가 적용된 자산을 양도하는 경우로서 사후관리 위반으로 상속세가 추징되지 않은 경우에는 양도차익 산정할 때 피상속인의 취득가액을 기준으로 양도소득세를 계산한다.

Part 2. 양도·상속·증여편 - **상속·증여세**

10. 상속인으로 배우자가 있는 경우 최고 30억원까지 배우자 상속공제를 적용받을 수 있다.

상속세및증여세법에서는 피상속인 사망시 남겨진 가족을 위하여 상속세 부담을 완화하기 위한 상속공제 항목을 정해놓고 있다. 그 중 배우자가 있는 경우 상속재산에 대한 기여 및 생활보장 등을 위하여 '배우자가 실제로 상속받은 재산가액' 만큼을 상속재산가액에서 공제할 수 있도록 하고 있다.

배우자가 실제 상속받은 금액이 없거나 상속받는 금액이 5억원 미만인 경우에도 5억원을 공제하며, 5억원이 넘는 경우 아래 계산된 금액을 한도로 공제한다.

🌿 배우자 상속공제액 및 한도액

상속받은 가액	배우자 상속공제액
5억원미만	5억원
5억원이상	Min(①, ②) ① (상속재산의 가액 × 배우자 법정 상속비율) - 가산한 사전증여재산 중 배우자 증여재산 과세표준 ② 30억원

배우자상속공제는 실제 상속받은 재산가액에서 최고 30억원까지 상속공제를 적용받을 수 있게 된다.

🌱 배우자 상속공제 요건

배우자상속공제를 5억원 초과하여 적용받기 위한 요건은
① 피상속인이 거주자이어야 한다. 피상속인이 비거주자일 경우에는 기초공제 이외에는 인정되지 않기 때문이다.
② 혼인관계에 있는 배우자이어야 한다. 상속개시 시점에 혼인관계 중이어야 하는 것으로, 이혼한 배우자나 사실혼관계에 있는 자는 포함하지 않는다.
③ 배우자가 실제로 상속받은 재산이어야 한다. 배우자상속공제는 상속세과세표준신고기한의 다음날부터 9개월이 되는 날(배우자상속재산분할기한)까지 배우자의 상속재산을 분할(등기·등록·명의개서 등이 필요한 경우에는 그 등기·등록·명의개서 등이 된 것)한 경우에 적용한다.

배우자상속공제는 최대 30억원까지 적용받을 수 있으므로 상속재산이 많을수록 배우자상속공제를 잘 활용한다면 상속세 부담을 줄이는 효과가 클 수 있다. 한편, 배우자가 상속을 받은 후 10년 내에 사망하여 자녀들에게 재상속이 이루어지는 경우 기간에 따라 100% ~ 10%까지 공제율을 적용하여 단기재상속에 따른 세액공제를 받을 수 있다. 만일 배우자가 상속을 받은 후 1년 내에 사망하여 그 상속재산이 다시 자녀들에게 재상속이 되면 100% 세액공제를 해준다.

> 여 성 세 무 사 들 의 세 금 이 야 기
>
> Part 2. 양도·상속·증여편 - **상속·증여세**
>
> **11. 부모님을 동거봉양한 자녀가 주택을 상속받은 경우 동거주택 상속공제를 받을 수 있다.**

성년인 자녀가 피상속인과 10년 이상 동거하고 주택을 상속받은 경우로서 일정한 요건을 충족하는 경우에는 동거주택 상속공제라는 혜택을 받을 수 있다.

🌿 동거주택 상속공제의 요건

거주자인 피상속인과 동거한 자녀가 다음의 요건을 모두 갖춘 경우에는 상속주택가액(주택부수토지의 가액을 포함하고 담보된 채무를 뺀 금액)을 6억원 한도로 공제해준다.

① 피상속인과 상속인이 상속개시일부터 소급하여 10년 이상(상속인이 미성년자인 기간은 제외한다) 계속하여 하나의 주택에서 동거할 것

② 피상속인과 직계비속인 상속인이 상속개시일부터 소급하여 10년 이상 계속하여 1세대를 구성하면서 1세대 1주택에 해당할 것. 이 경우 무주택인 기간이 있는 경우에는 해당 기간은 1세대 1주택에 해당하는 기간에 포함한다.

③ 상속개시일 현재 무주택자이거나 피상속인과 공동으로 1세대1주택을 보유한 자로서 피상속인과 동거한 직계비속인 상속인이 상속받은 주택이어야 한다.

직계비속인 상속인이 징집, 취학, 근무상 형편 또는 질병 요양 등 부득이한 사유로 동거하지 못한 경우에는 계속하여 동거한 것으로 보지만 동거 기간에는 산입하지 않는다. 또한 일시적 2주택의 경우에도 일정한 요건을 충족한 경우(다른 주택을 취득한 날부터 2년 이내에 종전 주택을 양도하고 이사하는 경우 등) 1주택을 소유한 것으로 보아 동거주택 상속공제를 적용하는 예외조항도 있다.

이 혜택은 성인이 된 후에도 부모와 10년 이상 동거한 경우 상속받은 주택에 대해 적용되므로 부모를 봉양한 상속인에 대한 혜택으로 볼 수 있다. 또한, 피상속인의 배우자는 피상속인과 10년 이상 동거해도 배우자공제를 적용할 뿐, 동거주택상속공제가 적용되지 않는다는 점을 유의해야한다.

Part 2. 양도·상속·증여편 - **상속·증여세**

12. 후순위 상속인이 상속받은 재산이 있는 경우 상속공제 종합한도액을 계산하여야 한다.

선순위 상속인인 배우자나 자녀 등이 상속을 포기하고 그 다음 순위인 손자 등에게 상속이 되는 경우나 상속인 이외의 자에게 유증 등을 한 경우에 각종 상속공제의 적용을 배제하기 위하여 상속공제의 종합한도를 규정하고 있다.

상속공제의 종합한도액

상속세를 계산할 때 피상속인이 거주자인 경우 상속세 과세가액에서 기초공제, 배우자 상속공제, 그 밖의 인적공제, 일괄공제, 금융재산 상속공제, 재해손실공제, 동거주택 상속공제 등을 상속세 과세가액에서 공제 받을 수 있다. 이와 같이 공제되는 각종 상속공제액은 아래 산식과 같이 상속공제 종합한도액이 있다. 즉, 한도액을 초과하는 금액에 대하여는 각종 상속공제가 적용되지 않는다.

  상속세 과세가액
 -) 선순위 상속인이 아닌 자에게 유증 등을 한 재산의 가액
 -) 선순위인 상속인의 상속포기로 그 다음 순위의 상속인이 상속받은 재산의 가액
 -) 가산하는 증여재산가액(증여재산공제 및 재해손실공제액을 뺀 후의 금액)
 =) 상속공제 종합한도액
   ▶ 증여재산가액은 상속세 과세가액이 5억원을 초과하는 경우에 한하여 차감한다.

선순위 상속인이 아닌 자에게 유증 등을 할 경우 유의사항

선순위가 아닌 손자 또는 며느리, 사위 등에게 유증이나 사인증여를 할 경우 일반적인상속공제가 적용되지 않아 상속세를 납부할 수 있다는 사실을 반드시 고려해야 한다.

여성세무사들의 세금이야기

Part 2. 양도·상속·증여편 - **상속·증여세**

13. 한 세대를 건너뛴 상속·증여에 대하여는 상속·증여세를 30%(40%) 더 부담해야 한다.

조부모가 세대를 건너 뛰어 손자에게 직접 상속이나 증여를 하는 경우에 그 자녀 단계에서 부과될 상속세나 증여세의 회피를 방지하기 위하여 할증과세 제도를 시행하고 있다.

세대를 건너 뛴 상속에 대한 할증과세

상속재산을 받은 상속인이나 수유자(유증 또는 사인증여를 받은 자)가 피상속인의 자녀를 제외한 직계비속(손자 등)인 경우에는 본래의 상속세액에 할증하여 과세된다.

할증되는 세액은 상속세 산출세액에 상속재산(상속재산에 가산한 증여재산 중 상속인이나 수유자가 받은 증여재산을 포함한다) 중 그 상속인(손자, 증손자)이나 수유자가 받았거나 받을 재산이 차지하는 비율을 곱하여 계산한 금액의 30%에 상당하는 금액을 가산한다. 이 경우 손자, 증손자등이 미성년자에 해당하고 상속받은 총재산가액이 20억원을 초과하는 경우에는 40%에 상당하는 금액을 가산한다.

다만, 피상속인의 직계비속이 사망하여 손자가 상속받는 대습상속의 경우에는 할증과세 하지 않는다.

🌱 세대를 건너 뛴 증여에 대한 할증과세

생전에 재산을 미리 증여받은 경우로서 재산을 증여받은 수증자가 재산을 증여한 증여자의 자녀가 아닌 직계비속인 경우 즉, 손자, 손녀 등에게 증여한 경우에도 증여세가 할증과세 된다.

할증과세 방법은 상속세와 마찬가지로 증여세 산출세액에 30%를 가산한다.

증여세 과세가액이 20억원을 초과하고 증여받은 손자나 증손자가 미성년자인 경우에는 40%를 가산한다. 이때 증여재산가액은 10년 이내에 동일한 직계존속으로부터 증여받은 재산을 합산한 가액을 말한다.

다만, 증여자의 최근친인 직계비속이 사망하여 그 사망자의 최근친인 손자가 증여받는 경우 즉, 손자 등이 증여자의 대습상속인 위치에서 증여를 받은 경우에는 할증과세 하지 않는다.

Part 2. 양도·상속·증여편 - **상속·증여세**

14. 영리법인과의 거래를 통해 그 법인에게 이익을 주는 경우 그 법인의 주주에게 증여세가 과세될 수 있다.

자녀에게 직접 증여하는 경우는 최고 50%의 증여세율이 적용되지만 자녀가 주주인 법인에 증여하는 경우에는 과세표준 200억원 이하인 경우에는 최고 20.9%(지방소득세 포함)의 법인세율이 적용된다.

상대적으로 세율이 낮은 영리법인을 이용하고자 그 영리법인의 주주를 자녀 등으로 한 후 그 영리법인에게 여러 가지 방법으로 이익을 주는 경우에는 그 영리법인의 주주에게 증여세가 과세될 수 있다. 증여세가 과세되는 규정은 다음과 같이 3가지 이다.

첫째, 특수관계에 있는 법인과의 거래를 통해 이익을 증여하는 형태이다(일명 '일감 몰아주기'라 한다). 예를 들어 A기업 회장인 甲씨가 아들이 최대주주로 있는 B기업에 일감을 몰아주면 B기업의 매출이 급성장하게 되고 이로 인하여 아들의 주식가치가 급격히 상승하게 된다. 이 경우 B기업의 매출 중 A기업에 대한 매출액이 차지하는 비율이 30%(중소기업의 경우 50%, 중견기업의 경우 40%) 등 일정비율을 초과하는 경우 그 거래로 발생한 이익상당액에서 아들의 지분율 상당액 만큼 증여받은 것으로 보아 아들에게 증여세가 과세가 된다.

다만, 수혜법인과 일감을 몰아준 시혜법인(증여법인)이 모두 중소기업에 해당하는 경우 등 증여세가 과세되지 않는 경우가 있다.

둘째, 특수관계에 있는 법인에게 사업기회를 제공하여 이익을 증여하는 형태이다(일명 '일감 떼어주기'라 한다). 즉, 법인(수혜법인)의 지배주주와 특수관계에 있는 법인(시혜법인)이 해당 수혜법인에 직접적으로 일감을 몰아주는 형태가 아닌 사업기회 제공 즉 입점계약, 대리점계약 및 프랜차이즈계약 등의 형태로 사업기회를 제공하여 간접적으로 수혜법인에게 이익을 주는 경우에도 수혜법인의 지배주주와 그 친족에게 증여세가 과세되는 것이다.

다만, 사업기회를 제공한 시혜법인(증여법인)이 중소기업에 해당하는 경우등 증여세가 과세되지 않는 경우가 있다.

셋째, 특정법인과의 거래를 통하여 이익을 증여하는 형태이다. 여기서 특정법인이란 해당 거래일 현재 지배주주와 그 친족이 직접 또는 간접으로 보유하는 주식보유비율이 30% 이상인 법인을 말한다. 이러한 특정법인의 지배주주와 특수관계가 있는 이들이 특정법인에 재산이나 용역의 무상제공, 채무를 면제 또는 변제, 불균등감자와 같은 자본거래 등을 통하여 이익을 제공하여 특정법인의 지배주주가 일정금액 이상 이익을 얻은 경우에는 특정법인의 지배주주에게 증여세가 부과된다. 특정법인과의 거래를 통해 지배주주에게 이익을 분여하는 경우에 대한 과세는 중소기업인 경우에도 적용된다.

이처럼 직계존비속 및 친족에게 직접적으로 재산을 이전하는 경우 뿐 만 아니라 이러한 특수관계인이 주주로 있는 영리법인을 이용한 간접적인 부(富)의 이전도 세법에서 증여로 보아 주주에게 증여세를 과세하고 있으니 주의하여야 한다.

Part 2. 양도·상속·증여편 - **상속·증여세**

15. 명의신탁주식은 증여세가 부과될 수 있다.

주식의 실제소유자가 소유권을 보유하고 있는 상태에서 주주명부 등에 명의만 빌려서 타인명의로 등재하는 것을 명의신탁이라고 한다. 상속세및증여세법에서는 이러한 명의신탁을 조세부담을 회피하는 수단으로 악용될 소지가 있다고 해서 이를 방지하기 위해 실질과세 원칙의 예외로 두어 등기, 명의개서 등을 요구하는 재산에 대해 실질소유자와 명의자가 다른 경우에는 실질소유자에게 증여세를 부과하는 명의신탁재산 증여의제규정을 만들어 두고 있다.

주식을 취득한 후 제3자 명의로 주주명부에 명의개서(주식변동상황명세서에 의한 명의변경 포함)를 하거나 또는 매매 등에 의하여 실제로 소유권을 취득하였음에도 전 소유자 명의로 소유권취득일이 속하는 해의 다음 해 말일까지 장기간 그대로 두는 경우에는 명의신탁재산의 증여의제 대상이 되어 실제소유자가 명의자에게 증여한 것으로 보아 실제소유자에게 증여세가 부과된다.

하지만 조세 회피의 수단으로 악용되는 것을 막기 위해 만든 규정이기 때문에 조세 회피의 목적 없이 불가피한 사정에 의한 명의신탁이라면 증여세가 부과되지 않을 수도 있다. 다만, 이에 대한 입증책임은 납세자에게 있고 입증하기도 쉽지가 않다.

따라서 법인을 경영하는 경영자는 타인의 명의를 빌려서 주식을 취득하거나 또는 명의를 빌려달라고 요청을 받은 법인의 직원 등은 상기와 같이 증여세 과세문제가 있으므로 항상 조심해야 한다.

하지만 본인의 명의가 사용되었는지도 모르게 명의도용으로 주주명부에 명의개서가 된 경우라면 증여의제를 피할 수 있다. 만약 명의신탁에 의한 주식이 있다면 전문가의 도움을 얻어서라도 다방면으로 검토해 보고 증여세가 부과되는 것을 피해야 한다.

Part 2. 양도·상속·증여편 - **상속·증여세**

16. 자녀가 부모로부터 창업자금을 지원받은 경우 낮은 세율로 세금을 낼 수 있는 혜택이 있다.

우리나라는 향후 심화될 것으로 예상되는 출산율 저하, 고령화 사회 진전에 대응하여 젊은 세대로의 부의 조기이전을 촉진함으로써 경제 활력의 증진을 도모하고자 창업자금에 대한 증여세 과세특례제도를 도입하여 시행하고 있다. 이 제도는 창업자금을 증여받을 때 낮은 세율로 증여세를 부담하고 향후 증여자가 사망하였을 때 상속개시일전 10년 이내인지 여부 불문하고 다시 상속재산가액에 가산하여 상속세로 정산하여 납부하는 제도이다.

창업자금에 대한 증여세 과세특례 내용

18세 이상인 거주자가 일정한 업종을 영위하는 중소기업을 창업할 목적으로 60세 이상의 부모(증여 당시 아버지나 어머니가 사망한 경우에는 그 사망한 아버지나 어머니의 부모를 포함한다)로부터 토지·건물 등 양도소득세가 과세되는 재산을 제외한 창업자금[증여세 과세가액 50억원(창업을 통하여 10명 이상을 신규 고용한 경우에는 100억원)을 한도]을 증여받는 경우에는 증여세 과세가액에서 5억원을 공제하고 세율을 10%로 하여 증여세를 부과한다. 이 경우 창업자금을 2회 이상 증여받거나 부모로부터 각각 증여받는 경우에는 각각의 증여세과세가액을 합산하여 적용한다.

증여세 과세특례 신청

창업자금에 대하여 증여세 과세특례를 적용받고자 하는 경우에는 증여세 과세표준 신고기한까지 특례신청을 하여야 한다. 이 경우 그 신고기한까지 특례신청을 하지 아니한 경우에는 이 특례규정을 적용하지 아니한다.

창업자금에 대한 10년간 사후관리

창업자금을 증여받아 증여세 과세특례를 적용받은 경우에는 증여일로부터 10년간 사후관리를 한다. 그러므로 정당한 사유 없이 2년 이내에 창업을 하지 않는 경우 또는 창업자금으로 창업자금중소기업에 해당하는 업종외의 업종을 영위하거나 증여받은 날로부터 4년 이내에 창업목적에 사용하지 않는 경우, 휴·폐업 등 사후관리 이행 위반사유에 해당하는 경우에는 해당 창업자금을 일반증여재산으로 보아 기본세율(10~50%)을 적용하여 이자상당액과 함께 증여세를 부과한다.

Part 2. 양도·상속·증여편 - **상속·증여세**

17. 가업을 생전에 증여받아도 낮은 세율로 증여세를 내는 혜택이 있다.

기업의 경영자가 고령이 된 경우에 생전에 자녀에게 기업을 사전상속 하도록 함으로써 기업의 영속성을 유지하고 경제 활력을 도모하기 위하여 가업승계에 대한 증여세 과세특례제도가 도입되어 시행되고 있다. 이 제도는 가업을 증여받은 때 낮은 세율로 증여세를 부담하고 향후 증여자가 사망하였을 때 상속개시일 전 10년 이내인지 여부 불문하고 다시 상속재산가액에 가산하여 상속세로 정산하여 납부하는 제도이다.

가업승계에 대한 증여세 과세특례 내용

18세 이상인 거주자가 60세 이상의 부모(증여 당시 아버지나 어머니가 사망한 경우에는 그 조부모를 포함한다)로부터 가업[중소기업 또는 중견기업(증여일이 속하는 사업연도의 직전 3개 사업연도 매출액의 평균금액이 5천억원 이상인 기업은 제외)으로서 증여자가 10년 이상 계속하여 경영한 기업]의 승계를 목적으로 해당 가업의 주식을 증여받고 가업을 승계한 경우에는 그 주식 등의 가액 중 가업자산상당액에 대한 증여세 과세가액(600억원을 한도)에서 10억원을 공제하고 세율을 10%(과세표준이 120억원을 초과하는 경우 그 초과금액에 대해서는 20%)으로 하여 증여세를 부과한다.

2인 이상의 자녀가 공동으로 증여받은 경우도 적용

가업승계에 대한 증여세 과세특례는 주식 등을 증여받고 기업을 승계한 거주자가 2인 이상인 경우에도 적용이 가능하다. 다만, 증여세 계산은 각 거주자가 증여받은 주식 등을 1인이 모두 증여받은 것으로 보아 증여세를 계산하되, 각자가 증여받은 재산가액으로 안분하여 각자가 납부해야 한다.

가업의 범위

증여세 과세특례가 적용되는 가업이란 60세 이상의 부모가 10년 이상 계속하여 최대주주로서 경영한 중소기업 또는 중견기업(증여일이 속하는 사업연도의 직전 3개 사업연도의 매출액의 평균금액이 5천억원 이상인 기업은 제외)을 말한다. 다만, 개인기업은 해당되지 않는다.

증여세 과세특례가 적용되는 가업자산상당액

주식 등 가액 × (1 - 법인의 총자산가액중 사업무관자산이 차지하는 비율)

수증자의 가업승계 요건 및 증여세 과세특례 신청

해당 가업의 주식 등을 증여받은 자 또는 그 배우자가 증여세 과세표준 신고기한까지 가업에 종사하고 증여일부터 3년 이내에 대표이사에 취임해야 한다.

또한 증여세 과세특례를 적용받고자 하는 자는 증여세 과세표준 신고기한까지 증여세 과세표준 신고와 함께 증여세 과세특례가 적용된 주식 등에 대한 특례신청서를 납세지 관할세무서장에게 제출하여야 하며, 특례신청서를 제출하지 않은 경우에는 적용받지 못한다.

🌱 가업승계한 주식에 대한 5년간 사후관리

주식 등을 증여받아 증여세 과세특례를 적용받은 수증자가 증여일로부터 3년이내 대표이사로 취임하지 않거나 또는 5년 이내에 정당한 사유 없이 휴·폐업, 수증자의 지분이 감소되는 등 사후관리 이행 위반사유에 해당하는 경우에는 해당 가업주식의 가액을 일반증여재산으로 보아 기본세율(10~50%)을 적용하여 이자상당액과 함께 증여세를 부과한다.

🌱 증여자 사망시 가업상속공제 적용

증여세 과세 특례대상인 주식을 증여받은 후 증여자가 사망하여 상속세로 정산하는 경우에도 상속개시일 현재 일정한 요건을 모두 갖춘 경우에는 해당 주식증여가액은 가업상속재산이 되어 가업상속공제도 적용받을 수 있다.

🌱 가업승계 증여재산 연부연납 기간

증여세 과세 특례를 적용받은 증여재산에 대한 연부연납기간은 연부연납 허가일부터 15년이다.

Part 2. 양도·상속·증여편 - **상속·증여세**

18. 타인의 부동산을 무상으로 사용하는 경우 증여세와 소득세·부가가치세가 과세될 수 있다.

부모 등 특수관계인이 소유한 부동산을 자녀 등이 무상으로 사용하여 이익을 얻은 경우에는 상속세및증여세법에 따른 증여세 등 여러 가지 과세문제가 발생될 수 있음을 유의해야 한다.

부동산 무상사용이익에 대한 증여세 과세

부모 등 특수관계인이 소유한 부동산을 자녀 등이 무상으로 사용하여 이익을 얻은 경우에는 상속세및증여세법에 따라 부동산무상사용이익에 대하여 증여세가 과세된다. 이 경우 부동산 무상사용에 따른 이익은 다음과 같이 계산하며, 그 이익이 1억원 이상인 경우에 한하여 무상사용을 개시한 날을 증여시기로 하여 증여세가 과세된다. 다만, 부동산 소유주와 함께 거주하는 주택과 주택에 딸린 토지는 무상으로 사용하더라도 증여세를 과세하지 않는다.

증여세과세대상가액 : 부동산가액 × 2% × 3.79078 ≥ 1억원

부동산 무상사용에 따른 이익을 계산함에 있어 당초 증여시기로부터 5년이 경과한 후에도 계속하여 당해 부동산을 무상으로 사용하는 경우에는 5년이 되는 날의 다음날 새로이 무상사용을 개시한 것으로 보아 다시 5년간의 부동산무상사용에 따른 이익을 계산하여 증여세를 과세한다.

부동산 무상사용이익은 무상사용을 개시한 날로부터 5년 단위로 과세하나, 5년 이내에 당해 부동산을 상속하거나 증여하는 경우 등의 사유발생으로 무상사용하지 않는 경우에는 잔여기간에 상당하는 증여세를 환급받을 수 있다. 이 경우 그 사유가 발생한 날로부터 3개월 이내 경정청구를 해야 한다.

🌱 부동산 소유자에게 소득세 및 부가가치세 부당행위계산부인규정 적용

소득세 또는 부가가치세 과세대상 부동산을 특수관계인에게 무상으로 사용하게 한 경우 그 부동산 소유자에게도 소득세법 및 부가가치세법에 의하여 부당행위계산부인규정이 적용되어 시가를 기준으로 하여 소득세(특수관계인이 거주하는 주택 제외)와 부가가치세가 각각 과세될 수 있다.

🌱 담보제공 받은 경우 증여세 과세

타인의 부동산을 담보로 이용하여 금융기관 등으로부터 금전 등을 차입함에 따라 이익(담보제공이익)을 얻은 경우에도 그 부동산 담보 이용을 개시한 날을 증여일로 하여 그 이익에 상당하는 금액에 대하여 부동산을 담보로 이용한 자에게 증여세가 과세된다.

이 경우 담보제공이익은 다음과 같이 계산하여 그 이익이 1,000만원 이상인 경우에 한하여 1년 단위로 증여세가 과세된다.

> 차입금액 × (적정이자율* − 대출이자율) ≥ 1,000만원

* 적정이자율 : 4.6% (2025년 현재)

Part 2. 양도·상속·증여편 - **상속·증여세**

19. 신고된 소득에 비해 재산증가액과 소비지출액이 과도한 경우 세무조사를 받을 수 있다.

PCI(Property, Consumption and Income Analysis System, 소득지출 분석시스템)시스템이란 국세청이 오랫동안 확보한 과세 정보자료를 체계적으로 통합 관리하여 일정기간 동안의 신고소득과 재산증가, 소득지출액을 비교분석하여 세금탈루 혐의자를 전산으로 추출하는 시스템이다. 이 시스템은 소득에 대응하는 소비지출과 재산증가가 이루어져야 한다는 것을 전제로 만들었기 때문에 국세청은 '재산증가액 + 소비지출액 – 신고소득금액 = 탈루혐의금액'으로 보고 있다.

그래서 국세청은 일정기간 동안 소비지출과 재산증가의 합계액이 해당기간 동안의 국세청에 신고된 소득의 합계액보다 크면 차액은 신고 누락된 소득으로서 탈루혐의가 있는 것으로 보아 소명을 요구하게 된다. 국세청은 부동산이나 주식, 회원권, 차량처럼 등기·등록이 요구되는 재산의 보유내역은 모두 파악하고 있으며, 마찬가지로 세금납부, 신용카드, 현금영수증 사용내역, 해외여행 횟수 등도 파악하고 있다. 더 나아가 금융소득의 원천징수 된 내역과 이자율을 바탕으로 역으로 환산하여 개인의 금융잔고 예상액까지 추정할 수 있다. PCI시스템에 의해 탈루혐의가 있는 납세자로 분류되면 재산취득자금 등에 대해 해명 요구를 받거나 또는 세무조사를 통하여 종합소득세 및 증여세 등의 세금을 추징당할 수 있다.

국세청은 FIU법 개정으로 금융정보분석원(FIU)으로부터 의심거래보고(STR) 및 고액현금거래보고(CTR) 자료를 통보받고 있다. 이로 인하여 국세청은 막강한 FIU자료와 PCI시스템을 활용하여 탈세혐의자를 적출하고 세무조사를 통하여 탈루세액을 추징하고 있다.

세무조사 등을 피하고자 한다면 평소 재산취득 및 소비지출, 소득세 신고 등을 균형있게 해야 한다. 또한 금융정보분석원의 의심거래보고(STR) 및 고액현금거래보고(CTR)로 세무조사를 받지 않도록 사전에 체계적으로 자산관리도 해야 한다.

> Part 2. 양도·상속·증여편 - **상속·증여세**
>
> **20. 동일인으로부터 10년 이내에 증여받은 재산은 모두 합해서 증여세를 계산한다.**

부모 등으로부터 증여받은 재산에 대하여 증여세를 계산할 때, 해당 증여일 전 10년 이내의 기간 중에 동일인으로부터 증여받은 금액을 합산하여 증여세를 신고·납부하여야 한다. 이 때 동일인에는 증여자가 직계존속인 경우에는 그 직계존속의 배우자를 포함한다. 즉, 아버지와 어머니는 상호 동일인에 해당하며, 할아버지와 할머니도 상호 동일인에 해당한다. 그러므로 당해 재산의 증여자가 아버지인 경우에는 어머니로부터 10년 이내에 다른 증여받은 재산가액을 합산해야 하고, 당해 재산의 증여자가 할아버지인 경우에는 할머니로부터 10년 이내에 다른 증여받은 재산가액을 합산해야 한다.

가령 2025년에 아버지로부터 증여받은 토지 3억원에 대하여 증여세 신고할 때 2021년도에 어머니로부터 증여받은 재산 1억원이 있는 경우에는 그 어머니로부터 증여받은 재산을 아버지로부터 증여받은 재산에 합산하여 증여세를 계산하여 신고·납부하여야 한다. 이 경우 이중과세 문제가 있으므로 어머니로부터 증여받은 재산에 대하여 이미 납부한 증여세 산출세액 상당액은 기납부세액으로 공제한다.

다만, 아버지와 이혼한 어머니로부터 증여받은 경우 동일인이 아니며 아버지가 증여한 후 사망한 후에 어머니로부터 증여받은 경우에도 동일인이 아니므로 합산하지 않는다. 또한, 아버지와 계모도 동일인으로 보지 않는다.

Part 2. 양도·상속·증여편 - **상속·증여세**

21. 증여자와 수증자와의 관계에 따라 증여재산공제를 적용받을 수 있다.

타인으로부터 재산을 증여받은 경우로서 증여자와 수증자와의 관계에 따라 증여세 과세가액에서 일정금액을 공제받을 수 있는데 이를 증여재산공제라 한다.

증여재산공제액

증여재산공제액은 증여 당사자와의 관계가 배우자, 직계존·비속, 4촌이내 혈족 및 3촌이내 인척 관계에 따라 아래와 같이 각각 공제받을 수 있다.

증여자와의 관계	증여재산공제 한도액
배우자	6억원
직계존속(계부·계모 포함)	5,000만원 (단, 수증자가 미성년자이면 2,000만원)
직계비속(계자녀 포함)	5,000만원
4촌 이내의 혈족, 3촌 이내의 인척(친족)	1,000만원
기타	없음

혼인·출산 증여재산공제

2024.01.01. 이후 거주자가 직계존속으로부터 혼인일 전후 2년 이내 또는 자녀의 출생일/입양일로부터 2년 이내 증여를 받는 경우 1억원까지 기존 증여재산공제(10년간 5천만원)와 별도로 추가공제가 가능하다.
신혼부부가 양가 부모님으로부터 각각 증여받는 경우 최대 1억원씩 추가공제를 받아 부부합산 최대 3억원까지 비과세혜택을 받을 수 있다

① 적용대상 및 요건
- 증여자 : 부모, 조부모 등 직계존속
- 수증자 : 혼인 또는 출산을 한 자녀
- 혼인공제요건 : 혼인신고일 전후 2년 이내에 증여받은 재산
- 출산공제요건 : 자녀의 출생일 또는 입양신고일 전후 2년 이내에 증여받은 재산

② 유의사항
- 혼인과 출산공제는 중복적용되지 않으며, 둘중 하나만 선택하여 최대 1억 원까지 가능
- 혼인일은 혼인관계증명서상의 신고일을 기준으로 함
- 출산의 경우 자녀의 출생순서와 관계없이 적용되며, 출생일 또는 입양신고일 전후 2년이내에 증여받은 재산에 대해 공제 가능

🌱 수증자를 기준으로 공제한도 계산

증여재산공제는 수증자를 기준으로 공제 한도를 계산한다. 성년인 자녀가 아버지로부터 3천만원, 어머니로부터 7천만원 총 1억 원을 증여받은 경우에 아버지, 어머니 기준으로 증여재산공제를 적용받는 것이 아닌 수증자인 자녀 기준으로 한도가 계산된다. 따라서 직계존속으로부터 증여받은 경우 한도액은 5천만 원이므로 1억원 중 5천만 원을 공제하고 나머지 5천만 원에 대해서 증여세가 부과된다.

🌱 직전 10년간 공제받은 증여재산공제액을 합산하여 한도 적용

증여재산공제액은 수증자를 기준으로 10년간 공제액을 초과할 수 없다. 그러므로 10년 이내에 아버지, 어머니, 할아버지, 할머니 등 직계존속으로부터 각각 수차례 증여받은 경우에도 수증자 기준으로 10년 동안 단 한번 5천만원(미성년자 2천만원)만 공제받을 수 있을 뿐이다. 형제자매 등 친족으로부터 증여받은

경우에도 마찬가지로 10년동안 단 한번 1천만원 공제받을 수 있다.

거주자만 적용가능

증여재산공제는 거주자인 경우에만 적용되는 것으로 국내에 주소가 없거나 183일 이상 거소를 두지 않은 비거주자에 해당할 때에는 증여재산공제를 적용받을 수 없다.

증여재산공제 적용방법

증여재산공제액은 2이상의 증여가 순차 또는 동시에 있는 경우에는 다음의 어느 하나의 방법에 따라 공제액을 계산한다.
① 2이상의 증여가 그 증여시기를 달리하는 경우에는 2이상의 증여중 최초의 증여세과세가액에서부터 순차로 공제하는 방법
② 2이상의 증여가 동시에 있는 경우에는 각각의 증여세과세가액에 대하여 안분하여 공제하는 방법

Part 2. 양도·상속·증여편 - **상속·증여세**

22. 부담부증여를 받은 경우 증여세와 양도소득세가 모두 과세될 수 있다.

증여재산에 증여일 현재 담보된 증여자의 채무(전세금, 대출금 등)가 있는 경우로서 그 채무를 수증자가 인수한 사실이 채무입증서류, 채무부담계약서, 채권자확인서, 담보설정 등에 의하여 객관적으로 입증되는 경우에 증여재산의 가액에서 수증자가 인수한 그 채무액을 차감하여 증여세 과세가액을 계산한다. 이를 부담부증여라 한다.

다만, 부담부증여시 수증자가 인수한 채무액 부분은 소득세법에 따른 유상양도에 해당하므로 증여자에 대하여는 양도소득세가 과세되며 해당 재산이 소득세법 등에 따른 비과세·감면 대상인 경우에는 양도소득세가 비과세·감면 된다. 또한 비사업용토지 또는 2018.4.1.부터 시행된 다주택자 중과세 대상에 해당하는 경우에는 양도소득세가 중과세 된다. 다만 2022.5.10.부터 2026.5.9까지 양도하는 다주택자의 주택은 중과세율을 적용받지 않는다.

부담부증여는 증여세 측면에서는 분명히 절세가 된다. 그러나 소득세법 등에 따라 양도소득세가 중과세되는 경우에는 오히려 세부담이 커질 수 있으므로 부담부증여가 유리한지, 순수한 증여가 유리한지 반드시 비교한 후 결정해야 한다.

부담부증여시	과세대상	납세자	세목	적용세율
증여분	증여재산-채무액	수증자	증여세	기본세율
양도분	채무액	증여자	양도세	기본세율
				비과세·감면
				중과세율

예를 들어, 현재 전세계약(전세금 2억원)이 체결된 아파트(시가 5억원)를 자녀에게 증여하면서 전세금 2억원을 자녀가 승계하는 조건으로 증여하는 경우 증여세는 다음과 같이 계산된다.

- 증여세 과세가액 : 500,000,000 - 200,000,000 = 300,000,000
- 증여세 과세표준 : 300,000,000 - 50,000,000 = 250,000,000
- 증여세 자진납부세액 : 38,800,000원

하지만 인수한 채무 2억원 상당액 부분은 유상양도에 해당하여 양도소득세가 과세된다. 이때 증여하는 아파트가 1세대 1주택 비과세 대상인 경우 양도소득세도 비과세 대상에 해당하지만 1세대 2주택자 이상에 해당하여 중과세 대상에 해당하는 경우에는 양도소득세도 중과된다.

단, 다주택자가 양도하는 주택에 대해서는 2026.5.9까지 중과세율이 아닌 기본세율을 적용하므로, 중과세 대상주택을 해당 기간에 부담부증여 한다면 양도세 부담을 줄일 수 있는 측면이 있다.

그러므로 부담부증여시 증여세와 양도소득세를 모두 고려한 후 실행해야 함을 잊지 말아야 한다.

Part 2. 양도·상속·증여편 - **상속·증여세**

23. 고가 꼬마빌딩 상속·증여시 감정가액으로 과세될 수 있음에 유의하자.

상속·증여재산은 시가로 평가하는 것이 원칙이지만 그 동안 비주거용부동산은 매매사례가액 등이 거의 없어 낮은 기준시가로 신고하였고 과세관청도 시가로 과세할 방법이 없어 절세에 많이 활용되어 형평성 논란이 있었다. 이에 국세청은 2019.2.12.이후 상속증여분부터 상속·증여세 결정과정에서 비주거용부동산에 대해 직접 감정평가를 의뢰하여 납세자가 신고한 기준시가를 부인하고 감정가액으로 상속세·증여세를 결정하여 세금을 추징하고 있다.

감정평가 대상

2019.2.12.이후 상속·증여 부동산 중 비주거용 부동산과 나대지 중 보충적 평가방법에 따라 재산을 평가하여 신고한 경우로서 시가와 차이가 큰 부동산에 대해 국세청이 법정결정기한내에 감정을 의뢰하여 감정평가액을 평가액으로 하고 상속세·증여세를 과세하고 있다.

2025.1.1. 이후 상속·증여세 법정 결정기한 도래하는 부동산부터 감정평가 대상에 주거용 부동산을 추가하였다. 또한 감정평가 범위를 아래의 기준으로 확대하였다.

신고가액이 국세청이 산정한 추정 시가 보다 5억원 이상 낮거나, 차액의 비율이 10% 이상인 경우 감정평가 대상으로 선정한다.

<상속·증여세 신고기한 및 법정결정기한>

구 분	신고기한	법정결정기한
상속세	상속개시일이 속하는 달의 말일부터 6개월 이내	신고기한부터 9개월
증여세	증여받은 날이 속하는 달의 말일부터 3개월 이내	신고기한부터 6개월

평가절차 및 과세방법

감정평가는 납세자에게 안내문을 발송하고, 공신력 있는 둘 이상의 감정기관에 의뢰한다. 감정평가에 통상 일주일 정도의 기간이 소요되며 감정평가수수료 등 일체의 비용은 과세관청이 부담한다. 감정평가가 완료된 이후 재산평가심의위원회가 열리게 되고 위원회의 심의결과 감정가액이 시가로 인정되면 당초 신고한 기준시가와 감정평가액의 차액에 대해 상속세·증여세가 추가과세된다. 다만, 신고불성실가산세 및 납부지연가산세는 면제된다.

절세방안

사전에 탁상감정을 받아 감정가액과 기준시가를 비교하여 기준시가 신고 여부를 판단하여야 한다. 가산세 부담은 없으므로 기준시가와 예상감정가액과의 차이가 큰 상태에서 기준시가로 신고했을 경우 추가 과세되는 증여세를 조달할 능력이 되는지를 검토하여 전체를 증여할 것인지 일부를 증여할 것인지도 결정해야 한다. 국세청 감정평가 가능성이 높은 부동산의 경우 정기 신고 기한에 감정평가를 받아 신고하는 것이 좋다. 신고세액공제 3%를 공제받으려면 당초 신고시부터 미리 감정평가를 받아 감정평가액으로 신고하는 방법을 선택할 수도 있다.

Part 2. 양도·상속·증여편 - **상속·증여세**

24. 비상장주식의 매매 등 주식 변동시 세법에 따라 주식을 평가해야 한다.

🌱 비상장주식의 평가

비상장법인 주식의 이동 또는 자본거래(증자, 감자, 소각등)를 하는 경우 여러 가지 세법을 광범위하게 다뤄야 하기때문에 관련한 세법상의 과세문제를 꼼꼼하게 검토해야 한다.

비상장주식의 평가는 원칙적으로 평가기준일 현재 시가에 의하여 평가하지만, 비상장주식 대부분은 거래가 없고 감정평가액은 시가로 인정하지 않기 때문에 상속세및증여세법상 보충적평가방법으로 평가하여 그 가치를 산정한다.

평가된 주식가치는 과세 여부를 판단하는 기준이 되므로, 제일 먼저 법령에 따라 정확한 비상장주식평가를 하는 것이 중요하다.

〈상속세및증여세법상 보충적평가방법〉

일반적인 법인(원칙) 1주당 평가액 =

$$\frac{(1주당순손익가치 \times 3) + (1주당순자산가치 \times 2)}{5}$$

부동산과다보유법인 1주당 평가액 =

$$\frac{(1주당 순손익가치 \times 2) + (1주당순자산가치 \times 3)}{5}$$

▶ 1주당 평가액 = Max(1주당 가중평균액, 1주당 순자산가치의 80%)
▶ 순자산가치로만 평가하는 경우(상증령 §54④)
 - 사업개시 후 3년 미만 법인
 - 부동산 평가액이 총자산의 80% 이상인 법인 등

비상장주식 양수도 거래

비상장법인의 주식을 양수도 할 때 해당 주식을 평가하지 않고 단순히 액면가액 등으로 거래를 하는 경우가 있다. 하지만 비상장주식 양수도 시 반드시 고려 해야 할 세법상 쟁점이 있다.

먼저 두 거래 당사자가 소득세법상 특수관계인인 경우 시가를 양도가액으로 하여 양도소득세를 계산하는 부당행위계산부인 규정을 검토해야 한다.

다음으로, 두 거래 당사자의 상증법상 특수관계인 여부에 따라 시가보다 낮거나 높은 가액으로 거래 시 시가와 대가와의 차액상당액에 대하여 증여세 과세문제를 검토해야 한다.

또한, 지방세법상 과점주주의 간주취득세 과세문제도 함께 검토해야 한다.

한편, 저가 양수도로 인해 부당행위계산부인이나 증여의제가 발생하는 경우 증권거래세 과세표준은 시가로 계산되는 점을 유의해야한다.

〈비상장주식 양수도 시 검토할 사항〉

1) 국세기본법상 특수관계인 및 양도소득세, 법인세 부당행위계산
   국세기본법시행령 §1의2 [특수관계인의 범위]
   양도소득세법 §101 [양도소득의 부당행위계산]
   법인세법 §52 [부당행위계산의 부인]

2) 상속세및증여세법상 특수관계인 및 고저가양수도 증여의제
   상속세및증여세법 §2의3 [특수관계인의 범위]
   상속세및증여세법 §35 [저가 양수 또는 고가 양도에 따른 이익의 증여]
   상속세및증여세법시행령 §26 [저가 양수 또는 고가 양도에 따른 이익의 계산방법 등]

3) 지방세법상 과점주주의 간주취득세
   지방세법시행령 §10의2 [과점주주의 범위]
   지방세법시행령 §11 [과점주주의 취득 등]

4) 증권거래세법상 과세표준 의제
   증권거래세법 §7 [과세표준]

🌱 비상장주식 자본거래

비상장법인의 유상증자나 유상감자 또는 소각을 하는 경우에도 주식을 평가하여 세법상 과세문제를 검토하지 않고 단순히 필요한 자금으로 제3자 배정, 특정주주의 인수 등 불공정 자본거래를 하는 경우가 있다.
비상장주식 자본거래 시에도 반드시 고려 해야 할 세법상 쟁점이 있다.

법인이 유상증자를 할 때 각 주주의 지분율대로 신주를 인수하지 않는 경우로서 그 신주를 평가액보다 저가 또는 고가로 발행하면 주주간의 증자에 따른 이익의 분여가 발생하게 되므로, 상증법상 증자에 따른 이익에 대하여 증여세 과세문제를 검토해야 한다. 또한 그 법인의 주주가 영리법인인 경우에는 분여하거나 또는 분여받은 이익상당액에 대하여 법인세법상 부당행위계산부인 규정을 검토해야 한다. 또한, 불균등 유상증자로 지분율이 변동되는 경우에는 과점주주의 간주취득세 과세문제도 함께 검토해야 한다.

법인이 유상감자하는 때에도 평가액보다 저가 또는 고가로 유상감자하는 경우로서 특정주주의 주식만을 매입소각하는 경우에는 상증법상 감자에 따른 이익에 대하여 증여세 과세문제를 검토해야한다. 그 주주가 법인인 경우에도 마찬가지로 법인세법상 부당행위계산부인 규정을 검토해야한다. 그리고 주식의 취득가액과 감자·소각대가의 차액이 발생하는 경우 소득세법상 의제배당 과세문제도 함께 검토해야 한다.

〈비상장주식 자본거래 시 검토할 사항〉

1) 법인세법상 특수관계인 및 부당행위계산부인
    국세기본법시행령 §1의2 [특수관계인의 범위]
    법인세법 §52 [부당행위계산의 부인]
    법인세법시행령 §88①8 [부당행위계산의 유형 등]

2) 상속세및증여세법상 특수관계인 및 증자 및 감자에 따른 이익의 증여
    상속세및증여세법 §2의2 [특수관계인의 범위]

> 상속세및증여세법 §39 [증자에 따른 이익의 증여]
> 상속세및증여세법 §39의2 [감자에 따른 이익의 증여]
> 상속세및증여세법시행령 §29 [증자에 따른 이익의 계산방법 등]
> 상속세및증여세법시행령 §29의2 [감자에 따른 이익의 계산방법 등]
>
> 3) 소득세법상 의제배당
>   소득세법 §17①3 [배당소득]
>   소득세법시행령 §27 [의제배당의 계산]
>
> 4) 지방세법상 과점주주의 간주취득세
>   지방세법시행령 §10의 2 [과점주주의 범위]
>   지방세법시행령 §11 [과점주주의 취득 등]

이처럼 법인의 주주가 소유하고 있는 비상장주식을 매매하거나 또는 해당 법인이 유상증자·유상감자 등 주식변동을 하고자 할 때에는 반드시 세법에 따라 평가하고 특수관계인 여부와 거래가액에 따른 예상 과세문제 및 세부담액을 철저히 검토한 후 실행해야 한다.

특히 주식변동의 경우 일정한 주기로 국세청 감사 지적사항으로 주식이동 및 자본거래에 대한 소명을 요구하고, 소명하지 못한 경우 증여세 등으로 과세하기도 한다. 지방세도 전산을 통해 일괄적으로 간주취득세 소명을 요구하니, 신고납부기한을 놓치지 않도록 해야 한다.

Part 2. 양도·상속·증여편 - **상속·증여세**

25. 상속세율과 증여세율은 동일하며, 신고기한 이내 신고하면 세액공제가 가능하다.

🌿 상속세율과 증여세율

우리나라의 상속세와 증여세의 세율은 동일하며, 아래와 같이 5단계 초과누진세율로 구성되어 있다. 아래 표에서 과세표준이란 상속 또는 증여받은 과세가액에서 각종 공제금액을 차감한 금액이다. 상속세 산출세액 또는 증여세 산출세액은 과세표준에 세율을 곱한 가액이 된다.

과 세 표 준	세 율	누 진 공 제
1억원 이하	10%	-
1억원 초과 ~ 5억원 이하	20%	1,000만원
5억원 초과 ~ 10억원 이하	30%	6,000만원
10억원 초과 ~ 30억원 이하	40%	1억6,000만원
30억원 초과	50%	4억6,000만원

🌿 신고세액공제액

상속세 및 증여세를 신고기한(상속세의 경우 상속개시일이 속하는 달의 말일부터 6개월 이내 등, 증여세의 경우 증여일이 속하는 달의 말일부터 3개월 등)이내에 신고한 경우에는 다음과 같이 신고세액공제를 적용받을 수 있다.

① 상속세 신고세액공제 =
[상속세산출세액(세대를 건너뛴 상속에 대한 할증세액 포함) - (문화재 등 징수유예세액 + 증여세액공제액 + 외국납부세액공제액 + 단기재상속세액공제액 등)] × 3%

② 증여세 신고세액공제 =
　[증여세산출세액(직계비속에 대한 할증세액 포함) - (박물관자료의 징수유예
　세액 + 증여세면제세액 + 기납부세액공제액 + 외국납부세액공제액)] × 3%

만일 납부할 세금의 부족 등 여러 가지 사정에 의하여 세금을 납부할 수 없는 경우에도 상속세 또는 증여세를 신고기한 이내에 신고하게 되면 3%의 세액공제를 적용받을 수 있고 신고불성실가산세가 부과되지 않으므로 신고기한 이내에 과세표준과 세액을 신고하는 것이 절세의 방법이다.

Part 2. 양도·상속·증여편 - **상속·증여세**

26. 거주자가 비거주자에게 국외자산을 증여하는 경우에도 증여세가 과세될 수 있다.

증여세는 원칙적으로 수증자에게 신고·납부의무가 있지만 국내에 거주하는 부모 등 거주자가 국외에 거주하는 자녀 등 비거주자에게 국외에서 소유하고 있는 예금 및 부동산 등 재산을 증여하는 경우 증여한 거주자가 국내에서 증여세를 신고 및 납부할 의무가 있음에 유의해야 한다.

종전에는 거주자가 비거주자에게 국외재산을 증여한 경우 수증자가 증여자의 특수관계인에 해당하고 외국 법령에 따라 증여세가 과세되면 우리나라에서는 증여세 과세를 면제하였다. 이후 증여세율이 낮은 국가를 이용한 편법증여를 방지하기 위해서 2017년부터 거주자가 특수관계가 있는 비거주자에게 국외재산을 증여한 경우에도 국내에서 증여세가 과세된다.

이 경우 증여세 납세의무자는 증여자가 되므로 그 증여세는 자녀에 대한 재차 증여에 해당되지 않는다. 다만, 수증자가 증여자의 특수관계인이 아닌 경우로서 해당 재산에 대하여 외국의 법령에 따라 증여세가 부과되는 경우에는 증여세 납부의무를 면제한다.

여성세무사들의 세금이야기

Part 2. 양도·상속·증여편 - **상속·증여세**

27. 증여세 신고기한 이내에 반환하는 경우에는 증여세가 과세되지 않는다.

재산을 정상적으로 증여를 받은 후 증여당사자의 사정에 따라 증여받은 재산을 반환해야 하는 경우가 있을 수 있다. 이 경우 그 반환이 증여세 신고기한 이내인지 또는 증여세 신고기한 경과 후 3개월인지 여부에 따라 증여세 과세여부가 달라지며, 반환이란 등기원인에 관계없이 당초 증여자에게 등기부상 소유권을 사실상 무상이전하는 것을 말한다.

증여재산을 반환하는 경우 증여세 과세 여부

증여세 신고기한 이내에 반환한 경우에는 처음부터 증여가 없었던 것으로 보지만, 증여세 신고기한 경과 후 3개월 이내에 반환하거나 재증여하는 경우에는 당초 증여에 대하여는 과세하고 그 반환이나 재증여에 대해서는 증여세를 부과하지 아니한다. 증여세 신고기한 경과 후 3개월이 지난 후에 반환하거나 재증여하는 경우에는 당초 증여와 반환·재증여 모두에 대하여 과세한다.

다만, 증여재산이 금전인 경우와 증여재산을 반환하기 전에 과세표준과 세액의 결정을 받은 경우에는 당초 및 그 반환에 대하여 각각 증여세가 과세됨에 유의해야 한다.

증여재산을 증여계약 해제 등에 의하여 반환받아 양도하는 경우 증여세 과세여부 및 향후 반환받은 재산을 양도하는 경우 취득시기를 요약하면 다음과 같다.

증여재산 반환기간	증여세 과세여부		반환받은 재산 양도시 취득시기
	당초	반환·재증여	
신고기한 이내 반환	×	×	증여자의 당초 취득일
신고기한 다음날부터 3월 이내	○	×	반환받은 날 (증여계약해제 등기일)
신고기한 다음날부터 3월 경과	○	○	증여계약해제 등기일

취득원인 무효로 반환하는 경우 과세제외

증여세 과세대상이 되는 재산이 취득원인무효의 판결에 의하여 그 재산상의 권리가 말소되는 때에는 증여세를 과세하지 아니하며 과세된 증여세는 취소한다.

부동산 무상취득 계약해제시 취득세 과세문제

부동산 무상승계취득에 대한 취득세 납세의무 성립일은 계약일이다. 무상승계 취득물건을 등기·등록하지 않고 행정안전부령으로 정하는 계약해제신고서를 취득일이 속하는 달의 말일부터 3개월 이내에 제출된 경우에는 취득한 것으로 보지 않는다.

글쓴이

이름	소속
강남례	서울시 관악구, 강남례비전세무회계사무소
강다은	서울시 송파구, 세무회계단
강민정	서울시 강남구, 세무법인예인압구정
강은혜	인천시 계양구, 카카오세무회계
고경희	서울시 강남구, 광교세무법인
고은경	경기도 군포시, 세무법인다솔위드안양
곽나연	서울시 서초구, 세무회계 태림
곽장미	서울시 관악구, 나이스세무법인본점
권도희	서울시 영등포구, 세무회계알파
권미아	인천시 남동구, 정진세무회계사무소
권송희	경기도 안산시, 미도세무회계 권송희세무사
권영희	부산시 부산진구, 세무법인부강 부산지사
김겸순	서울시 영등포구, 세무법인다솔위드
김경미	서울시 송파구, 김경미세무회계사무소
김경하	서울시 서초구, TnL세무노무컨설팅
김귀순	서울시 강남구, 세무법인부민
김금순	서울시 강남구, 다온세무회계
김나린	서울시 서초구, 김나린택스컨설팅
김덕화	서울시 송파구, 솔톤세무회계
김도연	서울시 동대문구, 도움세무회계사무소
김명희	경기도 의정부시, 세무사김명희사무소
김미경	전라북도 익산시, 세무사김미경사무소
김미경	서울시 강남구, 세무법인동안
김미라	서울시 강남구, 김미라세무회계사무소
김미자	서울시 중구, 세무사김미자사무소
김미화	서울시 강남구, 세무법인도현(강남)
김미희	서울시 강남구, 세무법인예인
김민경	서울시 강남구, 세무그룹더이룸
김민솔	서울시 강동구, 세무법인 도현(한강지사)
김민아	경기도 김포시, 더리치세무회계
김민주	서울시 강남구, 태화세무회계

이름	소속
김민주	서울시 영등포구, 세무법인예인
김민주	서울시 금천구, 동연세무회계
김민지	서울시 강남구, 세무그룹 웍스택스
김빛나라	경기도 광명시, 빛세무회계컨설팅
김선영	서울시 종로구, 세무사김선영사무소
김선영	서울시 서초구, 세무법인 다우
김성미	서울시 영등포구, 지엠지(GMG)세무회계 역삼1지점
김소연	서울시 금천구, 천지세무법인 서울본부
김순화	서울시 송파구, 세무회계 마루
김영신	광주시 서구, 김영신세무회계사무소
김영옥	서울시 영등포구, 성균세무회계
김옥연	서울시 서초구, 세무사김옥연사무소
김의련	서울시 중구, 청운세무·경영컨설팅사무소
김정난	서울시 서초구, 세무법인에이치엔더블유
김정애	서울시 강남구, 세무법인강남청담지점
김정현	인천시 계양구, (유)세무법인 인포택스 다산
김주현	서울시 영등포구, 김주현세무회계사무소
김지연	서울시 금천구, 해밀세무회계사무소
김지현	서울시 구로구, 우연 세무회계
김지현	서울시 강남구, 김지현세무회계사무소
김현주	서울시 용산구, 세무회계세벗
남예원	부산시 해운대구, 세무법인 다솜 해운대지점
도보미	서울시 성동구, 세무법인 도현
도혜연	경기도 광명시, 지엠지세무회계
류희연	부산시 연제구, 한길세무법인
모현혜	대전시 서구, 모현세무회계
목현실	경기도 이천시, 세무사목현실사무소
박리혜	서울시 강북구, 박리혜세무회계사무소
박선혜	서울시 서대문구, 이로세무회계
박소영	서울시 서초구, 고려세무법인
박수현	인천시 서구, 천지세무법인 인천지사
박시현	서울시 영등포구, 이로운세무회계컨설팅
박유미	서울시 강남구, 더드림세무회계
박유현	서울시 서초구, 바른택스
박윤희	서울시 강남구, 윤택세무회계
박은실	서울시 동작구, 세무법인세안
박전숙	전라북도 전주시, 세무사박전숙사무소

이름	소속
박정아	서울시 성동구, 박정아세무회계사무소
박정현	경기도 용인시, 정현세무회계사무소
박지현	서울시 서초구, 바른택스
박지혜	경기도 성남시, 세무회계서일
박헌희	서울시 서초구, 세무법인지율
박혜경	서울시 서초구, 박혜경세무회계사무소
박혜미	서울시 구로구, 상상세무회계
박혜원	서울시 송파구, 세무회계 위드원
방경연	서울시 송파구, 세무사방경연사무소
방선리	전주시 덕진구, 진솔세무회계
배인숙	경기도 구리시, 배인숙세무회계
백승아	서울시 금천구, 세무회계 든든
백은화	경기도 화성시, 세화세무회계사무소
백지원	대구시 북구, 세무사백지원사무소
백하영	서울시 서초구, 세무법인드림앤 서울지점
서경화	서울시 강남구, 다겸세무회계
성지예	서울시 마포구, 플랜에이택스
손미덕	경상남도 김해시, 손미덕세무회계사무소
송민화	경기도 덕양구, 송민화세무회계사무소
송영주	서울시 서초구, 리안세무회계사무소
송점엽	광주시 서구, 송점엽세무회계사무소
신명주	부산시 사상구, 신명주세무회계사무소
신미라	경기도 수원시, 신미라세무회계컨설팅
신수연	서울시 강남구, SIMPLETAXPROJECT
신진혜	서울시 강남구, 가현택스 청담
신현진	서울시 서초구, 신현진세무회계컨설팅
안성희	서울시 송파구, 세무법인 현인
안소영	서울시 강동구, 안소영 세무회계.
안정란	인천시 남동구, 세무법인청라
안혜정	서울시 강남구, 세무회계 동안
양금숙	광주시 북구, 인정세무법인
예은서	대전시 서구, 예스세무회계사무소
오인숙	경상북도 경주시, 세무법인부강 경주지사
오정현	서울시 송파구, 오정현세무회계사무소
오춘자	서울시 송파구, 한빛세무회계사무소
오혜숙	경기도 고양시, 더줌(The Zoom)세무회계사무소
유은순	서울시 강서구, 참세무법인

이름	소속
유일한	충청남도 아산시, 세무회계정산
윤두옥	경기도 광명시, 이앤윤세무회계컨설팅
윤현자	인천시 남동구, 함께세무회계
이경희	경기도 부천시, 이경희세무사사무소
이경희	경기도 안산시, 신안세무회계
이도순	서울시 마포구, 이레세무회계사무소
이부자	서울시 영등포구, 해인세무회계사무소
이상미	서울시 서초구, 세무세연 세금으로 맺어진 인연
이상위	서울시 종로구, 이상위세무회계사무소
이선정	서울시 서초구, 세무법인혜움
이순우	대전시 서구, 이순우세무회계사무소
이승민	경기도 고양시, 경선세무회계사무소
이아영	경기도 안양시 동안구, 세무법인 함께
이양희	경기도 안산시, 이양희세무사
이영미	서울시 송파구, 한결세무법인
이영은	경기도 군포시, 광교세무법인
이은숙	부산시 해운대구, 세무법인 티유
이은숙	서울시 구로구, 참세무회계사무소
이은자	경기도 성남시, 이은 세무회계
이인순	서울시 서초구, 이인순세무회계사무소
이정민	대전시 서구, 정원세무회계
이종옥	서울시 중구, 이종옥세무회계사무소
이주은	전라북도 전주시, 세무사이주은사무소
이지희	경기도 파주시, 태형세무회계사무소
이찬희	인천시 남동구, 세무법인춘추
이태야	경상북도 경주시, 세무법인포유
이하니	경기도 용인시, 새담세무회계
이항영	서울시 강남구, 선경세무법인
이해미	서울시 영등포구, 세무법인 오늘 이해미지점
이현지	대전시 서구, 로열택스이현지세무사무소
이혜정	서울시 송파구, 세무회계 원우
임여진	서울시 마포구, 임여진세무회계사무소
임희수	서울시 강남구, 세무법인로맥
장정복	인천시 계양구, 세무법인춘추 계양지사
장진경	서울시 강동구, 세무법인 선우 서울강동지점
전은선	서울시 강남구, 전은선세무회계사무소
전은화	경기도 성남시, 세무법인드림앤성남지점

이름	소속
전혜림	경기도 남양주시, 트인세무회계
정민경	청주시 청원구, 세무법인 피플택스
정민정	충청남도 예산군, 삼성세무회계
정아연	서울시 서초구, 예송세무회계 강남점
정아영	서울시 종로구, 글로벌세무회계
정진희	경기도 화성시, 세무회계태멘
정혜성	서울시 송파구, 세무법인 울림
조경진	서울시 송파구, 신임세무회계
조연수	서울시 서초구, 세무회계 수
조예진	서울시 강동구, 세무법인 성신 강동지점
조윤주	서울시 양천구, 감정평가법인 태인
조인정	서울시 송파구, 연세교토세무회계
조현영	서울시 서초구, 새온 세무회계 사무소
진유라	경기도 김포시 , 유라세무회계
채지원	인천시 계양구, 세무법인다솔 북인천지점
천혜영	경기도 수원시, 서현세무법인
최미숙	강원도 춘천시, 최미숙세무사사무소
최은혜	경기도 수원시, 정원세무회계사무소
최은화	서울시 송파구, 최은화세무회계사무소
최은희	충청북도 청주시, 최선세무회계
최인희	인천시 계양구, 세무법인춘추
피선영	서울시 강남구, 세무법인민화강남지사
하나경	서울시 강북구, 하나경세무사사무소
하동순	서울시 강남구, 세무법인가은
한인숙	서울시 강남구, 세무법인한결멘토
한주희	서울시 서초구, 세무회계 소명
한지희	서울시 강남구, 세나루택스한지희세무사
허다연	서울시 송파구, 다연세무회계
허자현	대구시 남구, 금상세무사사무실
홍석성	경기도 수원시, 홍석성세무회계사무소
홍주연	대구시 북구, 세무회계아전(我畑)
황보경	경기도 남양주시, 태송세무회계사무소
황영순	경기도 시흥시, 세무빕인디슬워드시흥
황윤경	인천시 연수구,세무사황윤경사무소
황인아	서울시 서초구, 세무법인 아름
황정예	서울시 구로구, 편리한택스 세무사 황정예
황지현	경기도 부천시, 황지현 세무회계

여성세무사들의 세금이야기

지 은 이	한국여성세무사회
편집위원장	채지원
편 집 위 원	권미아 / 김경하 / 김미화 / 김소연 / 김순화 / 도보미 / 박혜원 / 안성희 / 오혜숙 / 이항영
감　　　수	고은경
주　　　소	서울시 서초구 명달로 105 한국세무사회관 별관 2층

펴 낸 이	박진태
펴 낸 곳	경성e북스
주　　　소	서울시 영등포구 여의도동 15-4 총회빌딩 1층
전　　　화	02) 786-2999 (F) 02) 782-1391
E - mail	ksm7633@hanmail.net

초　　판	2012년 12월 17일
개정 1판	2013년 2월 4일
개정 2판	2015년 2월 25일
개정 3판	2018년 4월 11일
개정 4판	2021년 6월 30일
개정 5판	2023년 5월 2일
개정 6판	2025년 4월 30일

저자와의 협약으로 인지는 생략합니다.

파본은 본사나 구입하신 서점에서 교환해 드립니다.

가　　　격　15,000원

> 책의 내용은 참고자료이며 사실관계에 따라 달리 적용될 수 있으므로 실제 세무신고를 하실 때에는 반드시 전문가의 도움을 받으시기 바랍니다.